가치라는 것

가치라는 것

브랜딩에 앞서는 본질에 관하여

김해경 지음

현암사

차례

머리말

이 책은 개인이 추구하는 가치에서부터 일과 조직, 그리고 비즈니스에서 만들어내는 가치까지, 넓은 범위에서 가치의 의미와 그것을 드러내는 방법을 다룬다. 그동안 해온 브랜딩에 관한 일들은 결국 가치에 관한 것이었다. 많은 프로젝트에서 클라이언트에게 쥐어주려고 했던 본질 또한 결국 가치에 관해서였다. 어쨌거나 밥숟갈 드는 일이 비즈니스를 돕는 것이었기에 성공한 비즈니스 현장을 많이 목격할 수 있었다. 거기에는 하나같이 사람이 존재했다. 상징적인 사람이 아니라 하나하나 실존하는 사람 말이다. 단지 열심히 하는 것만으로는 닿을 수 없는 경지의 일을 해내는 사람들은 자기만의 가치로 일에서의 가치를 이루어내고 있었다.

요즘 세상에서 '일'은 유난히 행복이라는 관념과 괴리되는 것 같다. 많은 사람들이 일을 단지 부를 견인하는 수단 정도로 여긴다. 진정한 나 자신과는 동떨어진 채 조직의 이윤 추구만을 위해 기능하는 것, 진짜 삶과 관계없는 것, 월급을 볼모로 견뎌야 하는 갈등의 원천이자 불행의 상징으로 대표되기도 한다. 그러나 내

7

가 본 바, 경영자든 임금 노동자든 스스로 행복의 편에 있다고 믿는 사람들에게 일은 그 자체로 가치창출의 길이고 자아실현의 매개였다. 단지 어떤 수단이 아니었다. 하물며 삶과 분리된 그 무엇이 아니었다. 게다가 그들은 바로 그 일을 통해 각자 성공의 길을 걷고 있었다.

지금의 자본주의 시스템에서 가치창출이라는 말은 개인이나 조직이 수익을 만들어내는 일 정도로 의미가 축소된 듯하다. 더불어 시대가 변하면서 가치 있는 삶과 가치 있는 일에 관한 해석은 조금씩 달라졌거니와 그 둘은 이상하리만치 분리되어 버렸다. 예를 들어 우리는 가치 있는 삶을 위해 심리, 철학 관련 서적을 읽고 명상을 하고 자기계발을 위한 교리나 모임을 쫓는다. 반면 가치 있는 (가치창출을 하는) 일을 하기 위해서는 마케팅 같은 비즈니스 방법론이나 투자 기술을 익히는 데 집중한다. 대개 그 방법론들은 부자가 되는 것을 목표로 한다. 21세기에 그것보다 더 큰 동기부여는 찾기 어려운 것 같다. 그리고 자기계발이나 비즈니스 방법론은 화자의 의도와는 상관없이 그 목표가 가치 있는 사람(삶)이 되는 것과는 다소 분리된 채 사람들에게 해석되는 것 같다.

'당신이 누구든 상관없다. 어제까지는 나도 당신과 같이 아무것도 가진 게 없었다. 하지만 이 방법만 차용하면 누구든 성공할 수 있다. 당신과 같은 수많은 사람들이 실제로 이 방법으로 성공했다. 그러니 당신도 실행하라.' 성공에 이르는 길을 알려준다는 많은 방법론들에서 이렇게 말한다. 이와 같은 메시지는 누구에게나 할 수 있다는 용기를 심어준다. 엉덩이가 무거운 사람에게 부자가 되는 행동 강령을 당장 수행하도록 촉구하기 위함임을 안다. 그런데 내 생각은 조금 다르다. '당신이 누구든 상관없'지 않다. 방법이 무엇이건 간에 '당신이 누구인가'가 가장 중요하다. 누구나 할 수 있다는 전제는 취향이나 기호, 가치 등 자기인식에 관한 여러 기준을 배제하고 누구나 획일적으로 따라야 할 성공 공식처럼 여겨지기도 한다. 그렇게 받아들이는 게 이해도 된다. 지금 하고 있는 일에 내가 추구하는 가치를 담을 방법은 쉽게 보이지 않고, 또한 그렇게 해야 할 중요성을 근로소득을 취득하는 일에서는 발견해본 적이 없다고 생각하기 때문일 것이다. 심지어 성공하는 데 있어서 기호, 취향에 따른 자기인식과 가치 요인은 거추장스러워 보이기까지 한다.

물론 부자가 되려면 그에 부합하는 루틴과 자기 관리가 필수적이라고 강조되지만, 많은 이들은 이를 '자기인식'을 통한 가치의 발현이 아니라 누구나 획일적으로 따라 해야 할 성공 공식으로만 곡해하곤 한다. 하여 자칫, 자신이 지금 하고 있는 일은 비합리와 개인의 경제적 저성장을 대변하고, 성공으로 치닫는 사람들과의 관계는 저 밖에 있다고 여기기도 한다. 직접 두 손 걷어붙이고 하는 사업에서조차도 일은 부의 축적, 즉 축소된 정의로서 가치창출의 매개 정도로 전락한다.

더 많은 부를 더 빨리 축적하는 방법을 찾는다면 그 매개는 언제든 갈아 끼울 수 있다. 그러면 자기계발은 그야말로 '개인적인 일'이 되는 것이고, 생계를 유지하거나 자본을 축적하는 '사회적인 일'은 개인의 자아 성장과 분리된다. '누구인가'가 중요하다고 생각하는 이유는 바로 이 부조리와 비효율 때문이다. 인간으로서의 성장을 일에서 찾을 수 없고 일이 생계 수단일 뿐이라면 어쨌거나 '버티는 삶'의 프레임에 갇힐 수밖에 없다. 그 프레임은 순전히 내 손으로 뒤집어쓴 것이 아니고 회사의 생리, 더 나아가 자본주의의 논리에 의해서라고 토로한다. 이 논리에서는 소위 경제적 자유라는 파라다이스로 탈출하지 않는 한 빠져 나올 방법은 없어 보인다.

인생에서 가장 많은 시간을 할애하는 일을 누군가는 불행의 근원이라 생각하고, 누군가는 행복의 방편으로 여긴다. 다시 한 번 일을 들여다보고, 그 일이 불러오는 것들을 살펴보자. 그 일이 수행하고 가져오는 게 무엇인지에 따라 비즈니스의 성공 여부가 결정된다. 요행을 제외한다면, 결국 성공한 비즈니스에서는 '그 사람'이 일을 '그런 식'으로 해야만 했던 것이다. '그 사람'과 '그런 식'의 일 모두 이유와 결과는 가치에 닿아 있다. 이 책에서 내가 말하고자 하는 '가치'는 '자아실현'과 '본질', '목적의식'과 '핵심 가치' 등의 몇 가지 뜻을 함의한다(본문을 통해 다양한 정의들을 확인할 수 있다). 가치를 위해 일하고 그로 인해 더 큰 가치를 불러온다. 비즈니스에서 가치는 결국 돈을 불러오지만, 단지 수익을 만들어서가 아니라 기회와 행복(자아실현)을 구현하기에 가치다. 좋은 일을 하면 그에 상응하는 대가가 따를 것이라는 계몽적인 교훈이 아니다. 다시 말하면, 자아실현이 최고의 수익 창출의 방편 중 하나라는 것이다. 이것을 일에 대입하는 방법을 우리는 다시 모색해야 하며, 비즈니스 역시 이와 마찬가지의 기조로 구동해야 한다.

사람이나 비즈니스나 대개 변화와 성장을 바란다. 우리는 자아의 변화와 성장을 꿈꾸지만 일에서는 변화와 성장을 얼마나 추구할까? 우리는 어떤 식으로든 일을 하며 많은 것을 배우고 성장한다. 하지만 그것은 성장을 위한 변화라기보다는 업무상 환경 변화에 따른 대응에 가까울 때가 많다. 이 환경 변화에서 가치, 특히 개인으로서의 가치를 찾고 성장하기란 쉽지 않다. 이것은 분명 부조리하고 비효율적이지만 해결 불가능한 일은 아니다. 나는 사람들이 일에서 개인의 가치와 일의 가치를 모두 발견하길 바라고 심지어 그 두 가지가 연결되어 시너지가 나기를 바란다.

나는 변화와 성장을 이렇게 정의한다.
변화 = 바라지 않는 형태로 돌아가지 않는 상태
성장 = 바라는 일을 지금보다 더 잘할 수 있도록 하는 변화

일에서든 내 안에서든 자아실현을 이루기 위해서 변화와 성장은 불가피하다. 환경이 우리에게 변화를 종용하기도 하지만 동

물과 구분되는 인간의 특성은 스스로 성장을 바란다는 점이다. 성장을 위해서는 환경에 의해 수동적으로 변화하는 것이 아니라 스스로 바라고 변화할 수 있어야 한다. 변화는 쉽지 않다. 먼저 연속성을 통해 지속성을 갖추어야 한다. 또 지속성을 유지하는 인내가 필요하다. 인내를 감내하는 동력은 의지다. 이 의지를 어디에서 캘 것인가. 다양한 동기부여를 찾고 시스템의 도움을 얻기도 하지만 그를 통해 의지가 발휘되는 기간은 유한하며 결국 희석되고 만다. 의지의 본체는 다시 '가치'에 있다. 가치는 목적을 담보하고, 어떤 것으로도 대체할 수 없는 이유를 상정한다. 가치를 위해 성장을 도모하지만 동시에 변화를 위해서도 가치가 필요하다.

이 책은 가치를 통해 조직과 비즈니스에서 어떤 변화와 성장을 가져올 수 있는지, 또 해야 하는지를 알아본다. 이를 위해 먼저 나의 가치를 조명한다. 이 과정은 궁극적으로 브랜딩에 관한 이야기다. 나의 가치를 다루는 일이 일의 가치를 다루는 일과 하나되고 그것은 다시 비즈니스의 핵심가치를 다지는 일과 결부한다. 비즈니스의 성장에 나를 분리하지 않듯이, 일을 하는 가치와 나의 가치 역시 분리될 수 없다.

돈을 잘 벌어들이는 방식을 취득하기 위한 성장과 자아실현을 통해 부를 축적하는 성장의 길이 있다면 어떤 길을 선택하고 싶은가? 전자를 선택하고 싶은 사람들도 충분히 존중한다. 누구에게는 돈을 만드는 것만이 행복일 수도 있으니까. 게다가 후자는 전자에 비해 더 어려울 수도 있다. 다만 그 성장 과정에서 경제적 탈출구로 나가기 전까지는 스스로를 지우고 타협하며 버텨야 하는 전자와 달리, 후자는 그 성장 과정 자체가 개개인에게 진정한 행복을 선사하는 일이라 믿는다. 이 책은 후자의 성장을 꿈꿔보는 사람들에게 전하는 이야기다.

1장
가치 있는 삶

'가치'라는 단어를 들으면 사람들은 대부분 '돈'을 떠올린다. 더 정확하게는 돈으로 환산될 수 있는, 돈으로 매길 수 있는 것을 떠올린다. 대부분의 사람이 자본주의하에 삶을 영위하게 되면서 돈으로 살 수 없는 것은 없다는 생각은 보편 타당한 믿음이 되었다. 무엇보다 어떤 것이든 돈으로 환산해내는 것은 편리하다. 하지만 가치라는 것은 돈으로 다 계산할 수 있거나 측정할 수 있는 단위의 개념이 아니다. 예컨대 '가치 있는 삶'이 '부자인 삶'을 뜻하는 것은 아니다. 어떤 물건이 비싸다면 비싸기 때문에 가치가 있는 것이 아니라 가치가 있는 것이기 때문에 비싸다고 생각해야 옳다. 그리고 바라건대 그 물건은 실제로 그래야 한다. 하지만 그 어떤 것도 모두에게 똑같은 가치일 수는 없다. 가치는 모두에게 조금씩 다르기에 먼저 그 정의를 스스로 확립해야만 하는 기준이다.

저 물건을 파는 사람도, 사는 사람도 저 가격에 거래되는 가치를 지녔다는 것에 동의하지 않으면 우리는 그 가치의 돈을 지불하지 않는다. 가치의 확립 없이는 물건을 만들거나 그것을 파는 일은 더 어려운 일이다. 일에서 그저 노동의 대가라는 가치가 아닌 자기인식을 통한 가치 발현을 해야 하는 이유는 사실 명확하다. 삶의 대부분의 시간을 일터에서 일을 하는 데 사용하기 때문이다. 그리고 그 일에서 우리는 수익 창출을 하고자 한다. 가치가 있기에 가격이 존재하고, 가치가 있기에 그 가격에 우리는 무언가를 팔 수 있다. 사람이든 제품이든 경험이든 '누구에게 왜 가치 있는가?'라는 질문이 어떻게 중요하지 않을 수 있겠는가?

의미와 가치의 차이

내가 열네 살쯤, 한창 게스 청바지가 유행했다. 캘빈 클라인과 막 유행이 시작된 마리떼 프랑소와 저버도 서로 앞서거니 뒷서거니 하면서 인지도를 뽐내고 있었다. 나는 이때 리바이스를 고집했는데 그중에서도 501만 입었다. 게스나 캘빈 클라인처럼 첨단으로 보이지는 않았지만 나는 10대 때나 지금이나 클래식이 더 멋진 것이라는 기본적인 잣대가 있었던 듯하다. 어릴 때부터 보아 온 영화 속 배우들 그리고 수많은 록커의 뒷주머니에 새겨진 리바이스의 페르소나가 작동을 했을 터다. TVC에 나오는, 어딘지 교포 같은 분위기를 풍기는 긴 머리의 남자가 하키 스틱을 든 채 인라인 스케이트를 타고 LA의 어느 해변가를 활주하던 리바이스의 광고 이미지도 지대한 영향을 발휘했을 것이다. 그래봤자 나를 제외한 대부분의 10대 아이들 사이에서 리바이스는 그리 추대받는 브랜드가 되지 못했다. 다들 게스와 캘빈과 마리떼를 최고로 쳤으니까.

체육 시간을 앞두고 아이들은 옷을 갈아입고서 청바지를 사물함에 공들여 숨겨두곤 했다. 한번은 체육 시간이 끝나고 교실로 돌아왔더니 어떤 아이의 게스 청바지 뒷주머니의 역삼각형 라벨이 칼로 뜯겨져 있었다. 당연히 라벨은 사건 현장에 남아 있지 않았다. 그 삼각형 라벨이 현장에 남아 있건 사라졌건 그건 그리 중요하지 않았다. 그 아이는 세상이 끝난 것 같은 얼굴이 되었다.

게스 라벨이 청바지에서 '떼어진 것이다.' 게스 라벨이 사라진 그 바지는 더 이상 그 누구에게도 전과 같은 위상을 가지지 못한다. 당사자에게는 말해 무엇하랴.

대단할 것도 없는 데님이라는 섬유로 만들어진, 색깔이 특색 있거나 디자인이 독특한 것도 아닌 이 청바지들의 뒷주머니와 앞 지퍼에 박힌 브랜드의 라벨(마리떼 프랑소와 저버는 지퍼 단에 그것이 붙어 있었다)은 아이들에게 무엇을 다르게 인식하게 하였고 아이들은 왜 그것에 열광했을까?

고결한 척 리바이스를 입은 나부터 해석해볼까? 열네 살의 나는 501 청바지를 목욕할 때 말고는 한 번도 벗지 않고 한 달을 지낸 적이 있다. 청결을 중요시 생각해서 외출복과 실내복, 심지어 잠옷까지 엄정하게 구분했던 집안에서 운동장 흙바닥에 뒹굴던 바지를 이불 속에까지 입고 들어가니 할머니와 어머니에게 큰소리를 듣지 않을 수가 없었다. 그럼에도 나는 꿋꿋이 501 청바지를 고집하며 한 가지 의복으로 한 달을 버텼다. 지금이야 청바지를 세탁하지 않는 것이 흔한 일이지만 당시는 청바지도 그저 의복의 일종일 뿐이었고, 자고로 의복이란 수시로 세탁해 청결함을 남들에게 증명해야 할 증거였다. 남녀공학인 학교에서 수시로 옷을 갈아입지 않으면 자칫 치명적인 소문의 주인공이 될 여지가 있었지만 나는 그 위험까지 감수했다(실은 아무도 신경 쓰지 않았겠지만). 몇 주를 그렇게 입었더니 이불 속에서 다리를 불편하게 구속하던 질긴 진의 감촉마저 무언가에 닿아가고 있다는 도

취감에 고조되어 기분이 좋아지는 지경에 이르렀다.

내가 이 모든 정신적·육체적 난관을 극복하고 한 달이 넘도록 501 청바지를 갈아입지 않은 이유는 이러했다. 당시는 워싱된 청바지가 없었다. 그런 개념조차 없었을 때다. 내가 영화에서 그리고 무대에서 보아온 배우와 록스타는 모조리 닳고 헤진 리바이스를 입고 있었다. 그들은 그 청바지를 입은 채로 함부로 침대에 뛰어들었고 해변을 달렸고 사랑을 나눴고 우수에 젖었다. 그 낡고 빛바랜 바지의 면면이 그들의 아이덴티티와 퍼스널리티를 표현하고 있었다. 아니, 그렇게 인지하기로 내가 받아들인 것이다. 그러니 내가 해야 할 일은 자명했다. 그 501 청바지를 닳게 해야 했다. 그것도 거짓 없이 내 몸의 움직임과 내 인생의 경험만으로.

아마 내가 추앙한 대상이 501 청바지 자체는 아니었을 것이다. 일련의 행위는 내 마음속 동경의 대상들과의 교감이자 일체화였고 501은 그 매개였다. 다른 아이들이 501을 나만큼 추대하지는 않은 만큼 아무래도 사회적 위상이란 건 가지지 못했지만, 내가 좋아하는 배우나 밴드가 누군지도 모르는 아이들로 하여금 그런 위상을 획득할 필요는 없다고 생각했었던 것 같다.

라벨만 떼면 다른 청바지와 구분할 수 없었던 게스나 캘빈 클라인, 마리떼 프랑소와 저버도 마찬가지다. 청바지의 우수한 품질이 아이들을 기분 좋게 만들고, 누군가로 하여금 시기와 질투까지 불러일으킨 것은 아니다. 원초적인 군집 본능과 특정 상표가 만들어내는 위상, 하여 그것을 구매하고 소유하는 희열 등이

집합된 의미의 표상이었다. 나 역시 내 나름의 '의미'를 구매하고 표출했던 것이다. 부끄러운 이야기지만 나조차도 역시 얼마 지나지 않아 캘빈 클라인과 마리떼 프랑소와 저버 청바지를 하나씩 소유했더랬다. 내게도 여자친구가 필요했고, 이를 위해 어쩔 수 없이 준거집단의 양식에 맞는 표식을 따랐다. 결국 유행에 편승하는 그렇고 그런 아이 중 하나가 돼버렸지만, 지금 생각해보면 계속 리바이스 501만을 집요하게 입는 열네 살의 소년이 있었다면 꽤나 멋있지 않았을까?

청바지의 1차적 의미는 의복로서의 기능이다. 몸을 가리고 보호한다. 2차적 의미는 기존 의복 양식과 달리 데님이라는 소재에서 발생한다. 질기고 실용적인 청바지는 새로운 노동자 계층이 입기 시작했고 점차 젊음의 저항과 도전을 상징이 되었다. 면으로 된 단정한 크림색 치노 팬츠를 입는 것과는 '의미'하는 바가 달라지는 것이다. 3차적 의미는 2차적 의미에서 보다 더 소비자 또는 향유자의 의미로 넘어온다. 그 의미가 발전함에 따라 청바지 안에서도 각각의 청바지는 다른 의미를 뜻하기 시작한다. 새로운 라벨과 디자인으로 새로운 이미지를 팔면 이를 준거집단에서 적극 수용하고 확장하면서 상품은 다른 위상과 의미를 갖는다. 나이키는 조던을 다른 농구화와 다름없이 만들고 비슷한 가격으로 판매했지만 2차와 3차적 의미의 수용자들에게 조던은 몇십 배의 가격으로 책정된다. 자본주의 사회에서 '의미'는 고차원으로 갈수록 '가치'에 더 가까워진다. 몸을 가리고 보호하기 위한 모직물이 부족한 세상은 아니다. 모든 것이 풍족한 지금의 사회에서 의미는 좀 더 높은 차원의 가치를 요구한다. 흥미도 필요도 갈망도 의미의 산출 값에 불과하다. 하지만 그 모든 의미 중에서 '가치'를 무엇에 둘지는 내가 결정한다. 가치는 오랫동안 빚어지거나 존중받아 온 것일 수도 있고, 새롭게 등장하여 기성의 무언가를 대체하거나 변화시키는 것일 수도 있다. 그것은 내 준거 집단 또는 나 자신을 변화시킬 수도 있다. 가치는 거부할 수 없는 절대적인 미(아름다움을 알아볼 수 있는 심미안이 있다면)일 수도, 때로는 극도의 실용성이 될 수도 있다. 고차원의 의미로 넘어갈수록 그것은 자신이 생각하는 가치와 공명해야 한다. 그렇게 합일되어야 내가 생각하는 그것의 가치가 체결된다.

남들이 다 해서, 다들 가지고 있으니까, 곧 사라질 것 같아서 등의 이유로 팔리는 상품도, 사는 사람도 물론 많다. 이 행위도 사회적 의미에 의해 이루어지는 일이지만 내가 나만의 가치를 정의하는지 아닌지에 따라 의미의 경중은 달라진다. 프랑스의 정신분석학자 라캉이 얘기했듯, 여기에 사회적 동물로서 내가 가지는 의미가 온전히 나 자신만의 의미로만 이루어지기는 불가능에 가깝다. 누군가는 책 열 권을 읽어야 자존감이 생기고 누군가는 명품백을 둘러야 자존감이 생긴다. '가치'는 단순한 사회적 의미를 넘어 자존감과 신념을 통해 내 안에서 어떻게 다르게 인식하는지 명확히 구분할 수 있을 때 일반적인 '의미'와 달라질 수 있다. 때로는 내가 생각하는 가치가 그것의 사회적 의미와 다를 바 없을 수도 있다. 하지만 최소한 어떤 메커니즘으로 내가 생각하는 가치가 형성되어 왔는지는 스스로 인지해야 한다. 준거 집단 또는 사회가, 배기 팬츠를 멋진 의복이라고 여기지 않는 한, 스키니 팬츠를 다시 꺼내 입는 날이 올까? 버리지 않고 남아 있기는 할까? 아이러니한 건 스키니 팬츠가 유행하기 전에 배기 팬츠가 먼저 유행했다는 사실이다. 사회적 의미가 변하듯이 자신이 생각하는 가치도 변화한다. 우리는 변화하고, 긍정적으로 보자면 성장하기 때문이다.

우리는 통상적인 의미든 고양된 가치 기준에 의해서든 시간이나 등가교환물(대개 돈이다)을 기꺼이 지불하여 물건 또는 경험을 향유한다. 내 성장과 인지의 확장이 아닌 사회적 의미의 변화에 의해서만 의미와 가치가 정의되고 조정된다면 우리는 아주 높은 확률로 공허함에 다다르게 될 것이다. 단순히 물건이나 경험의 '의미'가 아니라 그것이 내게 선사하는 '가치'를 집요하게 구분할 수 있어야 하는 이유가 여기에 있다. 이는 합리적 소비에 관한 이야기가 아니라 성장에 관한 이야기다. 내가 온전히 나로서 사고하고 나로서 소비하고 나로서 발현하는 일은 다름 아닌 인간 욕구 최상단에 있는 자아실현을 뜻한다.

2023년 기준, 글로벌 주식 시장은 109조 달러에 달했다. 109조 달러. 지폐는 '의미'를 뜻한다. 예컨대 1달러 지폐는 누구에게나 똑같이 1달러 지폐다. 그런데 물리적으로 세상에 존재하는 동전을 포함한 현금은 10조 달러에 불과한 것으로 추정된다. 글로벌 주식 시장에 있는 많은 기업의 주식은 가치에 의해서만 사고 팔릴 뿐이다. 바로 화폐라는 '의미'를 통해서. (물론 금과 은, 석유 같은 현물도 있으나) 거래되는 주식의 10분의 1도 조지 워싱턴이 찍힌 종이로는 존재하지 않는 것이다. 실물 현금의 10배 이상인 100조 달러의 주식은 '가치'에 의해서 사고 팔린다. 지난 수년간 사람들은 미래 가치만으로 실체를 본 적 없는 암호화폐에 자산을 투자했다. 물론 이 역시 은행에 있는 숫자를 어딘가로 옮긴 것에 불과하겠지만. 숫자로 적힌 돈을 절대적 가치처럼 생각하지만 돈은 결국 사회적 시스템이 약속한 의미에 준하다는 것을 우리는 쉽게 간과한다.

과거엔 손쉽게 휴대하며 음악을 들을 수 있는 기계(의미)였던 워크맨이나 mp3 플레이어를 손쉽게 휴대하며 음악을 듣기 위해(의미의 필요) 사람들이 구매했다. 이러한 휴대용 기기를 가지고 있지 않던 사람들, 심지어 이미 mp3 플레이어를 가지고 있던 사람들까지 애플의 아이팟이 세상에 나오자 열광했다. 음악을 물리적으로 구매하는 것이 아닌 액세스하는 새로운 허브로서의 '가치'를 지닌 것으로 인식된 아이팟은 '아이팟'으로 불렸지 'mp3 플레이어'로 불리지 않았다. mp3 플레이어에서 듣던 비틀즈나 런던필하모닉의 음악이 똑같이 재생됐음에도 말이다. 거기에 더해 주머니에서 꺼냈을 때 그 하얀 물체의 미적 우월함과 뒷면에 음각으로 새겨진 사과 심볼이 주는 신뢰와 혁신의 상징성은 아이팟에 더 큰 가치를 부여했음은 물론이다. 아이팟은 mp3 플레이어라는 의미에 의해 가치가 책정된 것이 아니다. 우리는 대부분 의미에 의해 가치가 정해진다고 믿고 있거나 믿고 싶어 한다. 그러나 실은 가치에 의해 의미가 상정되는 세상에 살고 있다.

콜라 회사는 "이것을 마시면 톡 쏘는 탄산으로 즉각적인 짜릿함을 느끼며 당을 충전할 수 있어요"라고 하지 않는다. "젊음의 청량한 감각을 느끼세요"라고 한다. 아마도 이 브랜드는 콜라를 마심으로써 청량한 젊음을 느낄 수 있다는 소비자의 기대 이미지를 충족하기 위해 갖가지 일을 수반할 것이다. 그런 차원에서 브랜딩과 마케팅은 의미가 아닌 가치를 증폭하고 촉진시키기 위한 행위라고 볼 수 있다. 아이에게 먹일 간식(의미)을 사러 갔다면 (의미의 필요) 이 간식들 중에 글루텐 프리, Non-GMO, 친환경 기업, 아이가 좋아할 공룡 모양의 원물, 눈을 사로잡는 패키지 디자인과 같은 것들이 특정 간식 제품의 가치를 구분한다. 가치를 담지 않은 상품은 장바구니에 담기지 않는다.

가치를 어떻게 성립하고 어떻게 형성하며 어떻게 구현하는지 분명히 정의하지 않으면 판매자가 팔려는 유무형의 것들은 기저에 깔린 의미로만 존재하게 될 것이다. 소비자 역시 세상에 존재하는 유무형의 것들이 자신에게 어떤 가치인지 정립하지 못한 채 그것의 의미만으로 자신의 시간과 등가교환물을 소진해가며 살아가게 된다. 그래서 단순히 그 물건 또는 경험의 '의미'가 아닌 그것이 내게 선사하는 '가치'를 구분하기 위해 집요하게 노력해야 한다. 가치를 구별해야 자아가 성장할 수 있다. 자아 성장을 통해 대단한 성자가 되자는 것이 아니다. 우리가 무심코 사고 또 파는 일들이 실은 자아를 발견하고 성장하는 일과 동떨어져 있지 않음을 이야기하는 것이다.

가치를 정의하지 않아도 모든 것에는 의미가 있다. 의미로서 삶을 해석하기는 쉽다. 사회적 의미로 자신이 속한 준거집단 속에서의 좋은 삶은 쉽게 규정되어 있고, 빌려 쓸 의미는 무수히 많다. 하지만 가치에 의해 변화를 불사하고 삶을 개척하는 것은 다른 문제다. 스스로 가치를 뚜렷이 정의할 줄 알아야 하고, 가치의 신념에 따를 용기가 있어야 하며, 타인의 소리가 아니라 자아의 소리로 살아갈 힘이 있어야 가능하다. 1달러는 누구에게나 1달러지만 죽음을 앞둔 사람에게 유언장을 쓰기 위한 펜 한 자루의 가치는 사람에 따라 달라질 수 있다. 가치 있는 삶을 위해 우리는 어떻게 가치를 창출하고 어떻게 가치를 전달해야 할까? 어떤 가치(예컨대 돈)와 교환하며 삶을 누릴지는 그다음에 선택해도 된다.

가치 있는 일이란

어딘가에 소속되어 일을 하건 내 사업을 하고 있건 우리가 일하고 있는 곳은 어떤 가치를 제공하며 그 가치에 부합하는 영리를 만들어낸다. 그 영리 즉, 대가인 돈은 가치를 지닌다. 우리는 다시 그 대가를 지불해 다른 가치, 예컨대 식료품이나 의류, 자동차, 운이 좋으면 아파트 등으로 교환하며 삶을 영위한다.

의미와 가치는 어떻게 다를까? 태어나서 죽음에 이르기까지 이산화탄소를 내뱉으며 산소를 몸 안으로 들이마시는 호흡만 하더라도 '생'이라는 의미는 있다. 환경을 파괴하며 돈을 긁어 모으는 자본가도 안타깝지만 자기 나름대로의 의미가 있다. 의미 없는 삶은 없다. 지금 같은 자본주의 세계에서 많은 이들은 억만장자가 될 수 있다면, 법의 범위에서 벗어나지만 않는다면 일련의 사회적 해악도 불사하며 얼마든지 자기 자신만을 위해 살 각오가 되어 있는 것 같다. 그러니까 어떤 식으로든 모든 일들에 의미는 있다. 하지만 어떤 식으로든 벌어들인 그 대가를 다시 가치 있는 것과 교환하지 못하는 즉, 가치 있는 소비나 가치 있는 투자를 하지 못하며 생을 보내는 사람들도 허다하다. 가치 있는 것을 볼 안목이 없고 스스로 가치를 확립하지도 못했다면 벌어들인 재화를 가치 있는 것과 교환하기(가치 있는 것으로 소비하기) 쉽지 않다. 그러니 돈의 가치도 사람마다 다르다. 어떤 사람들은 돈으로 그에 상응하는 물건을 산다고 한다. 좀 더 성숙한 사람들은 그 돈으로 시간을 산다고 한다. 시간을 어떻게 소비하느냐는 가치의 중요한 척도다.

수면 다음으로 인간은 생의 가장 많은 시간을 일을 하면서 보낸다. 세상에 의미 없는 일은 없지만 그것이 나에게 가치 있는 일이 되는 것은 어떤 차이에서 발생할까? 일하는 것과 자아실현을 하는 것을 동일시하는 근대적 교훈을 입에 올렸다가는 비난받기 쉬운 세상임을 안다. 그러면 과연 내가 하고 있는 일이 어떤 일을 작동시키거나 전환시키는지 간단하게 생각해보자. 일을 통해 개인은 임금과 같은 등가교환물을 손에 쥐게 된다. 행여 그것만이 이유라고 해도 좋다. 그렇다면 내가 하는 일이 조직이나 시장에서 더 큰 가치를 발휘하려면, 그래서 내가 더 큰 대가를 얻으려면 무엇이 필요한가? 당연한 얘기지만 내가 적을 두고 있는 조직, 내가 운영하는 사업체 등에서 제공하는 유무형의 상품 또는 서비스가 더 크고 나은 가치를 제공해야만 한다. 더 잘 만들고, 더 잘 팔고, 더 많은 수익을 만들어내는 일이 그에 부합하는 일일 것이다. 다시 말하면, 더 크고 나은 가치를 제공해야만 사업의 주체나 고용인(자기 자신일 수도 있다)으로부터 더 나은 대가를 받을 수 있으며 이를 통해 각자가 바라는 삶을 영위하는 데 일조하게 된다. 보편적인 자본주의 논리다. 하지만 우리가 여기서 쉽게 망각하는 중요한 사실은, 바라는 삶을 위해 더 나은 가치를 일에서 구현해내는 순간, 일은 노동의 등가교환물(임금)을 얻어가는 단순한 의미에서 가치를 창출해내는 매개로 전환될 수도 있다는 것이다.

일이 가치창출의 매개가 된다? 세상을 바꾸는 일도 아니고 그저 제조 회사에 다니는데? 작은 유통 회사의 마케팅을 하고 있는데? 1인 카페를 하는데? 치킨을 팔고 있는데? 바로 그곳에서 이해관계자 또는 소비자에게 그저 (물성) 의미가 아니라 새로운 교환 가치(제품의 유형적 의미 이상의 가치)를 창출하고, 그것을 다듬어 단순한 의미 이상의 것을 판다면(가치를 교환한다면)? 그 순간 그 일은 '가치 있는 일'이 된다. 그리고 가치를 창출하는 일을 하면서 사는 삶은 기꺼이 가치 있는 삶이라 불릴 만하다. 하지만 가치를 창출해내기 위해서는 지금까지 하지 않던 무언가를 해내야 한다. 즉, 변화해야 한다. 나를 변화시키고 일을 변화시켜야 한다. 자신이 있는 바로 그 자리에서 가치를 창출해내기 위해 스스로 변화하는 일. 간디나 마더 테레사의 삶만이 세상을 바꾸는 '가치 있는 삶'은 아니다.

90년대 이후, 포르노와 마약만큼 전 세계적으로 큰 수익을 낳은 사업도 드물다. 이것들을 더 잘 만들고 더 비싸게 그리고 더 잘 팔기 위해 누군가 이에 '가치'를 불어넣는다면 이는 가치 있는 일인가? 포르노와 마약이 인간의 욕망을 쉽게 해소해준다는 면에서 '의미를 부여'할 수 있을지는 몰라도 중독성과 그로 인한 왜곡된 인지와 정신적 육체적 피폐, 그것이 확장된 사회적 문제를 일으킨다는 결과로 보건대, 가치 있는 일이라고 하기는 어렵겠다. 세상에는 교묘하게 법의 선을 넘어 수익을 창출하고 그것을 통해 가치를 만들어냈다고 하는 사람들도 존재한다. 하지만 나의 가치를 위해서 다른 삶의 가치를 해하는 일은 가치의 영역에 있을 수 없다.

일의 과정과 결과가 다른 가치를 발현하기 위해서는 먼저 자신의 가치를 찾고 또 강화해나가지 않고는 불가능하다. 삶과 일은 구분되어야 한다고 생각하는 누군가에게 돌팔매를 맞을지 모르지만 가치를 찾는 것이 자아실현이라면, 다시 돌아가 일은 자아실현의 장이라고 정의해야 마땅하다. 삶의 대부분을 쏟는 일이 인간의 최상위 욕망(매슬로우의 욕망 단계)인 자아실현의 매개가 아니면 대체 무엇을 매개로 삼아야 할까? 여가 시간에서? 가족과 친구와의 쉼에서? 취미 활동하는 커뮤니티에서 제대로 구현해볼 심산인가? 휴식과 유희에서도 많은 가치를 발견할 수 있고 실제로 자아실현이 되기도 한다. 하지만 결국 하루에 여덟 시간씩 시간을 보내는 일과 그 일을 하고 있는 당신이 부조리의 매듭을 풀지 않고는 가치 있는 것을 만들고 가치 있는 것으로 교환하며 영위하는 삶에 대해 이야기하기는 어렵겠다. 그러니 아직 첫 번째 장인만큼 누가 뭐라 해도 워라밸이 우선인 사람은 이쯤에서 책을 덮고 일이 아닌 데에서 삶의 의미를 찾으러 나가도 좋겠다.

시작보다 더 큰 동기부여는 없다

하고 있는 일의 행위에서 가치의 차이를 만들어내기 위해서는 먼저 당연히 나 자신이 스스로 가치를 만들어낼 수 있는 사람이어야 한다. 당신이 어떻게 살아왔고 지금 어떤 상황이어도 당신은 여지없이 소중하고 존중받아 마땅하다. 종교적인 뜻은 아니나 살아 있는 한 우리는 이미 '의미의 존재'다. 하지만 의미의 존재라고 해서 가치 있는 삶을 살 수 있는 것은 아니다. 가치를 만들어낼 수 있는 건 위인과 같은 사람이기 때문도 아니다.

무엇을 이루어야 스스로 가치 있는 사람이 될까? 무슨 능력이나 권한이 있어야 그렇게 될까? 가치 있는 사람을 이를 때 사람들은 대개 그 가치를 자신의 기준에 세우지 않곤 한다. 내 스스로 판단하는 기준의 가치를 발현해낼 수 있어야 한다. 그래서 가치 있는 사람은 자아실현을 하는 사람이다. 가치 있는 삶은 성과와 성취가 아닌 태도와 방식에 있다. 신념과 집념이 없이는, 주관적 가치와 세상을 향한 공감이 없이는 가치 있는 삶은 성립되기 어렵다.

인터넷 네트워크가 확장된 이후부터 80억 인구의 모든 삶의 면면을 사람들은 직관적으로 인지했다. 각 층위의 삶에서 어떤 차이가 있는지를 목도했고 이 층위를 넘나드는 일이 어떻게 이루어지는지도 알고 있다. 어쩌면 당신은 현재 대한민국 대부분 기업의 연봉을 알고 있고, 대부분 아파트의 시세를 확인할 수 있고, 다른 사람들이 투자를 통해 얼만큼 어떻게 부를 축적했는지도 알고 있다. 이러한 부와 성공의 획일화된 인지는 국지적이지도 않다. 국가적 한계 따위는 애저녁에 초월했다. 초등학생이 가장 되고 싶어 한다는 유튜버에 돈을 지급하는 나라는 한국이 아닌 미국이다. 수억 원씩 번다는 유튜버들, 틱톡커들은 한국이나 특정 국가만의 동아줄이 아닌 전 세계 청소년들의 기준이고 롤모델이 되었다.

우리는 방법을 몰라서 무언가를, 예컨대 부의 축적을 못하는 게 아니다. 전략서나 방법론은 널려 있다. 재테크와 투자의 방법을 아직도 알 방법이 없다고 할 사람은 없으리라. 아니면 환경의 한계가 있을까? 오지에 살아서 피아노 교습을 받을 선생님이 근처에 없을 수는 있지만 줄리어드 음대에서도 온라인에 강의를 올려둔 세상이다. 레시피를 몰라서 못 만드는 음식이 존재하는가? 19세기 중동의 향신료 조합도 인터넷에서 찾아볼 수 있다. 사람들은 그저 계속해서 다른 방법론, 다른 시도, 그것도 모자라면 그 시도들을 할 수 있게 채찍질할 동기부여 스피치, 영상, 교육을 계속해서 찾는다. 끊임없는 정보 수집의 무한 반복보다 더 위중한 일은 동기부여의 고리다. 동기부여라는 모르핀 주사를 끊지 못한다. 주삿바늘을 꽂은 채로 앞으로 뛰어나갈 수 있을까? 게다가 동기부여는 진짜 모르핀과는 달리 같은 소재로는 통하지 않는다고 스스로 의심하기 시작한다. 계속해서 다른 동기부여를 받아야 하고, 결국은 내성이 생겨 주옥같은 동기부여의 기회가 와도 어느 순간엔 다 들어본, 다 아는 얘기가 되어 버린다. 사실 지금 내가 하는 이 말을 포함해서 같은 말을 다른 사람들이 다양한 형태로 할 뿐이다. 그런데도 사람들은 지속적으로 또 다른 형태의 동기부여에 매달린다.

　자기와 비슷한 환경에서 자신은 해내지 못하는 어떤 일, 예컨대 미라클 모닝이나 공부, 운동 같은 걸 누군가 하고 있는 콘텐츠를 보면서 사람들은 꾸준히 자극받는다. 그야말로 꾸준히 자극만 받을 뿐이다. 아이러니한 것은, 나를 비롯한 그 콘텐츠 속의 사람들도 사실 당신과 크게 다르지 않다는 것이다. 다른 점은 그걸 매주 인터넷에 올리기로 한 일을 그 사람들은 스스로 체결했을 뿐이다. 사람들이 봐주고, 반응해주고, 어쩌면 작은 대가도 돌아오는, '보상'이라는 행동 결과들이 그들에게는 따른다. 당신과 비슷한 상황에서도 열심히 하는 그 사람들은 당신보다 훨씬 더 강력한 지속 메커니즘을 탑재하고 있는 것이다.

하고 싶어서 했더라도 해야 해서 하는 순간이 오고, 해야 해서 했지만 성취의 즐거움을 발견할 때가 있고, 그래서 계속하고 싶은 긍정적 순환이 돌아간다. 이 콘텐츠들을 꾸준히 보기만 하는 사람들은 동기부여만 계속해서 받고 행동하지 않거나, 그조차 무뎌지겠지만 자괴감을 키우기까지 한다. 당신은 그들을 보고, 그들은 당신이 보고 있는 것을 동기 삼아 꾸준히 '무언가를' 한다. 누가 동기부여를 받고 있는 것일까?

스스로를 믿을 수 있는 방법을 찾는 것에 우리는 대부분의 시간을 보낸다. 정보 수집도 동기부여도 어느 순간에는 멈춰야 한다. 그 두 가지 일은 어느 순간이 되면 무언가를 시작함에 있어서 아주 합당한 미룸의 근거가 되기도 한다. 시작을 위해 더 필요한 일은, 당초 가지고 있던 커다란 꿈에서 작은 보상의 단계들로 꿈을 소분하는 것이다. 그리고는 첫 번째 보상과 계단만을 앞에 두고 '시작'을 감행하는 것이다. 이것조차 수많은 심리학 강의와 자기계발서에서 이미 들어보지 않았던가?

삐걱거리고 볼품없이 시작할수록 더 좋다는 것을 잊지 않으면 좋겠지만 불행히도 우리는 대개 폼나고 멋지게 시작하고 싶어 한다. 계획은 치밀하고 목표는 원대하다. 사실 이 글을 쓰고 있는 내가 그렇다. 앞서 말한 이유들로 인해 책을 쓰기 시작하는 것이 유난히 어려웠다. '슬로우 스타터니까'라며 자기 위안을 했지만 잠 못 드는 밤을 몇 번이나 보내고서야 한 장만 쓰자고 앉아 지금 여기까지 쓰고 있다. 케케묵은 동기부여 이야기를 하는 것은 시작 때문이다. 가치를 발현하기 위해 변화해야 하는데 시작을 못하니 변화도 요원하다. 변화를 위해서는 시작 그 자체보다 더 큰 동기부여는 없다.

시작을 인지하지 않는 방법도 있다. 속이는 것이다. '이건 시작이 아냐. 그저 그냥 간단하게 해보는 거야'라고 거짓말하는 것이다. 스무살 무렵 3개월간 병상에 있다 처음으로 바람을 쐬러 홀로 외출을 한 적이 있다. 외출을 왜 목포까지 갔는지는 모르겠지만 새벽 기차로 남쪽 끝까지 내려갔다. 다음 날 올라오는 길에 지리산 대원사에 들러 근처를 산책해보기로 했다. 20년간 산이라고는 올라본 적도 없던 나는 안 그래도 퇴원 직후라 지리산은 엄두도 낼 수 없었다. 그저 초입에 있는 절이나 둘러볼 생각이었다. 그런데 약한 체력 탓에 발 아래 길에만 집중하다 그만 대원사를 지나쳐 버렸다. 그렇게 10분만 더 가보면 산세는 어떻게 펼쳐질까 하면서 걷다가 결국 5시간 뒤 치밭목 산장에 도착했고, 그까지 올라갔더니 그때부터는 출처 없는 용기가 솟아 그곳에서 밤을 지낸 뒤 다음날 3시간을 더 올라 대청봉 정상까지 오르게 됐다. 홑겹 티셔츠에 컨버스 스니커즈를 신은 채 말이다. 물론 네 발로 내려온 뒤 몸은 만신창이가 되었고 다시 며칠 간 앓아 눕긴 했지만 지리산 초입에서 10분만 가보자는 생각이 아니라 정상까지 가자라는 심산이었으면 분명 30분도 못 가 포기하고 돌아 내려갔을 것이다.

정말 시작이 어렵다면 시작을 스스로 속여보는 것도 방법이다. 연습이라고도 생각하지 말고 놀이나 딴짓 정도로 위장해보는 것이다. 딴짓을 계획하에 하는 사람은 없지 않은가? 어차피 시작도 못 하고 시간만 압살하면서 심리적 고통만 당하고 있을 거라면 그 시간에 살짝 딴짓을 하더라도 원래 하려던 거창한 시작에 큰 영향은 없지 않을까? 그리고 가끔 그 허튼짓이 장엄한 시작보다 더 위대한 결과를 낳기도 한다. 가끔? 아니 거의 모든 위대한 일은 허튼짓에서 시작되었다는 것이 내가 배운 역사의 교훈이다.

동기부여에 매몰되지 않고 시작하는, 익히 알려진 다른 방법은 즉각적인 보상이다. 나는 달리기 위해 운동화 끈을 매고 현관을 나서는 것을 어렵지 않게 할 수 있고, 정신없는 아침에도 커피 빈을 갈아 드립을 내리는 일은 양치질보다 쉽게 할 수 있다. 반면 악기 연습을 하는 것은 그 시작이 유난히 어렵다. 아마 어려움의 저항값으로 따지면 영하 7도의 날씨에 10킬로미터를 달리러 나가는 일이 위의 네 가지의 일 중 가장 어려운 일일 수도 있겠지만 그 일은 십수 년 넘게 해오면서 언제나 달리기를 감행하고 나서의 성과를 바로바로 몸과 마음으로 확인해왔다. 확인이 쉽게 되니 계속해올 수 있었고 계속해오니 내가 무엇을 쉽게 쟁취할지도 간단하게 인식한다. 그래서 영하 7도에도 달리러 나가는 저항값이 낮다.

한순간 저항을 이기고 습관이 되어 저항을 거의 제로에 가깝게 만든 게 있는 반면 악기 연주는 내게 여전히 저항값이 높다. 지금 글을 쓰고 있는 이 의자 뒤로 자리하고 있는 악기 앞에 서는 일은 어쩌면 위의 두 일보다 훨씬 간단한 일임에도 불구하고 서툰 연주를 스스로 듣고 싶지 않는 마음이 크다. 더 나은 연주를 위해서 반복되고 지루한 연습을 해야 하는 것을 알지만 그 지루함 뒤에 작은 보상들을 등치시키기란 쉽지 않다.

쉽게 시작할 수 있는 일이 난이도 때문만은 아니다. 익숙해지기까지는 언제나 그에 걸맞은 보상들이 따랐지만 그렇다고 언제나 욕구의 크기에 비례하지는 않는다. 물론 모든 극복 지점에 보상을 체결하는 것도 쉬운 일은 아니다. 결국 일정 수준에 이를 때까지는 그저 앞으로 나아가야 한다. 보상다운 보상은 그 역치를 지나고 나서야 효과적으로 작동하고, 역치를 지나 그래서 재미가 붙으면 그땐 저항이나 그에 부합하는 보상은 크게 중요하지 않다. 재미가 보상 그 자체이기 때문이다. 그럼에도 익숙해지는 그 역치를 넘기기까지는 즉각적인 보상을 계속해서 설계하고 장치하는 일은 분명 효과적인 동인이 된다.

내게 글쓰기는 위의 이유들과는 조금 다른 동인으로 할 수 있는 행위다. 욕구 불만이나 자책의 언어들이 무성해 일기라고 부르기는 아무래도 부적절하지만 어디든 들고 다닐 수 있는 손바닥만 한 작은 노트에 거의 매일 같이 무언가를 쓴다. 전자 기기처럼 배터리가 없어도 쓸 수 있으며, 병상에 드러누워서도 쓸 수 있다. 25년 넘게 그렇게 써오고 있다. 그것이 무슨 행위이고 의미인지 누가 물어본다면 나는 쉽게 이야기할 수 있다. '똥을 싸기 위해 쓴다.' 대문호가 되기 위한 습작을 쓰거나, 영원 불멸의 문장을 쓰거나, 세상의 이치를 일목요연하게 쓰지 않는다. 내가 보고, 사고하고, 후회하고, 분노하고, 갈망하고, 조정하고, 기도하는 글자들의 똥을 매일같이 싸댄다. 아마 내 유언장에는 기필코 지금까지 써온 노트들을 그 누구도 열람하지 않은 채 모두 폐기하는 항목이 적혀 있을 것이다. 죽기 전에 스스로 다 태워 없애리라 생각하지만 혹시 불시의 사고로 죽을 것을 대비해 분명히 명시해놓을 작정이다.

내가 무엇을 보고 무엇을 사고하고 무엇을 희망하는지 글로 써보면 많은 것이 달라진다. 삶은 분명히 잉크로 쓰인 그 이상의 것들로 가득하지만 기록하는 일은 삶에서 다른 기회를 얻는 것과 같다. 안타깝게도 내 노트들에는 대부분 똥이 있다. 똥을 싸대다 보면 부지불식간에 어딘가에 닿는다. 거기에는 고요한 평화의 신전이 존재한다. 그 신전을 향한 발걸음의 방향이 어느새 보인다. 실제의 삶에서는 수백 번 같은 나락으로 되돌아가지만 글쓰기 안에서는 수백 번 같은 깨달음을 다시 얻기도 한다. 노트에 무언가를 쓸 때마다 매번 있는 일은 아니지만 그런 일이 간혹 벌어진다. 노트를 펼치고 쓰는 첫 번째 문장부터 그것에 닿으면 좋겠지만 아쉽게도 대부분 노트에는 형편없는 의식의 흐름만 나열된다. 의도하여 그곳에 바로 닿을 방법을 25년이 지났지만 나는 아직도 모른다. 다만 똥냄새를 풍기지 않고 그곳에 닿을 수 없다는 것만이 내가 아는 전부다.

노트를 열고 펜을 잡는 것은 위에 언급한 달리기나 커피 내리기, 악기 연주나 게임보다도 쉬운 일이지만 반대로 내가 어려워하는 일들에 비추어봤을 때 가장 중요한 것 즉, 가장 깊숙한 자신에게 가장 완벽하지 않은 형태의 일을 저지르는 최악의 행위라고 볼 수 있다. 의도하진 않았지만 그렇게 되었다. 중요한 것은 그 신전에 부끄러운 족적을 남긴다고 내 인생이 부끄러운 것이 되지 않는다는 사실이다. 앞뒤 따지지 않는 미숙한 사고의 나열을 지나가야만 겨우 깨달음에 닿을 수 있었기에 그것만으로도 기꺼이 부끄러움을 감수하게 되었다. 아니 그렇게 의미 없고 창피한 글을 먼저 지어내지 않으면 빛나는 사유를 만날 수 없다는 것을 알게 되었다. 그래서 내가 알고 있는 가장 좋은 시작의 방법은 지금부터 대단한 과업을 이루거나 걸작을 만들어내는 일이 아닌 똥을 싸기로 작정하는 것이다. 어떤 날은 그저 그렇고 그런 하루가 되기도 하지만 어떤 날은 오랫동안 기억될 빛나는 하루가 되기도 한다. 아침에 대변을 보지 않으면 그저 그런 하루든 빛나는 하루든 쉽게 만들어지지 않는다는 개연성 없는 생각을 해본다. 실제로 나는 그런 생각으로 노트를 펼친다. 다른 사람 얼굴에만 아니라면 똥을 싸는 건 필요하다. 사실 그걸 걱정할 게 거의 없는 이유는 우리가 갈망하고 승리하고자 하는 대부분의 일들은 자기 자신과의 일이기 때문이다. 남들이 내가 저지르는 오욕의 역사를 볼까 걱정하지 않아도 된다. 설령 모두가 보고 있는 곳에서 그 부끄러운 짓을 해야 할 때조차도 사람들은 당신에게 그렇게까지 신경 쓰지 않는다. 그런 시선들의 불편함이 우리가 시작하지 못해 괴로웠던 모든 순간들, 시작만 했다면 할 수 있다고 생각했던 찬란한 것들과 비교할 수준이 되는가?

의지는, 뇌에서는 저항일 뿐

하고 싶어서 시작했더라도 하기 싫거나 할 수 없게 되는 상황도 온다. 이 상황에서 '해야 하는' 상황으로 다시 전환하기 위해 우리는 다시 또 의지의 매개를 찾는다. 여기에 들어맞는 의지값이 어딘가에 기필코 있을 것이라 생각하면서. 안타깝지만 이것은 익히 알고 있는 포기의 절차가 아닌가. 시작이 반이라고는 하지만 어쩌면 '하고 싶은 일'에서 '해야 하는 일'로 전환하는 이 중간 단계가 더 어려운 일일지도 모르겠다. 언뜻 봐도 강력한 의지가 필요한 이 일에 외부의 동기부여에만 기대는 것은 부족할 수밖에 없다.

시작에서도 중도 포기의 단계 앞에서도 우리는 자기확신을 찾게 된다. 믿는다면 과감히 첫발을 내딛을 테니까, 믿는다면 놓지 않을 테니까. 그런 의미에서 동기부여는 가장 유명한 자기확신 수단으로도 통용된다. 하지만 어떤 강력한 확신도 그 목적을 다 이룰 때까지 견고하게 서 있기 쉽지 않다. 반대로 어떤 동기부여도 자기확신을 난공불락의 요새로 만들 순 없다. 동기부여뿐 아니라 어떠한 도구나 개념도 자기확신을 끝까지 견인하긴 어렵다. 누군가는 책 한 권을 읽고도, 하나의 연설을 듣고도, 한 번의 깨달음을 얻고도 목적지까지 간다. 하지만 단언컨대 그것은 쌓아온 자기확신의 근거들이 촉발됐을 뿐 단지 책 한 권이나, 하나의 연설이나 한 번의 깨달음 때문은 아니다. 그리고 목적지까지 가는 길이 순탄하기만 했을 리도 없다. 각자가 가진 내성과 기질, 예컨대 강렬한 목적의식 같은 것이 사람마다 다르게 작용했으리라.

가치가 그런 내성 중 하나다. 자기인식을 통해 빚어진 가치는 북극성과도 같다. 그것은 목적지를 정확히 가리키지 않을지 모르지만 언제나 거기에 떠 있어서 길을 잃지 않게 하는 데 도움을 준다. '무언가를 너무 하고 싶어, 무언가가 되고 싶어'라는 의지의 불을 지피지는 못하더라도 최소한 '무언가는 되고 싶지 않아, 무언가는 하고 싶지 않아'라는 기준은 세워준다. 그 기준은 오롯이 자기인식에서 나온 산물이다. 이에 비해 무언가를 하고 싶거나, 되고 싶은 가정의 목적에는 사회적 의미와 관계 위상의 개념이 개입될 여지가 더 커진다. 특정한 사회적 목표 자체를 부정하는 것은 아니다. 각자의 목표는 이뤘으면 좋겠다. 그 목표가 자기인식을 통한 가치로 조준된 목표라면 더할 나위 없다. 다만 가치는 대개 목적을 향하지 목표를 향하지는 않는다. 목표의 길에서 가치는 지뢰를 탐지하는 능력이 있고, 설령 길을 잘못 들어섰을 때도 다시 길을 돌아갈 수 있는 부표가 된다.

가치를 확립하기 위해 그리고 그 가치를 통해 자기확신을 갖기 위해 자기인식과 성찰은 무엇보다 중요하다. '내 의지력은 왜 이 모양이지? 난 저걸 해야만 하는데? 난 저걸 이뤄야만 하는데?' 목표를 이루려고 할 때 사람들은 흔히 메타인지가 흐려지곤 한다. 목표와 나를 하나의 개념 안에 두고 팔을 걷어 부쳤지만 애당초 목표와 나를 하나로 만든 건 그저 '관념'일 뿐이다. 저걸 해야하는 것이 당연한 명제라고 미리 관념화했기에 그것을 해야 하는 이유를 그 틀 안에서 아무리 되뇌어봤자 의도대로 움직여지지 않는다. 이유가 목표를 제압하지 못하면서 슬슬 '내가 그걸 진짜로 해야 하나?' 쪽의 의구심마저 고개를 든다.

내 생각엔 이렇다. 목표와 나를 하나의 관념 안에서 만든 건 상상의 산물일 뿐이다. 그걸 먼저 정확히 인지하는 게 좋겠다. 상상의 산물임을 잊고 그것을 정론으로 액자에 만들어놓으니 액자밖에 있는 실질적 부채인 '이유'와 대치해야 하는 상황이 온다. 설산에 갇혀 생존해야겠다고 목표하거나, 암에 걸려 할 수 있는 모든 일을 해보자 목표하는 것은 현실이고 이유 역시 현실 안에 있지만 부자가 되겠다는 목표는 상상의 영역인 것이다. 암에 걸

렸다면 자신의 모든 신체 세포가 그것에 저항하기 위한 총체적 메커니즘이 돌아가고 처한 모든 환경적 요소를 치유하는 데 유리한 방안을 강구하고 거침없이 실행해나간다. 다시 말하면 목적의식이나 자기확신 같은 걸 집요하게 촉구할 영역의 일이 아니다. "40대가 되기 전에 부자가 되어 여행이나 다니며 즐겁게 살고 싶은 '분명한 이유'가 있는데 왜 부자가 되는 목표에 이르는 일을 나는 잘 수행하지 못할까? 방법을 모르는 것도 아닌데"라며 고뇌한다. 현실의 고난을 타개해야 하는 사람들도 있지만 대부분 우리는 상상의 일을 희망하고 그것을 목표로 하며 그 문제와 분투한다.

목표와 나를 분리하면 우리가 잘 모르는 영역은 안타깝게도 목표 쪽이 아니라 내 쪽인 경우가 더 많다. 얼마 정도를 벌면 부자가 되는 건지, 그 돈을 벌려면 어떻게 해야 되는지 잘 안다. 라흐마니노프 피아노 협주곡 2번을 치는 게 나에게 어떤 의미인지, 그것을 위해서 어떤 훈련을 해야 하는지 잘 안다. 그러니 내가 원하는 욕망에 대해서 잘 안다고 치부한다. 다시 한번 생각해보자. 목표에 대해서 잘 알고 있는 것이지 나의 욕망, 그리고 나에 대해서 정확히 알고 있는 것일까? 어쩌면 생각보다 모호할지도 모른다.

"돈을 많이 벌면 네 인생의 무엇이 달라지고 어떤 것이 좋은데?"

"여유를 가지고 하고 싶은 일을 마음껏 할 수 있고 여행 다니며 살 수 있으니까."

"여유를 가지면 무엇이 좋은데? 하고 싶은 일이 뭐고 그것을 마음껏 하면 무엇이 좋을 것 같은데? 여행만 다니며 살면 어떨 것 같아?"

"그러니깐… 그렇게 하면 행복할 거 같아서."

"어떤 것이 행복이고 어떤 것이 불행인데? 지금 불행해서 행복하길 바라는 거라면 왜 불행한데?"

"여유를 갖고 하고 싶은 일을 마음껏 할 수 있고 여행 다니면 행복할 거 같아."

"여유를 갖는 게 너한테 정확히 어떻게 작동할 거 같은데? 하고 싶은 일을 계속할 수 있는 동력은 무엇이 될까? 기한 없이 계속 여행할 수 있다면 너는 계속해서 거기에서 행복을 느낄 수 있을까? 순환논증을 하지 않고 행복을 정의할 수 있어? 보편적 행복 정의 말고 너의 행복 말야."

"…"

"네가 행복이라고 생각하는 일들을 아주 구체적으로 서술해보면 거기에 애초에 생각한 행복이 그대로 보존되어 있을까? 애당초 얼마를 벌어야 부자인지 모호한 건 그만큼 행복의 구체성도 모호해서가 아닐까?"

이런 식의 질문을 하면 주위에 친구가 별로 없게 된다. 친구가 떠날 걱정 없이 자기 안에 원론을 탐색하는 자아를 데리고 있는 방법이 있다. 자신이 어떤 사람인지 성립되어 있지 않은 채 자극과 동기를 마구 섭취하고 탑재해본들 지속적인 동력이 될 수 있을까? 내가 (이미지화 된) 바라는 것의 어느 만큼이 사회적 의미와 관계에 의해서 성립된 것인지 구분할 수 없다면 그 상상의 영역에서 진짜의 나는 어떻게 작동하고 작용할지 알 수 있을까? 우리가 사회적 욕망에 충실한 사회적 동물임을 수긍하더라도 상상속의 목표를 위해 내가 실제로 공부하고 단련하고 인내하는 현실은 내 안의 질문과 답에 대응해야 한다. 밖에서 빌려온 당위만으로는 연료로 충분하지 못하다. 사회적 위상이나 부자가 목표여도 마찬가지다. '하고 싶은 일'에서 '해야 하는 일'로의 전환은 피할 수 없고 그 전환에는 밖의 연료가 아닌 내적 연료를 써야만 한다.

'해야 하는 일'을 지속하는, 익히 알려진 두 가지 장치 중 하나는 앞서 이야기한 보상이다. 보상은 기쁨을 주는 일이다. 그것은 새로 개설한 SNS에 한 명의 팔로워가 생기는 일일 수도 있고, 운동 뒤 초콜릿 아이스크림 한 통을 비우는 일일 수도 있다. 그러나 주말의 초콜릿 아이스크림 한 통을 비우는 일이 일주일간 매일 새벽 짐에 나가서 운동한 내게 선사할 수 있는 즉각적이고 효과적인 보상이 되어선 안 되겠다. 즉각적인 것은 중요하지만 전문가들은, 사고 싶었던 레깅스나 운동화와 같이 해야 하는 일과 연관성이 있는 보상으로 만드는 것을 추천한다고 한다. 물론 운동도 하지 않으면서 레깅스만 계속 산다든지, 자연에 있고 싶다 생각하지만 캠핑도 안 가면서 용품만 계속 사들이는 행위가 어떤 결과를 초래하는지 우리는 잘 알고 있다. 그러니까, 보상이다. 일주일간 20킬로미터, 60킬로미터 뛰는 목표를 달성하면 그제서야 괜찮은 러닝화를 사는 것이다. 좋은 러닝화를 사야 뛰게 된다는 말도 부정하지 않겠다. 다만 보상의 역치점은 분명히 알고 있어야만 한다.

다른 하나는 강제다. 선구자들은 일정의 강제력은 필요 불가결한 일이라고 주장해왔다. 쌓아온 인고의 시간 때문에 이제 '할 수밖에 없는' 일로 만드는 것도 강제의 다른 방법이다. 그런 차원에서 내가 한 일들을 잘 전시하고 잘 보이게 기록하고 남기는 일은 도움이 된다. 스페인어 공부를 하고 있다면 1년 뒤 스페인 여행을 위한 여행 자금을 공부한 날만큼 적금하고 그것을 매일 확인한다거나. 그럼에도 유혹과 흔들림은 시시때때로 찾아온다. 단기 목표를 생각하자니 냅다 때려 치워도 큰 손실은 아닌 것 같고, 반대로 원대한 목표를 생각하자니 한 걸음 한 걸음이 기약이 없어 보인다. 우리는 의지가 내 안에 있고 내 편이어야 하며 심지어 그냥 내 편도 아닌 강력한 인자로 생각하려 든다. 많은 정신분석학자들이 친절히 밝혀주었지만 의지는 주로 내 편이 되지 못한다. 의지는 유기체가 흘러가려는 욕망의 방향을 저항하는 적에 가깝다. 이 주적을 왜 그렇게까지 신뢰하고 큰 역할을 부여하는지는 잘 알고 있다. '의지=나'라고 믿기 때문이다. 의지가 없는 나라는 인간은 단순하게 생각해봐도 끔찍하니까. '나라는 사람은 자유의지에 의해서 나아간다'고 생각하지 않으면 대체 인생은 뭐가 되는지 모르겠다. 나아가 실존에 위협이 된다.

먼저 '자유의지'나 '목적의식'은 우리를 흔히 좌절하게 하는 '의지'와는 다르다. 의지는 저항값이다. 신뢰하지 말고 저항값을 없앨 생각을 하는 것이 현명한 일이라 생각한다. 목표하는 바를 소분화했고 이 소분화한 일들을 하나하나 수행하기 위해 이제 '의지'를 쓸 생각을 하지 말고 의지를 제거할 생각을 하는 편이 어떨까. 그 자리에 차라리 강제를 집어넣는 것이다. 호모 사피엔스로서의 위상과 자유의지를 박탈시키고 원시 동물로 추락하는 거 아니니 자괴감 느낄 필요 없다. 그 수많은 생각들, 논리의 회로들을 잠깐 끊는 거다. 고된 훈련을 매일같이 하면서 무슨 생각을 하냐는 질문에 김연아의 그 유명한 대답이 있지 않은가? "무슨 생각을 해. 그냥 하는 거지."

나는 향후 몇 년 내에 미국의 존 뮤어 트레일(이하 JMT)을 완주하는 꿈을 꾼다. 미국 서부의 등줄기인 시에라네바다산맥을 가로지르는 358킬로미터의 길. 일반적인 하이킹으로는 3~4주가 걸리는 대장정의 트레일이다. 산티아고 길처럼 잘 닦인 평지를 걸으며 매일 저녁 알베르게(숙소)에서 맛있는 식사를 할 수 없다. 미리 운송시킨 식량을 배급받을 수 있는 2, 3개의 패스 포인트가 있을 뿐 숙식과 관련한 모든 채비를 등에 지고 이 산길을 걸어야 한다. 내가 JMT를 완주하는 데 가장 큰 난관이 될 거라고 생각하는 일이 무엇이냐면 바로 식량이다. 무게 때문에 거의 오트밀 죽 같은 것만 먹으며 3~4주를 엄청난 체력을 소비하며 걸어야 한 다. 체력은 만들 자신이 있는데 식욕(이라기보단 맛있는 걸 탐하는 쪽 이랄까)을 줄이는 방법에 대해서 아직 나는 잘 모른다. 닥치면 하 겠지, 대자연과의 교감이 그것을 상쇄시켜줄 거라고 치부하기에 는 배고픔과 관련한 어떤 미지의 도전이 펼쳐질지 상상도 안 간 다. 한동안 다이어트를 하면서 매일 밤 자기 전 주린 배를 안고 욕망과 의지의 대치 상황이 벌어질 때면 나는 JMT 완주를 생각 하곤 했다. 3주의 대부분을 오트밀 죽만을 그것도 소량을 삼시 세끼로 먹을 걸 생각해보면 오늘 저녁에 먹은 아보카도와 토마 토가 들어간 샐러드는 진수성찬에 가깝다. 이렇게 맛있는 걸 먹 고도 하룻밤 욕망에 무너지는 꼴이라면 3주 동안 오트밀 죽만 먹으며 고군분투하는 건 불가능할 것이다. 그리고 그걸 못 해내 면 JMT 완주도 중도 포기하게 될 지 모른다. 그렇게 이뤄보고 싶 던 JMT 완주의 꿈이 야식 욕망을 이겨내지 못해 무너지는 걸 용 인하고 싶지 않은 것이다. 즉, 의지라는 명제에 기대는 것이 아 니라 꿈을 호출하곤 했다. 물론 야식을 한 번 먹는다고 JMT 꿈이 물거품이 되는 것은 아니다. 하지만 그 한 번이 다음 번, 또 그다 음 번 욕망을 어떻게 호출할지 잘 알고 있다. 나는 내 의지를 믿 지 않았다. 그 욕망이 쉽게 날뛰는 걸 허용하는 나라면 JMT 중 고요한 밤하늘을 바라보는 것보다 욕망으로 인해 괴로움에 시달 리며 그 소중한 시간을 허비할 것이기 때문이었다.

우리는 보이는 꿈, 잡히는 꿈에 대해서는 쉽게 그 상상력을 발휘할 수 있다. 멋진 바디프로필을 찍겠다는 사람들은 수많은 레퍼런스를 지금 이 시간에도 SNS 피드로 보고 있을 것이고 거기에 몇 개월 뒤의 자기 자신을 대입해보는 것은 그리 어려운 일이 아니다. 하지만 이미지화가 잘되어 있는 목표가 있는 반면 관념적인 목표도 존재한다. 스페인어를 언제쯤 잘하게 될지, 잘한다는 게 어떤 수준인지, 그 잘하는 스페인어로 내가 어떤 것을 이루거나 가질지 바디프로필 촬영만큼의 이미지화는 어렵다. 목표의 구체적 이미지화가 필요하다. 좋은 아빠가 되겠다는 목표가 아니라 하루에 2시간은 어떤 놀이를 해주는 아빠가 되는 것이어야 하고, 스페인어를 잘하는 것이 목표가 아니라 6개월 뒤, 한달 동안 남미에 머무르며 생활하고 거기에서 2명의 로컬 친구와 친해질 수 있는 것을 목표로 해야 한다. 이런 구체적인 목표 설정의 가장 큰 이유는 바로 이미지화 즉, 상상의 엔진이 쉽게 작동하기 때문이다. 저울 위 한쪽에 당장의 욕망과 다른 한쪽에 자신의 의지를 올려두지 말고 의지의 자리에 자신의 꿈을 올려두는 것이다. 저울이 당장의 욕망으로 기울 때도 있다. 그러면 꿈에 대해 그저 추상적인 상상만 가지고 있는 것은 아닌지, 구체적이고 또는 작지만 유사한 체험을 미리 해보며 꿈에 대한 실체를 이미지화하고 나서 다시 다음번 저울 위에 올려놓아도 된다. 저울이 기운 것이 의지 때문이 아니라 꿈의 구체성 때문이면 의지를 저버린 자괴감과 마주하는 기분 나쁜 경험도 줄일 수 있지 않을까. 꿈

을 구체적으로 형상화해줄 수 있는 중요한 매개가 바로 자기가
치에 있다고 생각한다. 자기가치는 자기인식에서만 나올 수 있
다. 내게 가치 있는 것이 무엇인지 아는 기준이 없이 꿈을 구체적
으로 그릴 방법은 없다. 그 기준이 설령 미래에 바뀐다 할지라도
지금의 나는 그것을 확신할 가치가 있다. 그렇게 자아는 성립되
고 또 성장한다.

　정정당당하게 싸우면 대개 의지는 욕망을 이길 수 없다. 의지
는 우리 뇌에서는 저항이다. 미안하지만 우리 편이 아니다. 동물
은 욕망에 충실할 뿐 저항값을 만들지 않기 위해 노력한다. 그게
생존에 유리하니까. 의지라는 걸 구상해낸 인간은 분명 위대하
지만 그것은 단지 의지 때문만이 아니라 의지라는 저항을 극복
하는 방법을 구사하기 때문이다.

2장

나라는 가치

나라는 사람의 가치는 어떻게 성립되는 것인가? 나의 가치를 연봉이 모두 증명할 수는 없다. 내가 하는 또 해내는 일들이, 세분화하면 내가 선택하는 것들이 나의 가치를 형성한다. 선택은 일의 중요한 결정만을 뜻하지 않는다. 어제 저녁으로 먹은 음식도 내가 선택한 것이다. 일, 특히 브랜딩은 하나의 관념적 세계를 만드는 일이고, 모든 요소가 인과관계를 가지고 있는 완벽한 세계를 만드는 당신은 이 세계에 필요한 모든 것을 선택해야 한다. 이 세계를 만들기 위해 선택해야 할 양분은 대부분 나라는 사람이 매일 선택하는 일들 즉, 취향과 안목 그리고 가치관에서 비롯된다. 이것들이 주입된 형태로만 내 안에서 존재한다면 그곳에서 가치를 꽃 피우기는 어렵다. 우리가 일에서 가치를 발현하기 위해서는 먼저 자신의 삶에서 가치를 발현할 수 있어야 한다.

일, 자아실현의 장

나는 어릴 때 이렇게 생각했다. '어떻게든 자아실현을 먼저 해서 내가 가치 있는 인간이 된 다음, 그 가치를 발휘할 수 있는 천상의 일을 찾아 거기에서 진정으로 가치를 발현하겠다'고. 하지만 세월이 지나고 많은 일들을 해오면서 이 생각은 모순임을 깨달았다. 사물이 아니라 사람은 가만히 존재하는 것만으로는 가치가 나오지 않는다. 행하지 않는 것으로는 가치를 끄집어낼 수 없다. 가치는 실존이 아니라 행위에 있다. 가치 있는 일을 행하지 않고는 가치 있는 인간이 될 수 없다. 그리고 자아실현을 행하는 일과 9 to 6에 행하는 일로 나라는 사람의 행위를 분리할 수도 없다. 자아실현은 자아가 분리된 형태로는 성립될 수 없는 까닭이다. 심지어 우리가 가장 많은 시간 행하는 것은 '일'이다. 그렇게 하고 있는 일(그것이 어떤 일이든)에 '가치'를 부여해 결과를 다르게 만들고, 일에 있어서 스스로든 세상으로부터든 높은 평가를 받아 다시 가치 있는 사람이 된다. 단순히 세상으로부터 가치 있는 사람으로 평가받기 때문이 아니라 실제로 누군가에게 가치를 생성해냈기 때문에, 하여 단순한 일을 자아실현의 장으로 만들었기 때문에 개인으로서 우리는 가치가 생긴다.

자아실현이 자기가 하고 싶은 것을, 하고 싶은 대로 펼쳐내 보이는 것을 뜻하는 것은 아니다. 그것은 무슨 일에서든 자신의 손으로 자신이 발견한 가치를 창출할 수 있는 이치에 이르는 것이라 생각한다. 계단 청소를 하든 붕어빵을 팔든, 몇 십만 명이 사용하는 어플리케이션을 개발하든 그 일을 하나의 '세계'로 받아들인다면 자아실현의 기회는 얼마든지 있다. 하지만 그 세계가 하나의 세계이면서 또 다른 수많은 세계로 이어지는 통로임을 사람들은 망각하곤 한다. 다른 세계와 이어지는 통로는 연봉을 10퍼센트씩 올리며 계속해서 이직하는 것이라거나, 한직에 들어가 세컨 잡으로 부가 수익을 올리는 것이라거나, 더 많은 여가 시간에 진짜의 나를 완성해나가고, 따로 자기계발을 통해 신분 상승을 하는 것이라 믿는다. 자아실현을 하는 것과 일에서 가치를 만들어내는 것은 분리된 대치관계가 아니라 연결된 인과관계에 가깝다. 일이 아닌 다른 것에서는 가치를 만들어내는 사람이 비단 일에서만 가치를 만들어내지 않기란 일부러 의도하지 않는 이상 벌어지기 어렵다.

결국 당신이 지금 인생에서 가장 많은 시간을 할애하는 곳은 지금 앉아 있는 그 책상 앞이다. 그 책상에서 보내는 시간 내에 자신의 가치를 높일 수 있는 유일한 방법은 그 책상 위에서 벌어지는 일에 가치를 부여하는 방법밖에 없지 않은가. 아직도 이 사회에는 법의 테두리를 벗어난 비윤리적 근로 환경과 불공정한 조건의 업무 선상에 있는 일과 사람들이 있지만 대다수의, 아마도 이 책을 스스로 찾아 읽어볼 수 있는 사람들이라면 노동법에 적시되어 있는 기준 내에서 일을 하고 있으리라 예상한다. 언뜻 받아들이기 어려울 수 있겠지만 그 책상 위보다 자신의 가치를 발굴해내기 좋은 조건은 드물다. 누군가를 설득해야 하고, 대립해야 하고, 함께 추진하는 방법을 강구해야 하고, 효율적으로 사고하며 움직여야 하고, 결과를 만들어야 하고, 평가와 함께 해야 하고, 새로운 가치를 발현하면 반응할 수 있는 이해관계자 또는 소비자가 그 책상 위에 있다.

당신이 하루 아침에 작은 점포를 오픈하건 지식 서비스 비즈니스를 창업하건 하다못해 주말에 다닌 맛집 사진들로 블로그나 유튜브를 한다고 해도 좋다. 어쩌면 이 일들은 위에서 말한 '책상 위'의 상황보다 수월해 보인다. 저항값이 적은 일을 하고 싶은 것은 당연하지만 단단한 가치는 위의 저 저항의 조건들에서 구축되는 것이 더 유리하다. "몰상식한 상사로부터 스트레스 안 받고 혼자 하는 사업하면 그 에너지로 더 나은 가치를 만드는 데 쓰겠다"라 할 지 모르겠는데, 혼자 하는 그 사업에서 필히 그 상사를 상회하는 관계의 스트레스와 장애의 문을 뚫고 가야 하는 일이 생길 것이다. 그런데 만일에 그것의 자기 방법론을 지금 그 책상에서도 만들 수 있다면 그 사람이 향후 사업을 전개할 때 어떻게 될까? 독립이나 창업하지 말고 월급쟁이 노예가 되자는 말이 아니다. 오해하지 말 것은, 가치를 창출한다는 건 단지 수익을 만들어낸다는 뜻이 아니다. 내가 이야기하는 가치창출은 자신이 추구하는 바와 그 이유를 알고, 그것으로 새로운 기회를 만들어내는 것을 뜻한다. 그 기회는 사람들과 자기자신을 도우며 행복하게 하는 일이다.

'직장이 전쟁터면 밖은 지옥이야'라는 겁박은 직장에서 가치를 발견하지 못한 사람에 한한다. 안에서 가치를 찾는 방법을 알아낸다면 밖은 천국이 될 수도 있다. 반대로, 임금을 받는 그 일에서는 아무런 가치가 없고 그곳에서는 가치를 창출할 수 없다고 생각한다면 다른 어떤 곳에서도 가치를 창출하기 어려울 것이다. 직장에 순응하라는 것이 아니라 직장에 도전하라는 것이다. 그곳에 많은 도전이 있다. 어쨌거나 그곳에서의 도전이 싫은 사람에게 이 말은 '순응'하라는 말로 밖에는 들리지 않겠지만.

대한민국에서 20대 후반까지 환산 가치로 대략 3억을 들여 완성된 당신이라는 인재가 '어쩔 수 없이' 출퇴근을 하고 있다면 단지 부모님만 안타까워할 일은 아니다. 그저 가치 있는 사람이 되려고 하지 말고, 일에서 가치를 만들어내려 노력해야 한다. 세심히 들여다봐야 하고, 객관적으로 비교할 수 있어야 하고, 깊이 공감할 수 있어야 한다. 치밀하게 기획하고 계획할 수 있어야 하며, 효율적인 커뮤니케이션을 통해 추진력을 갖춰야 한다. 그저, 바뀔 게 없고 바꿀 수 있는 것도 없다는 말은 갑자기 벼락부자가 될 방법은 없다고 얘기하는 것과 다를 바 없지 않은가. 출근 시간부터 지켜보면 어떤가? 왜 부자가 되기 위해서 자고 난 이부자리 정리부터 하라는 자기계발 메시지는 새겨들으면서 이 시도는 하찮게 들리는 걸까? 이부자리 정리는 개인적인 계발 영역이고, 출근 시간은 단지 고용주의 실리에 기반한 계약이라서? 정확한 근태 관리로 트집만 꼬집어내는 상사와의 합리적인 관계 위상에 조금이라도 도움이 된다면 어떻게 달라질까? 가치를 발견해낸다면 사칙에 적혀 있는 시간보다도 더 일찍 직장으로 나가 그것도 흥분을 안은 채 기꺼이 하고 싶은 일이 있을지도 모른다. 이런저런 시도하다 역시 바뀌는 건 없다며 회의론자가 되기로 작정하기 전에 그 시도들에서 무엇이 자신에게 남는지 다시 한번 돌아봤으면 한다. 자신도, 자신이 하는 작은 일도 집요하게 규명해나가지 않으면 가치를 발견하는 것은 요원하기만 할 것이다.

임금을 받는 것은 일의 의미에 충족될지는 몰라도 가치를 만들었는지와 직결되는 결과는 아니다. 물론 누군가 과업을 수행하기 거의 불가능한 수준이라면, 또 그렇게 판단된다면 임금을 받는 일은 타의에 의해 중단될 것이다. 문제는 가치를 만들어내는지의 여부다. 틀린 것을 다른 방법으로 이행해보고, 새로운 시도로 새로운 활로를 개척해보고, 진화된 커뮤니케이션으로 더 나은 생산성을 시도해보고, 관행이 아닌 합리성에 기준을 찾아보고, 누군가에게 작더라도 진심의 신뢰를 사는 일. 거창한 이야기처럼 들리겠지만 그저 이런 것이다. 팀의 오래된 PPT 탬플릿을 바꿔 보는 것, 클라이언트에게 '쓸데없이' 더 친절하게 상황을 공유해보는 것, 자신이 공부한 것을 실제 일에 적게나마 적용해보기 위해 동료들과 함께 워크숍을 추진해보는 것, 딴짓이 그저 딴짓이 아닌 조직의 비전에 일조함을 구성원들에게 설득해보는 것, 잘 돌아가고 있는 일조차도 다른 시각에서 보완점을 찾아보는 것, 일의 우선순위를 계속해서 팀과 확인해보는 것, 말단이든 관리든 비전과 미션에 관해 끊임없이 물어보고 강구하는 것, 이런 것들을 한다고 해서 임금을 받는 것에 당장 큰 차이가 생기지는 않는다. 그래서 해야 할 일로 판단하지도 않는 것일테지만. 게다가 시킨 일도 잔뜩인데 시키지도 않은 일을 왜 하냐고? 말 그대로 당신의 가치를 창출하는 일을 그들은 시키지 않았다. 당신의 가치를 창출하는 일(그것은 조직의 가치창출과 교집합에 있어야 한다)은 누가 시키지 않았다면 당신이 먼저 해야만 한다. 이런 일들은 일에서 조금씩 차이를 만들어내기 시작한다. 그 차이의 틈에서 가치가 태어나고 공간이 벌어지면서 가치는 융성하게 된다. 당장의 대가(임금)를 더 받게 되는 결과를 도출하지 못하더라도 가치를 생성하고 만들어내는 것 즉, 가치 있는 사람이 되는 것에 비하자면야 그 대가는 미세하다.

어차피 당신이 창업자가 된다면 가치창출은 최우선 순위고 과업이 된다. 삶의 대부분에서 우리가 바라 마지 않는 것은 바로 가치창출을 통한 수익이 아닌가. 또 자아실현이지 않는가. 하지만 우리는 그것을 가장 많은 시간을 할애하는 지금의 일에서는 배제하려 든다. 대부분의 이유는 그것이 대가에 결부되는 일로 판단되지 않아서 그렇다. 그러면서 다른 자기계발을 하며 그 공식에서는 대가가 돌아오길 기대한다. 일은 내 것이 아니지만 내가 일 외에 행하는 갖은 시도와 유희는 내 것이라, 내 양분이 되리라 희망한다. 대가는 이미 일을 통해 자신이 가치 있는 사람이 된다는 그 자체에 있다. 하물며 그 대가가 그저 돈이라고 생각한다면 혹시 잊고 있을지 몰라 하는 말이지만, 새로운 가치를 창출하고 제공하는 사람에게 (그것이 말단 직원이든 사업체 운영자든) 원하지 않아도 결국 돈이 따라오게 되는 자본주의에 오신 것을 환영한다. 비즈니스에서는 저렇게 '굳이' 발현된 가치창출 때문에 상품이 차별화되고 팔린다. 개체로서 사람 역시 다른 가치를 만들어낸다면 다른 대가를 받는다. 다른 가치를 만들어낼 수 있거든 보스에게 더 많은 것을 요구해도 된다. 그것도 아니면 자신이 만들어내는 가치를 알아봐주는 곳으로 옮겨도 좋다. 정말 가치를 만들어낼 수 있다면 말이다.

가치를 만들어내는 것은 직종과 직업과 상관없다. 하지만 그 일의 목적에 도저히 동화될 수도, 동의할 수도 없는 것이라면 하루빨리 다른 일을 찾아봤으면 한다. 내 편이 아닐 때 시간이라는 개념은 극악무도하다. 다만, 몸 담은 곳을 나가기 전에 자아실현을 가로막는 그 조직에 충분한 중재의 시도가 있길 바란다. "회사가 ○○님의 자아실현 해주는 데는 아니잖아요"라고 이야기하는 대표의 밑에서는 당신의 소중한 시간을 낭비하지 않았으면 좋겠다. 회사는 당신이 자아실현을 하도록 도와야 한다. 그래야 당신과 당신이 속한 회사가 가치창출을 할 수 있고 그래야 회사의 이익 실현을 가져올 수 있다. 자아실현을 쓸데없이 스트레스만 쌓는 일이라고 생각하며 성장을 유예하는 것은 당신 잘못이지만, 당신이 가치를 구현하는 것을 저해하거나 전혀 개의치 않는다면 그것은 조직에 책임이 있다. 개인뿐 아닌 조직이 그걸 변

화하기 위한 합리적인 시도를 안 한다면 설령 누군가 꿈의 직장
에서 천상의 동료들을 만나 꿈꾸던 일을 하더라도 권태와 스트
레스의 역병은 기필코 찾아올 것이다. 다시 말하지만 당신의 자
아실현은 회사에 필요하다. 당신이 관리자라면 구성원의 자아실
현은 당신의 회사에 더없이 중요하다는 것을 잊어서는 안 된다.
회사의 목적에 구성원이 동의한다는 가정하에, 그래야 구성원이
가치를 창출하고, 그래야 회사가 좋은 이윤을 낼 수 있기 때문이
다. 구성원의 자아실현을 돕지 않는 리더는 배임과 다름없다.

만들어진 취향

"돈으로 행복을 살 수 없다고 하는 사람들은 어쩌면 더 충분히
돈을 벌어보지 못했기 때문일 수도 있다"고 말하는 사람들이 있
다. 나는 그 사람들이야 말로 '더 충분히 돈을 벌어 본' 그 단계에
가본 적 없었으리라 생각한다. 그 단계에서 행복이 어떤 정의로
내려질지 아직 사유해볼 수 없는 사람들이 소비지상주의에 경도
되어 '더 충분히 벌어보지 못한' 패배자로 스스로를 규정하는 것
은 아닐까? 수백 억이나 벌어서 여행 다니며 슈퍼카 타고 틱톡에
자랑하는 것이 목표하는 부자의 이미지라면 안타깝지만 거기엔
논리적 사고의 결여가 있다. 엑시트에 성공해서 큰돈을 벌었다
는 사람치고 이어서 다음 사업을 하지 않는 기업가는 드물다. 그

들은 그걸 멈추고 싶어 하지 않는다. 슈퍼카 몰며 여행 다니는 것보다 더 큰 가치를 발견했기 때문이다. 누군가 현실에 만족스럽지 않은 지금의 기준으로나 외적으로 보이는 그러한 행동과 삶이 목표의 이미지에 부합하는 일이라고 상상할 뿐이지 단언컨대, 수백 억이나 버는 수준이 된다면 자극적 이미지로만 상상한 그런 유희나 행복의 개념과는 다른 스테이지에 들어가 있을 확률이 높다. 그런 이미지를 부가 가져다줄 최고의 선이라고 생각하는 이상 소소한 부자가 되는 것도 쉽지는 않을 것이다.

설령 원대한 꿈을 갖고 시작하지 않았더라도 수백 억을 벌기까지 사람은 변화한다. 물론 변화와 성장의 단계 없이 벼락 부자가 된 졸부들도 세상에는 존재하지만 그들을 표상하여 부를 꿈꾸는 것은 스스로를 결핍의 올가미에 가두는 일이 아닐까? 희박하지만 될 수만 있다면 그렇게 졸부가 되는 게 더 괜찮은 꿈이고 더 행운이라서가 아니다. 수백 억을 번 부자가 되어서도 가치관과 이상의 성장 없이 (SNS에서나 보고 갈망했던) 지금 그대로의 자아 수준이라면 그것이야말로 안타깝고 불행한 일이라 생각하기 때문이다.

우리는 동일한 가치를 지닌 집단 안에서의 안전 욕구를 가지고 있고 그 집단의 가치관 안에서의 위상을 바란다. 그 집단이 선망하는 것이 근육질의 몸매가 아니라면, 메르세데스가 아니라면 믿을 수 없겠지만 당신도 그걸 바라지 않게 되는 것이다. 내가 가진 가치관은 그래서 나 자신만의 것은 아니다. 사회와 조직에서 형성된 가치관으로부터 나는 투영되고 내 생각 역시 반대로 사회와 조직에 일부 투영된다. "나는 원화보다 달러가 더 좋아." 이건 다른 가치관이나 취향의 발로가 아니다. 단지 금전과 자본주의의 가치 아래 더 유리하다고 판단되는 선택일 뿐이다. "나는 지폐보다 조그만 돌 조각이 더 좋아." 이건 다른 가치관이라 할 수 있겠다. 그러나 그런 가치관을 가진 사람은 희박하다. 안타깝게도 21세기에 인구 백만 이상의 국가나 사회에 산다면 대부분의 가치관들은 황금만능주의 아래 형성되어 있음을 부정하기란 어렵다.

당신의 순수한 심장에서만 도출되지 않은 그 가치관은 삶의 취향과 안목 역시 가름한다. 이상과 가치관이 자기 자신 안에서만 나온 것이 아니듯, 가치관에 따라 형성되고 믿게 되는 취향과 안목은 더 큰 비율로 자기 자신으로부터만 나온 것이 아니다. 물론 소수의 가치관도 있다. 수요공급의 원리는 영민하다. 거대 다수의 취향은 아니지만 일부 소비자라도 바라는 것이 있다면 그것은 시장에서 그 수요만큼 확장된다. 반대의 인과관계 역시 성립한다. "나에게는 어떤 가치가 중요하고, 나는 어떤 가치를 위해서, 나의 어떤 가치를 활용하거나 이바지하겠다"는 것이 '가치 있는 삶'의 명제가 될 수 있다. 단, 가치를 잘 성립해야 이 명제(가치관)는 동력을 갖는다. 가치는 하루 아침에 비책에 적혀 있는 것을 발견해서가 아니라 삶을 통해 '형성'되는 것이고, 이 형성에 지대한 영향을 끼치는 것이 바로 취향이다. 매일 내가 선택하고 선호하는 일이 취향이 되고 그 취향이 쌓여서 가치를 정의하는 근거들이 된다. 가치와 취향은 서로가 서로에게 결과를 초래하는 불가분의 관계다.

학교, 직업, 결혼, 육아, 꿈… 당신의 것이었든 부모님의 것이었든 우리는 인생의 많은 부분을 믿어 의심치 않는 가치관에 따라 살아왔다. 어떤 학교고 어떤 직장이고 어떤 배우자였던, 취향이라고 부르고 싶은 그것 역시 그보다 상위의 가치관에서 자유로울 수 없다. 인생의 3분의 1이 만들어진 가치관에 따라 행해진 일이라면 아직 남은 시간들은 내가 추구하는 가치로 전환해서 살수도 있다(라고 믿고 싶다). 단, 그 가치는 순식간에 바뀔 수 없고 사회와 집단으로부터 자유로울 수도 없다. 그래서 하나의 개인으로서 먼저 우리가 할 수 있는 일은 취향을 갖추어나가는 일이다.

누군가 인생에 있어서 커다란 전환의 도전을 할 때면 우리는 그것을 대단하게 생각하며 그 '전환'에만 집중하고 박수친다. 대개 그러한 전환은 믿음의 결과이고 믿음은 쌓아온 삶의 길, 즉 선택의 연속에서 누적된 결과다. 그 누적된 흔적들은 타인에게는 잘 보이지 않는다. 반면 결과론적 '전환'은 밖으로 보여지기에 그것은 그 사람의 대단한 반전과 기염으로 대변된다. 그 가려진 흔적들을 만드는 선택들이 바로 취향에서 비롯된다. 취향이 가치를 만들어내는 일의 동력이 되고, 누군가는 그 동력으로 결과론적인 대전환을 이뤄내기도 하는 것이다. 그렇다고 취향이 그저 인생의 대전환을 야기하기 위해서만 중요한 수단은 아니다. 대

전환(변화)으로 귀결되지 않더라도 삶의 선택들을 만드는 역할만으로도 취향은 더 없이 중요하다.

가치관까지는 몰라도 취향과 안목만큼은 내가 선택하고 또 내가 키워왔다고 여전히 믿고 싶겠지만 지금 이 순간 당신 손에 스마트폰이 들려져 있다는 것 하나만으로도 그 주장은 빈약함을 면치 못 한다. 우리가 좋아서 구매하는 식자재, 좋아서 구매하는 옷, 좋아서 하는 여행, 좋아서 듣는 음악, 좋아서 보는 영화, 우리는 이 모든 것들이 취향에 기반한다고 믿고 싶다. 하지만 안타깝게도 우리는 내가 생성한 취향대로 욕망하고 선택하고 소비하고 있지 않을 확률이 더 높다. 경제 지표가, 기업 논리가, 기술의 방향이 그것을 반증한다. 심지어 기업은 당신이 명확한 취향이 있고 취향에 따라 사는 사람이라고 받들어주기까지 한다. 이러한 브레인 샤워는 곳곳에 만연하다. 20년 가까이 마케팅 일을 해오며 기술이 어떻게 발전했는지 보았고, 사람들이 무엇을 믿길 바라는지 확인했다. 그것은 그를 통해 이윤을 추구하는 다른 수많은 기업 역시 잘 알고 있다.

단순한 소비재가 아니라 문화 향유만큼은 개인적인 취향의 발로라고 믿을지 모르겠지만 그조차 펼쳐보면 이러하다. 눈 뜨고 일어나면 수십, 수백 개의 영화와 드라마가 쏟아진다. 그럼에도 그 많은 극장에서는 같은 영화만을 걸어놓고 있지 않은가? 과거에 비해 상영관은 몇 배나 늘어났고 콘텐츠는 그보다 몇 배나 늘어났음에도 불구하고 말이다. 넷플릭스와 디즈니와 애플과 아마존이 제공하는 콘텐츠는 매일 저녁 당신이 TV시청 말고는 아무 것도 할 수 없을 만큼 많은 콘텐츠를 쏟아낸다. 각 브랜드가 생각하는 타깃이나 철학, 정치적 올바름, 비즈니스적 계산까지 다 적용된 콘텐츠들이 의도하는 바의 순서로 제공된다. 너무 많은 콘텐츠들 사이에서 기준점을 찾고 싶은 사람들이 IMDB와 같은 스코어링 사이트를 참고하기도 한다. 그러나 20년 전 〈2001년: 스페이스 오디세이〉에 스코어를 준 소수의 사람들과 최근에 〈어벤저스〉에 스코어를 매긴 다수의 사람들은 같은 숫자로 평점이 합산되지만 사실 엄연히 다른 사람들이다. 지난 20여 년 동안 다수의 사람들은 '본인의 취향이 있다고' 강력한 미디어에 의해 (부정하고 싶겠지만) 교육된 사람들이다. 〈시민 케인〉이 좋은 영화고, 프렌차이즈 영화는 아니다 라는 얘기가 아니다. 이 시대에 다수는 그 의미 자체로 더 큰 다수를 만들기 쉬운 미디어와 네트워크 그리고 시스템 구조를 가지고 있고 우리는 그 구조 속에 살고 있다. 20년 아니 그보다 훨씬 이전부터 그 구조는 사회에 존재했으나 지금과 같이 순식간에 모두에게 금이 무엇이고, 우상이 무엇인지 확산될 수 있는 기술의 시대는 없었다. 다수를 만드는 가장 쉬운 방법은 다수를 이용하는 것이다. 우리는 그 '다수'를 쉽게 만들 수 있는 디지털 환경 속에서 어떻게 다르게 사고할지 방향을 찾기 쉽지 않다.

취향을 이야기할 때 쉬운 척도로 인식되는 음악은 어떤가? 영화보다도 더 많은 콘텐츠가 쏟아져 나온다. 디지털 기술은 음악의 소비 유통 구조가 완전히 달라지면서 창작의 민주화가 만들어낸 쾌거임에는 분명하다. 게펜 레코드*Geffen Records*가 다 쓸어담던 돈을 스포티파이가 가져가게 됐지만(그리고 조금 더 많은 수익이 아티스트에게 분배되게 되었지만) 듣도 보도 못한 제3세계의 마이너한 음악까지 쉽게 접할 수 있게 된 수혜는 부정할 수 없는 기술의 발전이라고 할 수 있다. 하지만 그 양이 너무 방대해지고 그래서 어려서부터 특정한 음악에 집중해서 들을 수 없었던 환경이 심화되면서 음악의 망망대해에서 갈피를 잡기란 쉽지 않다. 그렇게 사람들은 '멜론 top100'을 쉽게 선택하거나 상황과 무드에 따른 큐레이션 리스트에 쉽게 의존하는 쪽을 택한다. 고도화된 알고리즘은 내가 좋아하는 음악과 뮤지션에 따라 세심하게 밥상을 차려주기도 하지만 그 '선호'로 경도되기까지 너무 많은 음악의 폭포 아래에서 물을 떠서 마시는 것보다 입을 벌리고 입 안으로 그것들이 쏟아지기를 선택한다. 그런 폭포 아래 문화와 예술의 역사를 '공부'해 전문가가 되는 것은 또 얼마나 쉬운 세상인가? 바로크 뮤직 사조의 대표 작곡가와 대표곡들이 쉽게 정리되어 있고, 록 명예의 전당도 쉽게 세분화되어 장르별, 시대별로 쪽집게 강사처럼 알려준다. 정리된 짧은 답안지들로 그 학문을 내 것으로 만들기란 불가능하다는 것을 알고 있음에도 바로크 음악 사조와 록 히스토리를 '훑어보며' 그 학위를 내 취향의 사물함에 넣는다. 그러나 음악은 학문이 아닐 뿐더러 선호가 이루어지기까지 생기는 교감의 깊이와 시간은 참고서 답안지로는 쉬 이루어지지 않는다.

당신의 SNS 피드는 당신의 선호와 취향대로 구성되어 있을까? 내가 선택한 팔로잉이니까? 내가 주로 보던 걸 위주로 만들어진 알고리즘이니까? 팔로잉이든 자주 봤던 콘텐츠의 종류든 그 사이의 교집합을 찾아내는 것이 알고리즘의 주된 역할이다. 어떤 식으로든 새로움은 도파민의 주요 먹이가 되고, 교집합 내에서 끊임없는 새로움들을 제공하며 당신이 그것을 벗어나지 않게 하는 것을 목적으로 한다. 그렇게 그것에 집중하고 그것이 전부인 세계가 주입된다. 하여 마이너하다는 당신의 취향 조차도 이것에서 자유롭긴 어렵다.

이것이 우리만의 탓은 아니다. 도파민이라는 신경세포에 책임을 전가할 일만도 아니다. 이윤 추구가 목적인 기업은 그저 기업의 일을 한다. 그리고 욕망은 어떻게든 우리를 앞으로 나아가게 한다. 정보가 윤택해진 세계의 이점과 정보를 구분조차 할 수 없는 단점을 분리해 낼 방법이 어렵다면, 그래서 어차피 세상에 순수한 선택과 경험은 존재하지 않는다면 대체 취향에 대해 고민해볼 이유가 있는 것일까? 아니면 디지털과 안녕을 고하고 밀레니얼 전의 삶으로 돌아갈까? 유튜브와 인스타그램을 끊고, CD나 바이닐 음반을 사고, 팝업스토어와 다를 바 없는 미술관 전시는 지양하고, 영화 평점에 눈 가리고 독립 영화관에 가서 예술 영화를 보자는 얘기가 아니다. 그것이 취향의 탄생을 의미하는 것은 더더욱 아니고.

안목의 학습

취향의 중요성은 이것이 예술가 또는 일반 사람들과는 다른 어떤 특정한 시각과 삶의 태도를 위한 것이 아님을 다시 한번 강조한다. 우리는 가치 있는 일을 하며 사는, 가치 있는 삶에 대해서 고심하고 있고, 가치는 취향이 쌓여 그 근간을 이룬다는 것에 대해 이야기하고 있다. 미스터 앤더슨이 모피어스가 내민 파란 알약과 빨간 알약 둘 중 하나를 선택하는 일은 취향의 일이 아니다. 폐허와 가까울지언정 진짜의 세계를 살 것인지, 기계에게 종속된 것을 깨닫지 못하지만 그동안 현실을 믿어 의심치 않았고 어쩌면 누려왔던 가짜의 세계를 살 것인지 선택하는 '가치관'의 선택이다.

큰 병을 앓거나 커다란 무언가를 상실하는 등의 일이 생기지 않는 한 인생에서 우리는 이런 천지개벽할 가치관의 수정을 감행해내는 경우가 드물다. 생수를 집거나 슈가프리 콜라를 집는 것은 '취향'의 일이다. 서스펜션을 달고 산에서 내려오는 MTB를 탈 건지, 케이던스를 유지하며 속도 경쟁을 하는 로드 바이크를 탈 건지는 '취향'의 일이다. SF물을 선호하거나 로맨스물을 선호하는 것은 '취향'이다. 키 큰 사람이나 재미있는 이성을 선호하는 것은 '취향'이다. 반면, 재활용 쓰레기를 세척해버리는 것은 '가치관'의 문제다. 이성애인지 동성애인지는 성정체성으로서의 '가치관'이다. 즉, 취향은 잘못 선택하면 세상이 무너지거나 그것만으로 내가 내가 아닌 게 되는 것은 아니다. 가치관은 물리적으로든 신념으로든 무언가가 무너지거나 내가 내가 아닌 게 되는 것을 가정한다. 가치관은 꼭 경험하지 않아도 알 수 있다. 하지만 취향에 있어서는 예컨대, 왜 콜라보다 물인지, 왜 로드보다 MTB인지 선호하기 위해 콜라도 물도, 로드도 MTB도 내게 어떤 의미고 어떻게 작용하는지 알고 있는 것이 합당하다.

선호의 옵션 사항들을 모두 경험의 결과치를 들고 선택할 수 없는 것은 사실이다. 게다가 그 결과치는 영원히 같은 값일 수도 없다. 하지만 단 한 번도 콜라가 무엇인지 마셔본 적이 없거나, 마셔볼 생각도 없거나, 마시면 어떨지 생각해보지 않았거나, 그걸 마시는 사람들이 무엇 때문에 그것을 마시는지 추론해볼 수 없다면 탄산음료보단 물이 '취향'이라고 보긴 어렵겠다. 물론 경험이 쌓이면 굳이 반대의 선택들을 하지 않고도 유추할 수 있는 일들도 많다. 쌓아온 취향의 데이터베이스는 새로운 취향의 선호에 분명히 영향을 미친다. 그럼에도 우리는 선호에 있어 언제나 유심해야 한다. 어떤 것을 선호하도록 하는 상상의 덫이 세상에 가득하다. 이것을 먹어본 사람의 반응, 이것을 입어본 사람의 희열, 이것을 경험해본 사람의 감상… 그 반응과 희열과 감상이 내 머릿속을 채워나가다가 어느 순간 '나라면 어떨지'에 대한 근거는 소멸된다. 선택하는 것이 아니라 반대로 선택되어지게 되는 것이다. 내가 원하는 일과 내가 원하기로 한 일의 차이를 도파민에 지배된 두뇌는 구분하지 못한다. 원하기로 한 일의 대척점에 나를 얼마만큼 세워둘 수 있느냐는 취향 정체성의 중요한 닻이다.

이를 지켜내기 위한 가장 단순한 시작은 내가 가지고 있는 것들에서 판단의 근거가 되는 DB를 쌓는 것이다. 당신이 지금 허허벌판에 맨몸으로 서 있는 것은 아니지 않는가? 당신이 열망에 휩싸여 구매한 것이든, 누가 준 것이든, 의도해서 오래 쓴 것이든, 아무 생각 없이 고수해왔던 어떤 방식이든, 자기 앞에 놓인 물건과 방식을 통해 이 취향 DB의 기초를 쌓을 수 있다. 가지고 있거나 행하고 있는 것들은 아직 가지지 못했지만 가지고 싶은, 상상해서 취할 수 있는 취향의 선택보다도 손에 잡히고 명확한 실체다. 거기에다 그동안 당신에게 적용된 시간의 결과까지 부가된다. '(나와 마찬가지로) ○○ 떡볶이를 좋아하는 저 인플루언서가 맛있다는 저 마라탕은 필히 내 취향일 거야'라는 식의 삼단논법은 언제나 적중하던가? 심지어 그것을 실제로 맛봤을 때 분명히 보내온 불호의 미각신호를 무시하고 그 인플루언서가 맛있다고 했으니까, 또는 한 시간 줄 서서 먹은 것이니까(다른 사람들도 이것이 맛있다 생각하여 줄 섰을 테니까) 이것은 맛있어야만 해! 라고 뇌에 거짓말하기까지 한다.

이미 들고 있는 것을 꼼꼼히 살펴보고 면밀히 인식하고 대조해보는 것보다 명확한 레퍼런스는 없다. 그러나 좋아서 무언가를 소유하고 있고 맘에 들어서 하고 있는 방식만 사람에게 있는 건 아니다. 그런 레퍼런스가 있다는 것은 환영할 일이다. 사람들은 좋아하는 것에 대해서는 얼마든지 이야기하려 들지만 싫어하는 것에 대해서는 '그냥' 싫은 것 이상 설명하려고 하지 않는다. 또는 못한다. 싫은 이유를 숨겨진 트라우마 속에서든 미묘한 관계 속에서든 구체적인 감정의 화학 반응에서든 찾아내 규명하고 정의하는 일은 좋아하는 물건이나 일을 정의하는 것보다 더 중요하다. 우리가 소유하고 있는 대부분의 사물과 우리가 행하는 대부분의 행동에서 기대했던 장점은 이미 그것을 소유하거나 행하기로 선택한 시점 즈음에 사라졌거나 잊었을 확률이 높다. 소유하고 나서의 감정(만족)이 소유하길 희망했던 감정(욕망)을 뛰어넘는 일은 희귀한 일이 되었다. 그 감정이 휘발되고 나서의 '그것'은 무엇이 되었는지 취향 DB에 잘 새겨둬야 한다.

'난 이거 싫어', '난 저거 좋아.' 이런 선택을 너무나 쉽게, 자동적으로 반복하다 보면 그 반복한 값이 선호의 근거로 쉽게 작동하는 일이 벌어진다. 취향이라고 믿고 있지만 일반화의 오류인 것들. 선호라는 쉬운 네비게이션을 늘 경계해야 하는 이유다. 피상적인 선호의 이유들은 결국 나와 톱니바퀴처럼 작동하기는 어려울 뿐더러 어느 순간 호불호의 기준마저 모호해진 자기 자신을 만나게 된다. 취향은 오래 보고 깊게 봐야 한다. 하물며 그 호불호는 시간이 지남에 따라 역전되기도 하는 것이다. 유심히 보고 깊게 사유하면 안목이 생기게 된다. 안목은 비싸고 좋은 품질의 물건이나 경험에서만 피어나는 꽃이 아니다. 낡고 값싼 것에서 발견하는 안목은 그 값어치가 더 귀하다. 우리는 취향을 쌓아가며 단지 삶의 선택들을 쉽게 하고 시행착오를 줄여나가는 데이터베이스를 갖추는 것뿐 아니라 취향을 쌓아가며 안목을 얻게된다. 안목이 생기면 새로운 선택들에 있어 기존 DB를 통해 유추만 하는 것이 아니라 보이지 않는 것을 내다보듯 추론할 수 있게된다. 좋은 안목을 가졌다 함은 그저 값진 것을 알아보는 눈이 아니라 이치를 파악하여 좋은 것을 구별해낸다는 뜻이다. 여기에덧붙이자면 좋은 안목은 '내게 어떻게 작용하여' 좋은 것인지 볼수 있는 눈이라 하겠다.

자본주의는 집중과 몰입을 싫어한다

이처럼 취향은 시간과 자기해석을 필요로 한다. 남들이 아무리빛나고 아름답다고 해도 시간을 투자하고, 자기해석을 할 수 없다면 내 취향인지 아닌지 알아 낼 도리가 없다. 물론 남들이 다빛나고 아름답다 하는 게 아주 나쁜 것은 아닐 것이요. 남들도 다좋다는 것을 나의 취향으로 취함은 사회 속에서 안전한 일 같기도 하다. 하지만 세상에는 좋은 것이 너무나 많다. 그 광활한 바다에 표류하며 이쪽으로 헤엄쳤다 저쪽으로 헤엄쳤다가는 가치의 땅에 도달하기는 어려울 것이다.

적은 선택과 그 적은 선택에 많은 시간을 투여하는 것이 두려워할 일이 아닌 것만을 알게 되도 삶은 달라지리라. 가치를 이루어내는 많은 사람들이 그저 많은 것을 취해서가 아님을 알고 있음에도 우리는 그 사례조차 '더 많이' 습득하고자 고군분투한다. 그 시간에 가치를 창출해내는 사람은 그것이 취미든 재미든 일이든 더 깊이 그것에 몰입하는 반면, 그것으로부터 자신의 취향을 얻고자 하는 많은 사람들은 오히려 다양함에 집중한다. 행여 어느 고기라도 빠져나가지 않을까 넓게 그물을 던져보지만 바다의 물고기를 다 잡을 수는 없다. 계속해서 다양함에 패를 거는 이유는 아마도 불안함 때문일 것이다. 그렇게 많은 것들을 보고 듣고 경험하면서도 불안함이 가시지 않는 것은 자기 지도를 만들지 않아 온 대가다.

자기계발서조차도 많이 읽어봐야 앞으로 어떤 것들을 선택하는지 안목이 생긴다. 많이 읽어볼 시간은 없으니 누군가의 추천서와 베스트셀러라는 타이틀과 어딘가의 리스트 같은 것에 손을 내민다. 시간을 아끼는 일 같지만 시간이 지나도 분명한 자신의 기준에 의한 독서 리스트나 아카이브는 생기기 어렵다. 엄연히 시간을 투자해야 하지만(=많이 읽어봐야 하고) 그보다 중요한 것은 깊이 들여다봐야 한다. 그래야 몇 년 뒤엔 책을 선정하는 기준도, 뽑아야 할 자기만의 통찰도 분명해진다. 자기에게 적용 가능한 것을 분별해낼 능력이나 자기만의 인사이트 도출 방식을 찾아내지 못한다면 그저 오랫동안 많이만 보게 된다. 그 이후부터 진정으로 시간을 아끼는 건 어느 쪽이 될까?

어떤 취향이 안 좋고 어떤 취향이 고귀하고 한 것은 없다. 또 취향이 분명하다는 것이 고집 세거나 특정한 것만 선호할 수 있는 것을 뜻하지도 않는다. 오히려 그 반대다. 취향이 분명할수록 공감의 넓이는 클 수밖에 없다. 취향이 분명해질 때까지 경험을 허투루 한 게 아니기 때문이다. '재즈 아니고는, 클래식 아니고는 음악도 아니며 듣고 싶지도 않아'라는 선호가 취향이 분명하기 때문이라고 믿지는 못하겠다.

이 시대에 취향 없음은 두려움에 기인하는 경우가 많다. 수많은 선택지들, 수많은 유희와 쾌락들, 어떤 것을 선택해도 대부분의 기회를 놓치는 것 같은 두려움을 저버릴 수 없다(FOMO. Fear Of Missing Out). 생각하는 것보다 더 많은 것을 움켜쥘 수 없다는 현실적 포기의 회유를 하고 싶지는 않다. 다만 눈에 보이는 것만큼 많은 선택지와 경험은 실은 허상에 가깝다는 것을 받아들여야 한다. 누구나 벼락부자가 될 수 있고 환경주의자가 될 수 있고 미니멀리스트가 될 수 있고 근육질이나 날씬한 사람이 될 수 있고 세상 모든 곳을 여행할 수 있고 수천 권의 책을 읽을 수 있고 모든 게임을 다 즐길 수 있다고, 당신도 할 수 있다고, 당신의 손에 쥐어진 스마트폰은 보여준다. 게다가 그 선택지 중 어떤 것을 선택하고 행하는 것은 놀라울 정도로 쉬워 보이고 또 실제로도 그렇게 진화되어 왔다. 그런 사람들이나 각각의 경험들이 실재하는 것은 물론이다. 개인과 조직은 각자가 추구하는 가치와 취향을 당신으로 하여금 선택하라 하지만 모순은 언제나 더 해야 할 많은 것들이 쏟아지고 앞에서 말한 이유들로 인해 갈아타기 역시 쉽다. 그래서 선택 자체를 유보하는 사람들마저 생겨버렸다. 그렇게 괴로운 사람들을 위해서 AI는 절묘한 큐레이션과 리스트를 제공하고, 앉아만 있으면 짜릿한 취향의 롤러코스터를 태워준다. 해당 놀이기구가 끝나면 다른 취향의 놀이기구들이 끝없이 대기하고 있다. 직접 핸들을 잡지 못한 채 계속 롤러코스터를 갈아타며 살게 되는 것이다. 실제 세계로 나와 이 놀이기구들을 시도하더라도 갈아타기 바쁜 뷔페식 취향 습득으로는 자기가치가 확립되기는 어렵다. 집중과 몰입은 21세기 자본주의가 가장 싫어하는 개념이다.

취향 없이 가치를 논할 수는 없다. 나라는 실체가 없는데 내가 생각하는 가치가 있을 수는 없으니까. 나의 실존이 취향만으로 성립되는 것은 아니나 삶은 선택에 의해서만 앞으로 나아간다. 가치관이 커다란 방향의 선택을 다룬다면 일상을 쌓아 올리는 선택들은 취향에 의해 만들어진다.

편향과 싸우다

사람들은 자기가치를 정립하고 어떤 일에서 가치를 창출해나가는 일은 보통 창의적인 일로 국한하곤 한다. 창의적 역량이란 맥락을 이해하고 융합해내는 일에 가깝다고 나는 생각한다. 디자인을 잘한다는 정의는 무엇일까? 드로잉만 잘한다든지, 목업을 잘만든다든지, 프리젠테이션을 잘 구성(스토리텔링)한다든지 역량이 다 다르다. 기획을 잘한다는 정의는 무엇일까? 문장력이 좋은 사람이 있고, 다작의 능력이 있는 사람이 있다. 그런가 하면 문장은 약하지만 대상에게 꽂히는 워딩을 잘 골라내는 사람도 있다. 누구를 좋은 카피라이터라고 할 수 있나? 사람들은 이들 중 일부 또는 전부를 일컬어 창의력이 좋다고 말하곤 한다. 창의력이 높은 디자인이 좋은 디자인이고, 창의력이 높은 기획이 좋은 기획이긴 한 걸까?

나는 생각의 훈련이 잘된 사람이 좋은 디자이너고, 좋은 기획자라 칭한다. 목격한 바 창의력은 훈련된 근육에서 튀어나오는 결과지 신내림 같은 영감이 아니다. 본 것을 해석해내고 해석한 것을 다른 것과 융합해낸다. 그 방식을 대상이 감동할 수 있는 형태로 구현해내는 것은 잘 훈련된 근육이 자동적으로 반응하는 일이고 나는 그것을 창의력이라고 부른다. 그래서 창의력은 비단 예술 분야나 디자인, 기획과 같은 역할에 국한되지 않는다. 맥락을 정확히 이해하고 대상이 감동할 수 있는 형태로 융합해내는 모든 일에 창의력은 발휘된다.

창의력을 신장시키는 일은 몰라도 창의력을 저해하는 것은 한 가지 알고 있다. 바로 편향이다. 당신이 창의력을 필요로 하는 한 당신은 끊임없이 편향과 싸울 각오를 해야 한다. 흔히 훌륭한 전략가나 기획자는 역량만큼이나 자신의 확고한 취향과 시각을 갖고 있는 사람이라고 알고 있는데 뭔가 모순된 말이 아닌가? 확고

한 취향과 편향은 다르다. 자신의 확고한 취향을 갖고 있음에도 얼마나 상황과 사건을 객관적으로 볼 수 있느냐가 겉으로는 잘 드러나지 않는 진짜 능력이다. 요즘 세상은 편향되지 않은 시각으로 무언가를 보는 게 쉽지 않다. 아니 시각 이전에 이미 내 시야를 다 가린 채로 나아가야 하는 판이다. 누군가의 유튜브 피드에는 다른 누군가가 가장 좋아하는 유튜브 채널이 절대로 뜨지 않을 테니 말이다.

간혹 편향의 중력을 무시하는, 창의력이 뛰어난 천재들도 있다. 편향 정도가 아니라 완전히 한쪽으로 경도되어 그것밖에 파지 않은 지독한 편향자가 콘크리트를 뚫고 꽃을 피워내기도 한다. 한쪽에 갇히더라도 이쪽의 이치에 통달하여 저쪽의 이치에도 쉽게 닿는 천재들. 몇몇 천재들을 제외하고 우리가 편향에서 완전히 자유롭기는 거의 불가능하다. 견제라도 하면서 보고 들으며 소화를 해야만 유연하게 사고하고 융합할 수 있다. 천재가 아닌 대부분의 사람에게 편향 즉, 배제된 포용력은 창의력의 저해 요소다.

'분석'은 중요한 단계지만 나는 분석이라는 말보다 이해라는 말을 더 선호한다. 이해라는 말은 말랑해 보여서 분석이 더 명확한 근거나 통찰을 도출해낼 것처럼 들리지만 꼭 그렇지는 않다. 예컨대 분석이 환자를 메스로 헤치고 뜯어보는 일이라면 이해는 환자와 대화하는 일이라 할 수 있다. 분석이자 이해인 이 일이 제대로 되지 않으면 일단 가장 큰 사단은 문제정의가 잘못된다는 점이다. 이미 여기에서부터 이후 구축할 모든 전략과 플랜은 다른 산에다 포격하는 격이 되어버리는 것이다. 좋은 결과물을 내는 일의 대부분은 분석 과정에서 분명한 근거를 도출했을 때였다.

프로젝트에서 팀원들에게 자료 준비를 시켜보면 십중팔구 누군가는 성급히 답을 들고 온다. 답을 가져오라 한 적이 없는데 답을 들고 와서는 그에 부합하는 분석을 정당화한다. 분석을 통한 답이 아닌 답을 위한 분석은 당연히 허술하거나 왜곡된 경우가 많다. 그런 분석에는 어김없이 성급한 일반화와 편향이 고개를 내민다. 물론 순서대로, 분석을 먼저 했다고 해도 답이 바로 나오는 것은 아니다. 분석을 통해 통찰을 얻고, 통찰에서 핵심을 걸러 내고, 핵심으로 답을 빚는 것이다. 빨리 답을 내보여 자신을 증명하고 싶은지 모르겠지만 분석이 미약한 답은 기대하지 않은 형태로 자신을 증명하는 꼴이 된다. 차라리 무슨 일이든 답을 빨리 하는 것을 잊어버리는 편이 나을 것이다. 빨리 대답하지 않아 상대방이 답답해 하는 것이 신중하지 못해 신뢰하지 못하는 것보다 낫다고 생각한다.

당신이 어떤 일을 하건 그 분야에서 당신이 배워온 분석 방식이 있을 거고, 객관적이고 원시안적 시각으로 분석하길 바란다. 그래야만 그렇게나 발취하고 싶어 하는 다이아몬드인 통찰을 얻을 수 있다. 간단한 편향 테스트를 해보자. 유튜브나 인스타그램에 자신의 계정으로 로그인하지 않고 피드를 띄워본다. 그 피드에는 어떤 사용자 취향도 반영되지 않은 지역 기반, 즉 한국에서의 인기 콘텐츠가 뜰 것이다. 인스타그램으로 치면 대부분 포스팅의 마지막에 '여기에 광고를 실으려면' 식의 광고에 가십거리 콘텐츠들로 가득 채워질 것이다. 겸허한 마음으로 그 포스팅들을 열어 거기에 달린 댓글들을 한번 읽어보라. 아마도 그 가십거리와 자극적인 포스팅들의 댓글에는 비논리와 편향의 목소리가 난무할 것이다. 거기에 휘둘리지 않고, 그 편향에 휘둘린 댓글을 단 그 사람들도 간과하지 말고 그 현상을, 또 그 사람을 이해하려고 해보는 것이다. 이 몰이해의 바탕은 무엇일까? 쏠림은 다시 어떤 쏠림을 불러오는가? 이성이 아닌 감정의 진흙탕에서는 어떻게 설득이 가능할까? 이런 세계에 진리라는 기준은 존재하는가? 아니 그것은 이 문제 또는 지금의 사회에서 필요한 것일까? 숲을 보듯 그걸 냉정하게 읽어 내려갈 수 없다면 당신도 여전히 편향의 한쪽 끝을 달리고 있는 사람에 불구하게 된다. 인터넷으로 〈조선일보〉와 〈한겨레〉 기사의 댓글들을 모두 고루 읽어보라. 균형을 잡으라는 이야기가 아니라 이해를 해보라는 것이다.

전략을 만드는 사람은, 기획을 해내는 사람은 언어 즉, 세계를 만들 수 있어야 한다. 이해가 깊어야 날카로운 통찰을 얻을 수 있고, 단단한 논리를 지을 수 있다. 좋아하는 것에 대해서라면 당신은 갖은 정의를 세울 수 있을 것이다. 싫어하는 것에 대해서도 그만큼 정의를 구축해보길 바란다. "아, 난 그냥 싫다고!"는 익명으로 댓글을 달 때나 쓰는 거지 일을 할 때 쓸 수 있는 변명은 아니다.

분석이 잘되고 문제정의가 정확히 된다면 이제 해결의 실마리는 무에서 이루어지지 않는다. 모든 창의적인 일은 유에서 이루어진다. 분석이 잘되면 씨줄과 날줄의 종류와 질이 달라진다. 단지 콜라보레이션 팝업 성공 사례를 찾아 많은 레퍼런스들에서 보여주지 않은, 조금 다른 걸 보여주자는 식이 아니다. 전혀 상관없는 건축과 패션에서 서로 엮어낼 수 있는 씨줄과 날줄을 찾아낼 수도 있다. 레퍼런스 체크는 꼭 필요한 일이긴 하지만 해당 업이나 씬에서 최근 잘된 사례를 찾는 일은 뒤로 미뤘으면 한다. 그걸 보고 성공 공식이라는 프레임에 갇히지 않길 바라기 때문이다. "레트로가 트렌드니까 다른 브랜드에서 '아직' 하지 않은 레트로 요소를 캠페인에 한번 적용해보자." 말하자면, 이런 게 내가 말하는 가장 피해야 할 일이다.

트렌드나 유행을 죄다 무시하라는 이야기가 아니다. 그것을 통해 해결해야 할 문제에 부응하는 자기해석이 불가능하다면, 어떻게 작동하는지에 집중하기보다 그 트렌드와 유행의 관심에만 끌려가게 된다. 씨줄과 날줄을 엮는 것은 본 것을 해석해내고 해석한 것을 다른 것과 융합하는 일이다. 융합의 결과를 예측하기에 앞서 융합의 대상을 끄집어내는 것이 필요한데 이것이 적절한 형태로 스스로 인덱싱이 되어 있지 않다면 밖에 있는 어떤 DB나 구글링의 결과에서도 유의미한 융합의 대상을 꺼내기 어려울 것이다. 그러면 이미 기존에 성공한 피상적인 '패턴'의 유혹에 넘어간다.

융합을 드라마틱한 장르간 조합이나 변주로 생각할 수도 있겠다. 마치 국악과 힙합의 콜라보레이션처럼 말이다. 하지만 그러한 이종 간의 조합이라면 국악과 파인다이닝의 조합이 그나마 대중의 인식에 노크할 수 있을 것이다. 장르 간 융합이 중요한 것이 아니다. '70년대 팝과 90년대 팝을 조합하여 2020년대 식으로 풀어낸다.' 이종이 아니지만 이것도 당연히 융합이다. 70년대 팝과 90년대 팝이 아찔하게 멀리 떨어져 있다는 것을 '발견'하고 그 차이에서 가치를 포인트로 '전달'할 수 있다면 이것은 훌륭한 융합이다. 이미 대중문화에서 익숙하게 경험하고 있는 형태다. 이제 우리는 그것을 '융합'이라 부르지조차 않는다. 잘 만든 음악이라고 할 뿐이다. 왜냐하면 음악은 그렇게 만들어지기 때문이다. 자기해석이 분명하지 않을수록 큼직해 보이는 시도에 손이 간다. 실전 격투에서 되돌려차기 같은 거대한 기술은 쉽게 통하지 않는다.

독서의 목적

미안하지만 불가피하게 또 이것을 이야기할 수밖에 없게 되었다. 독서. 편향 타파뿐 아니라 대부분의 변화와 성장에 있어 독서는 가장 중요한 학습 원천이다. 일단 당연히 읽어야 한다. 그런데 방법론 책은 이제 좀 놓고, (이미 그런 건 숱하게 읽지 않았는가?) 대신 소설이나 시를 읽어봤으면 한다. 좋은 수필도 좋다. 하나의 글 안에 하나의 세계를 만들기 위해 노력한 결과물을 보는 것은 인류만이 구사할 수 있는 고도로 효율화된 경험이다. 세계를 머릿속으로 그리고 활자 넘어 인간의 마음을 읽어내는 일은 자신을 형성하고 정의해나가는 데 있어 아직 그 비교 대상이 거의 없는 방법이다.

이미 뇌가 익숙해져 버린 즉각적인 인지나 이해의 허들을 넘어 다소 어려운 글을 읽는 것도 중요하다. 방법론이나 자기계발서는 쉽게 쓰여야 한다. 그래서 쉽게 쓰여 있다. 물론 쉬운 글은 당연히 좋은 글이다. 하지만 좋은 글이 쉬운 글만은 아니다. X에 올라온 트윗도 읽기 어려운 사람에게 신형철의 산문은 어려운 글일 것이다. 거기엔 당신이 평상시 본 적이 없는 단어가 나오고 당신이 상상해본 적 없는 수사가 나온다. 보통 성인이 2~10만 개의 어휘 정도를 익히고 사용한다고 알려져 있지만 사실 일반적으로 쓰는 단어는 5천 단어도 되지 않는다고 한다. 한 번쯤 쓸까 말까 한 표현과 단어를 굳이 읽는 것이 무슨 도움이 되냐면, 그 한번 쓸까 말까 하는 단어를 마음에 심어놔야 '그 한 번'의 기회에 그 단어를, 그 심상을 끄집어낼 수 있다. 그 한 번의 기회란 무언가를 기획하고 창조하는 사람에게는 그 일을 성공시키느냐 마느냐라는 절호의 차이를 만들어낸다. 당연히 무조건 현학적인 단어를 가져와 어딘가 쓴다고 좋을 리는 없다. 다른 언어를 안다는 것은 인식의 지도가 그만큼 광활한 것을 의미한다. 설령 같은 단어를 쓰더라도 전체의 깊이가 달라지는 것이다. 그러니까 평상시 내가 읽지 않는 것들, 때로는 어렵지만 좋은 글들로 우리는 단어 공부를 하는 것이 아니라 인식의 확장을 시도하는 것이다.

작가 김훈은 400여 쪽에 달하는 『남한산성』에서 '그러나'를 단 한 번 사용했다고 한다. 김정선 교정자가 그것을 세워봤다고 한다. 접속 부사뿐 아니라 주격 조사 '이, 가' 역시 불가피한 경우가 아닌 한 거의 사용하지 않았다고 한다. 이 말을 인용하고 있는 지금의 나 자신은 얼마나 부끄러운지 모른다. 문장론이 아닌 논리력에 초점을 맞춰 이를 해석해보면, 김훈은 접속사로 논리를 만들지 않고 담백한 문장으로 그 논리의 전개를 모두 구현했다는 점이다. 우리는 명료함으로 가기 위해 깎고 깎는 일을 하고 있다. 더 많이 알고 있어야 더 많이 깎아낼 수 있다. 비단 언어에 국한된 이야기가 아니다. 붓을 들었건 펜을 들었건, 물건을 만들기 위해 그리고 누군가를 설득하기 위해, 인식의 지도를 넓히고 명료함에 이르기 위해 독서는 꼭 필요하다.

앞서 취향을 알기 위해 많이 읽어보라 했는데, 일종의 불안으로 언제나 독서 리스트가 잔뜩 쌓여 있는 사람에게라면 오히려 많이 읽지 않는 것을 권한다. 기본적으로 어느 분야에서 더 성장하기 위해 많은 정보와 인사이트를 섭렵하고 가져야 한다는 강박을 갖는 것은 대체로 긍정적인 일이라고 생각한다. 다만 천천히, 그리고 정확히 읽었으면 좋겠고 그것이 자신에게 충분히 가치 있다면 기꺼이 다시 읽었으면 좋겠다. 빨리 다음 책을 읽으러

가지 않았으면 한다. 그것은 아직 당신의 머리에 똬리를 풀고 가치의 형태로 이식되지 않았다. 800쪽이 넘는 『총균쇠』와 『코스모스』를 다 독파했다고 누군가 당신의 인생을 격상시켜 주지는 않을 것이다. 그 책을 읽고 지식과 시야를 얻고 싶은 것이지 독서 완료 스탬프를 받고 싶은 게 아니지 않는가.

독서를 통해 나를 이해하고, 나를 이해함으로써 사람을 이해한다. 가치를 발견하는 일은 결국 사람을 이해하는 일이다. 다른 사람에게 가치를 교환하기를 제안하는 것이 '일'이다. 그 사람을 알고, 그 사람에게 이것이 어떤 가치인지 이해하는 것이 일의 대부분이다. 김영하 작가는 소설을 읽는 이유로 '자기이해'라는 중요한 가치를 언급했다. 여기에 내가 덧붙이자면 자기이해를 통해 타인의 이해가 이루어지는 일이라 생각한다. 사람을 이해하기 위해 필요한 것이 독서인 것이다. 이해가 부족하고 하여 편향이 가득한 댓글들이 가십거리 포스팅에 잔뜩 붙어 있는 것을 우리는 본다. 그리고 그것이 대부분의 실제 세상이다. 단련되어 있지 않다면 쉽게 그 편향에 편승할 것이고 좁아진 시야와 이해로 현상을, 대상을 파악하고 답을 도출하게 될 것이다. 당신이 그저 '여기에 광고를 실으려면'과 같은 일을 하고자 지금 이 독서를 하고 있는 것은 아니라고 믿는다.

3장

목적의 힘

목표를 위해 사는 사람이 있고, 목적을 추구하며 사는 사람이 있다. 목표만을 기반으로 하면 (목표를 달성하기까지) 대부분의 삶의 시간은 고통과 인내로 점철되기 십상이다. 더 위중한 문제는 목표를 달성하기 위한 수단과 기준이 불분명하게 된다. 이 혼란은 생각보다 많은 고난을 야기한다. 우리가 익히 알고 있는 상식대로, 목표는 목적에 귀속되어야 한다. 그래야 저 혼란을 뚫을 수 있고, 목적에 기반한 태도로 과정을 고통으로부터 구원할 수도 있다.

비즈니스에서도 이 개념은 동일하다. 목적 기반의 목표 수행이 아니라면 비즈니스는 수없이 많은 난제에 부딪치거나 표류하게 된다. 그럼에도 불구하고 실제 일에서 우리는 목적을 찾기 쉽지 않다. 브랜딩은 비즈니스의 치장 기술이 아니라 비즈니스의 수행 전략으로, 목적을 기반으로 내실을 갖추는 약속이자 소비자에게 효과적으로 가치를 제언할 수 있는 방식을 뜻한다. 개인의 목적과 조직의 목적은 왜 합치되어야 하는지, 사람과 상품을 어떻게 바꿀 수 있는지 목적의 거대한 힘에 대해 알아보자.

필요에서 욕망으로

일은 그것이 임금을 받으면서 하는 일이든 임금을 주면서 하는 일이든 가치를 창출해야 하는 무대다. 하지만 우리는 흔히 일을 하는 조직이라하면 개인과 별개로, 예컨대 이윤 추구라는 물불 가리지 않는 목적을 위해 돌진하는 그 크기를 알 수 없는 거대한 전함 같은 것으로 인식하고는 한다. 우리는 그 전함에 타고 있지만 이 전함이 얼마나 큰지, 또 내가 이 전함의 어디에 위치해 있는지, 그 위치에서 내가 무얼 하는지, 그 일이 전함의 전진에 어떤 영향을 주는지 정확히 인식하지 못한 채로 말이다. 그러니 전함에 비하면 한없이 작은 개인의 가치창출을 통한 자아실현이 이 거대한 전함에 중요하긴 한 건지 의구심이 먼저 드는 것이 사실이다. 기업의 목적은 무엇인가? 누군가 내게 "기업은 가치 추구가 아니라 이윤 창출을 위해 존재하는 것이 아닌가?"라고 물어본다면, "기업은 가치 추구를 통해 이윤 창출을 하는 존재"라고 하겠다. 기업의 가치를 창출해내는 것은 당연히 구성원인 개인과 개인의 가치창출에 기인한다. 즉, 가치가 돈을 만든다. 기업의 가치창출이 곧 이윤 창출이다. 그리고 기업의 가치창출은 개인의 가치창출을 통해서만 가능하다.

　이윤을 창출하는 청사진인 기업의 비즈니스 모델은 결국 기업이 가치를 어떻게 정의하고 구축할 것인가(잘 만들고) 그리고 교환할 것인가(잘 판다)라는 보편적인 가치 논리에 따른다. 하나의 인격체로서 기업을 보자. 기업은 먼저 세상 속에서 어떠한 가치를 발견해야 한다. 그것은 추구할 만한 것이어야 하고 계속 지켜나가며 그것을 구현해줄 상품이나 서비스로 누군가의 문제를 해결하거나 돕는다. 그런 일일수록 더 많은 사람들이 그것을 바라고 또 그것에 높은 값어치가 책정된다. 이렇듯 가치의 발견은 대개 누군가의 필요에서 그 실마리를 찾는다. 조직의 우두머리가 본인 또는 본인과 밀접한 준거집단에 필요한 무언가를 기준으로 필요의 근거를 삼는 것도 그중 하나다. 또는 기민한 시각으로 남들은 보지 못한 사각지대나 특정 대상의 필요를 발견하기도 한다. 흔히 블루오션이라 함은 이러한 지점을 읽어내는 능력에서 시발한다 할 수 있겠다. 예전에는 이 필요의 충족을 공급해주는 것만으로도 비즈니스가 성립됐다. 그러나 이제 비즈니스에 있어 일련의 필요*needs*를 발견했다면 이를 욕망*desire*으로 만들어내기 위한 전략과 실행이 필요하다. 이는 실제의 물건이나 서비스를 디자인하고 개발하고 유통하고 판매하는 일의 전반에서 이루어져야 한다. '필요'를 '욕망'으로 만드는 일이 바로 '의미'에서 '가치'로 고도화하는 것이라 하겠다.

어느 지역에 쌀 공급이 필요하다는 것을 발견했다고 단순히 벼농사를 지어 쌀을 생산하고 판매하는 것이 아니다. 70~80년대라면 쌀을 적절하게 공급하는 것만으로도 필요에 의한 판매가 충족되었을 것이다. 지금은 쌀을 필요로 하는 사람들에게 단순히 선택할 수 있는 쌀이라는 상품의 수는 헤아릴 수 없이 많다.

게다가 한국에서 쌀소비는 지난 10여 년 동안 출산율보다 더 급격하게 하락해왔다. 어떤 품종을 어떻게 재배하고, 그것을 어떻게 자동화하고, 어떻게 유기농으로 생산하여 기술적으로 탁월한지를 소비자에게 보다 효율적으로 전달하고, 10킬로그램이 기본인 시장의 판매 단위와 달리 소량으로 포장하여 1인 가구 지역에 어떤 온라인 유통망을 활용할지, 하여 그들의 시선에 맞게 그들의 채널을 통해 효과적으로 알리고 판매하는지의 전략은 생산과 판매를 지금까지와는 다른 국면으로 형성한다. 무엇보다 이를 어떻게 구사하느냐에 따라 소비자의 단순한 '필요'는 '욕망'으로 변모하기도 한다. 그 계획하에 타깃 시장과 가격 책정 역시 달라진다. 무인양품은 300그램 단위라는 지금까지 국내에 없었던 판매 단위로 고품질의 쌀을 1인 가구의 식생활에 맞는 다양한 제품들과 함께 판매하고 있다. 비즈니스는 블루오션에서만 할 수 없다. 깜짝 놀랄 신기술 분야가 아니라면 블루오션이 존재하는 시장과 분야는 희귀하다. 그러나 의미를 넘어 가치를 창출할 수 있다면 레드오션에서도 비즈니스 모델은 발견할 수 있다.

비즈니스 모델은 그런 의미에서 가치 모델이라고도 할 수 있다. 지금은 필요한 것을 넘어 욕망하는 물건을 파는 것이 비즈니스 모델의 관건이 되었다. 롤렉스가 필요해서 사는가? 시중의 많은 상품들은 바로 이 가치, 즉 욕망을 기본으로 한다. 식기세척기가 많이 보편화되면서 전에 없었던 식기세척기 전용 세제라면 '필요의 가치'만으로도 구매가 이루어지지만 여름 원피스라면 옷장에 가득한 지난 시즌의 원피스들 사이에서 단지 '필요에 의한 가치'로서만은 성립되기 어렵다. 그래서 온라인 쇼핑몰의 인스타그램에는 찬란한 햇살과 멋진 이국의 해변에서 찍은 이상적인 몸매의 모델이 착장한 원피스를 반복적으로 보여주며, 올 여름 유행할 패턴과 디자인의 원피스를 휴가지에서 입는 자신의 모습을 쉽게 상상하게 하고 결국 욕망하도록 만드는 것이다. 이 값싼 원피스의 구매 버튼을 누르는 일이 필요에 의한 일이 아님을 우리는 잘 안다. 하지만 욕망이 반복되고 이미지가 선연해지면 그것은 강력한 필요 즉, 욕망으로 둔갑한다.

세상에 없던 물건이면 필요의 가치를, 이미 많은 물건이면 새로운 가치를 팔아야 한다. 가치창출이 뛰어난 비즈니스 모델은 '필요의 가치'가 누락된 채로도 불티나게 팔린다. 그런 비즈니스 모델은 필요를 뛰어넘어 바로 욕망으로 직결한다. 물론 이는 쉬운 일이 아니다. 누군가의 욕망을 설계하는 것도 어렵거니와 그것이 일정 수요가 되도록 만드는 일은 더더욱 어려운 일이다. "소비자의 니즈는 이제 이쪽으로 향한다", "시장은 이렇게 움직인다"는 관망은 세상에 널려 있고 그만큼 다른 모든 경쟁자들 역시 그것에 똑같이 대응할 수 있다는 뜻이며, 경쟁을 떠나 그저 필요를 구현해내는 것만으로는 성공할 수 없는 것이 지금의 시장이다. 가치를 발견하고 그 가치를 필요에서 욕망으로 고도화시킬 수 있는 섬세한 가치 설계의 '일'은 비즈니스 모델을 성공으로 이끄는 데 필수불가결한 조건이 되었다.

목적이라는 거대한 힘

필요를 발견하고 이것에 가치를 부여해 욕망으로 만드는 가치 설계 작업은 상품을 통해 가치창출을 해내는, 말 그대로 비즈니스 모델에 관한 일이다. 일에서의 가치 설계를 하기 위해 가장 우선시해야 하는 것은 이 조직이 어떤 개체인지 정의하는 것이다. 어떤 성향을 가지고 있고 무엇을 바라보고 무엇을 목적하는지. 이를 세우지 않으면 수많은 필요의 가치 중 어떤 것을, 또 누구의 문제를 해결할지 출발 지점조차 찾기 어렵다. 이것이 문장으로 쓰여 있는 것이 바로 조직의 사명문 즉, 미션 스테이트먼트다.

브랜드 컨설팅을 하면 해당 브랜드에 대한 다양한 분석과 인사이트를 도출하고 그를 통해 브랜드를 조립 또는 재조립을 하게 된다. 대부분 브랜드 오너나 핵심 담당자들과 함께 진행하는데 이 과정에서 브랜드의 임직원들이 다소 어색해하는 과정이 있다. 바로 미션 스테이트먼트를 규명하는 일이다. 컨설팅 워크숍을 진행하면서 나는 초반에 반드시 이 미션 스테이트먼트를 테이블 위에 올려놓는다. 십중팔구 담당자들은 '이걸 왜?'라는 반응을 보인다. 미션 스테이트먼트를 모르고 해당 조직이나 브랜드에서 일을 하고 있는 사람은 없다. 그럼에도 상당수는 그 문장을 생소하게 바라본다. 면접 때 회사 홈페이지에서 찾아보거나 입사할 때 사칙에서 본 이후 그 문장은 치열한 업무 현장에서 사라지는 게 일반이다. 그 문장은 조직이 이익 창출을 위해 만들어놓은, 소비자에게 향하는 총구이지 자신이 들여다봐야 할 총구가 아니라고 생각한다. 총을 겨누고 있다는 명제만 업무에 존재한다. 어떤 총인지, 누구를 향하는지, 어떤 총알인지는 상관없어진다. 총은 발사되고 총알을 맞으면 누군가는 죽는다고 암묵적으로 예상하므로. 나는 구성원들에게 총구를 한번 들여다보기를 제안한다. 그 문장을 천천히 소리내어 읽어보고 몇 초간이라도 생각해보라 하면 그 문장은 점점 낯설어진다. 이윽고 각자 하고 있는 일이 그 미션에 어떻게 부합되는지 설명해달라고 요청하면 결국 분위기는 어색해지고 만다. 비전과 미션은 소비자에 향하는 총알이라고만 생각하고 이를 각자 해야 할 일의 목표와 결부시킬 수 없다면, 또는 팀과 개인이 그렇게 믿지 못한다면 그것은 조직의 미션 즉, 목적이 작동하고 있지 않다고 봐도 된다. 안타깝게도 많은 조직의 구성원은 브랜드의 미션이 작동하는 것과 실무는 별개라는 인식을 가지고 있다.

대체 미션 스테이트먼트에 무엇이 담겼길래, 또는 무엇을 담았어야 했기에 일의 근간이 흔들리는 것마냥 우려를 표하냐면 바로 '목적'이 들어 있기 때문이다. 목적은 비전과 가치를 담고, 목표를 생성해준다. 그 네 가지는 이런 뜻을 가지고 있다.

목적 — 내가(기업이) 지금 무엇을 하고 있고, 그것은 누구를 위해 어떻게 하는 일인지.

비전 — 어디로 향하고 있는지, 궁극적으로 나(기업)와 세상(고객과 사회)에 어떤 영향을 주길 바라는지.

가치 — 내가(기업이) 생성하고 이행하는 목적에 대한 신념.

목표 — 목적을 이행하며 비전으로 향하는 가시적인 방법.

우리 인생에서도 저 네 가지 항목을 바탕으로 한 지침이 마음속 어딘가 있지 않다면 우리는 쉽게 가치를 혼동하고, 해야 할 일의 우선순위를 잡지 못해 길을 잃고 방황할 것이다. 위의 문장에서 주어를 기업 또는 조직으로 바꾸면 그것이 기업의 미션 스테이트먼트를 구성하는 네 가지의 정의가 된다. 세상을 아름답게 만든다거나 하는 공명정대한 미션도 중요하지만 무엇보다 구체적인 미션이 중요하다. 물론 마이크로소프트나 테슬라, 디즈니, 구글의 미션 스테이트먼트에는 '이 행성에', '온 지구에', '모든 지역의, 모든 세대'와 같은 거창한 대상과 그에 걸맞은 목적이 기재되어 있다. 그런데 그들은 정말 그걸 믿고 그걸 이행하겠다고 하는 기업이라서다. 우리는 믿지 않을지 모르지만 마이크로소프트와 테슬라와 디즈니와 구글의 임직원은 믿는다. 아니 최소한 믿어야 한다고 생각한다. 다시 말하면, 미션 스테이트먼트는 소비자를 설득하고 현혹하는 미션이 아닌 브랜드의 구성원이 합의하고 믿을 수 있는 미션인 것이 더 중요하다. 총구가 소비자에게 있는 것이 아니라 기업 스스로에게 있는 것이다. '미션에 온갖 미사여구를 늘어놓는들 결국 그 뒤에 기업의 이윤 추구라는 명제는 변함없지 않은가'라고 단순하게 생각할 수도 있다. 그러나 이윤은 목적을 통해서만 극대화할 수 있는 결과다. 그것은 단지 좋은 말과 선한 목적을 이야기하는 것이 아니다.

   a. 자극적인 맛과 최저가의 식자재를 바탕으로 다양한 변화로 새로움을 자극하며 매출을 극대화한다.

   b. 1인 가구가 시간을 절약하며 가정의 정성과 손맛을 느끼는 음식을 통해 끼니의 인식을 긍정적으로 변화시킨다.

   총구를 안으로 향해보자. 편의점에 납품하는 도시락 브랜드의 미션 스테이트먼트로 a와 b 중에 어떤 미션을 믿는 브랜드의 직원들이 더 응집되고 효율적일까? 하여 결국 a와 b의 브랜드 중 어느 브랜드의 도시락 매출이 좋을까? 거기에 브랜드의 지속가능성까지 고려해보라. 실제로 a와 같이 노골적으로 이익 실현을 제창하는 브랜드는 거의 없다. 그 대신 '소비자의 만족' 중심으로 그럴싸한 미션을 세워놓고는 그 뒤에 숨은 '매출 최대'의 목표만이 브랜드 내부에서 돌아갈 뿐이다. a 브랜드는 결국 목표이자 목적까지 매출 최대만을 위해 구성원들이 움직이게 된다. 각자의 구성원들은 각자가 생각하는 매출 최대의 방법론을 구사하기 십상이다. 반면, b는 '가정의 정성과 손맛', '소비자의 시간 절약'을 위한 구체적인 목표 안들이 구축되고 그것들이 '1인 가구 끼니의 인식 변화'라는 거대 목적에 부합하는지 개발과 판매 과정에서 확인해야 한다. b가 이를 이행함에 있어 설정하는 구체적인 목표들은 물론 비즈니스 논리를 벗어나는 범위는 아닐 것이다. 그러니까, 투뿔 한우를 반찬으로 넣을 순 없다. 하지만 진미채를 가정의 손맛에 가깝도록 만들기 위해 뚜렷한 노력은 할 수 있다.

선한(또는 선해 보이는) 목적만으로 브랜드가 성공하기는 어렵다. '좋은 뜻으로 브랜드를 운용하니까 언젠가 성공할 거야'라는 순진한 생각으로 비즈니스를 하는 사람은 드물 것이다. 당신의 시간을 아끼기 위해, 당신이 가정의 정성을 조금이라도 느끼게 하기 위해, 하여 끼니의 인식을 변화하는 데 일조하기 위해 어떻게 노력하고 제공하는지 세련되게 어필하고 소통하는 마케팅 방법론 역시 적절하게 뒤따라야 한다. "이 자켓을 사지 마라"라는 파타고니아의 마케팅은 단지 브랜드의 선함을 뜻하는 게 아니라 그 울림 있는 메시지와 함께 광고 문구 자체가 마케팅적으로 커다란 파장을 가지기 때문에 파괴력이 남달랐던 것이다. 실제로 파타고니아가 그 메시지에 부합하는 일을 해야 하는 것은 두말할 것도 없다.

미국에서는 지난 15년 이상 소위 목적 중심 기업이 평균적 기업보다 14배나 높은 수익을 주주들에게 안겨주었으며, 중단기적으로도 평균적인 기업의 실적을 능가했다. 당신이 기업에 속했든 자영업을 하든 그것이 크든 작든 당신의 사업체(조직)에는 목적이 필요하다. 가치를 확립해야 목적을 정의할 수 있고, 목적이 명확해야 목표가 실존적 의미를 가진다. 목적을 정의했으면 그것을 명문화하여 자기 자신과 구성원들에게 끊임없이 공유하고 각인해야 한다. 그것이 미션 스테이트먼트다. 당신 자신이 됐든 일이 됐든 그것이 필요한 이유는 길을 잃지 않기 위해서고, 구체적인 실행안을 가지기 위해서고, 끈기를 가지기 위해서고, 그렇게 창출되는 가치에 대한 등가교환물(매출 또는 다른 가치)을 극대화하기 위해서다.

개인의 목적과 조직의 목적

미션 스테이트먼트 즉, 조직의 목적은 대부분 브랜드를 세울 때 만드는 것이 중요하다. 아니, 목적에 의해 브랜드가 세워지는 것이 맞다. 그러나 현실에서는 필요(수요)에 의한 상품을 먼저 구상한 뒤, 그에 따른 브랜드를 만들고 법인을 세우는 경우가 많다. 그때라도 좋다. 그 상품을 통해 닿을 수 있는 지점이 무엇이고 그 지점이 나(법인)에게 어떤 의미인지 그때라도 깊이 고민해야 한다. 그럼에도 서둘러 시장 조사를 하고 제품을 테스트하고 싶은 생각이 앞선다. 목적보다 수요에만 근거해 상품을 내기로 작정하면 기차는 멈추지 않는다. 그것을 생산하고 판매하기 위해 일할 사람을 모으고 조직화하는 것이 급해진다. 조직의 목적이 중요한 두 가지 이유가 이미 여기에서 발생한다.

첫째, 목적이 명확하지 않으면 매출 신호 말고는 따라갈 것이 없다. 처음 떠올렸던 그 상품을 통한 이익 창출을 비즈니스 모델로 생각하지만 그 첫 번째 상품(비즈니스 모델)이 몇 년 뒤에 같은 상품, 심지어 해당 카테고리를 벗어나게 되는 경우는 허다하다. 그것도 몇 년 동안 첫 번째 상품으로 시장에서 살아남는다는 가정하에서 말이다. 필요와 가치를 발견하고 그 상품을 떠올린 것은 좋다. 그 상품의 가치가 어떤 문제를 해결해주는지에 집중하는 브랜드의 목적을 세우지 못하면 이후 브랜드의 카테고리가 확장되거나 변경될 때 소비자는 물론 내부조차 설득하기 쉽지 않다. 초창기의 아마존이 단지 책을 온라인으로 팔기 위해 초창기의 아마존이 존립했던 것이 아니다. 당시 그들의 미션에 있었던 '…최저가로 최고의 선택지를 제공한다'에 적합했던 것이 마침 책이었을 뿐이다. 지금의 아마존을 그저 세계 최대의 온라인 서점으로 알고 있는 사람은 아무도 없다.

둘째, 조직의 단결과 성과는 합치된 목적에서 기반한다. 구성원이 자기 자신에서 단 두 명으로만 늘어나도 그것은 조직이 된다. 목적이 일치하지 않을 때의 재앙은 두 말할 필요도 없다. 그 정도의 재앙은 아니더라도 사람과 사람이 모인 곳에서는 응당 이해 관계가 발생한다. 모두가 브랜드의 가치를 지키고는 싶다고 하지만 부서 또는 각자의 성과가 직접적으로 노출될 때는 이해 관계가 더 심화된다.

조직을 배로 표현하면 모두가 노를 같은 방향으로 젓게 하는 것이 바람직하지만 배에선 노를 젓는 사람만 있는 게 아니다. 노를 젓는 사람이 있는가 하면 바람의 방향을 측정하는 사람이 있고, 배의 키를 돌려 뱃머리를 트는 사람도 있고, 닻을 내려 배를 정박하거나 출항하는 역할을 하는 사람이 있고, 높은 곳에서 멀리 있는 장애물이나 방향을 판단하는 사람도 있다. 단지 "노를 같은 방향으로 젓게 한다"와 같은 말은 현실에서는 순진한 얘기가 된다. 닻을 내리기 더 좋은 지점이라는 게 있고, 역풍보다는 순풍을 타는 것이 수월할 것이고, 조류에 의해 노를 힘차게 저을 수 있는 시간대와 노를 놓을 수밖에 없는 시간대가 있다. 배가 목적하는 방향으로 가기 위해서는 누군가 고통을 짊어질 때도 분명히 생긴다는 것이다. 역풍을 거슬러가야 할 때도 있을 것이고, 꼭두새벽에 노를 저어야 하는 순간도 있다. 모두가 위험할 수 있지만 키를 돌려 말도 안 되는 급선회를 해야 할 때도 있다. 지중해를 유람하는 배라면 배에 탄 구성원들이 각자 즐거울 수 있는 일들을 하며 유유자적 항해해도 되지만 지도를 따라 보물섬을 찾아가는 거라면 얘기가 달라진다. 그 많은 조직이 단지 매출 하락에 따른 문제만으로 고생할까? 조직의 단결력이 좋은데 매출 하락에 허덕이는 기업은 드물다. 많은 수의 조직들은 조직화의 어려움 즉 인적 문제로 어려움에 빠진다. 그 인적 문제의 중심에는 조직의 목적 부재와 그로 인한 개인의 목적의식 상실이 빠지지 않는다.

개인뿐 아니라 조직에는 목적이 필요하다. 같은 목적으로 구성원들이 움직이지 않으면 목적지에 닿기는커녕 수익을 기대하기조차 쉽지 않다. 새로운 사람이 들어올 때 하는 오리엔테이션에서 강조하는 조직의 강령보다 기존 구성원들의 목적 합의와 신뢰가 먼저다. 기존 구성원들의 목적이 동조되면 새로운 사람은 쉽게 그 문화와 방향을 읽을 수 있고 또 익히게 된다. 중요한 것은 조직의 목적이 동조되는 데 있어 개인과 조직의 목적 교집합을 분명히 찾아야 한다는 것이다. 개인의 가치창출은 개인이 부단히 찾고 개발하는 것이 당연하지만, 조직에서도 개인의 가치창출과 기업의 가치창출이 어떻게 부합되는지 주의 깊게 개개인과 확인하며 노력해야 한다.

당신이 면접자라면, 무슨 거창한 프로젝트를 잘했는지가 아니라 어떤 목적과 성장을 위해 그 프로젝트를 했는지를 밝혀야 하며, 그것은 당신이 면접을 보는 회사의 목적에 부합해야 한다. 2017년 미국의 갤럽 조사에 따르면 자신의 목표를 조직의 목표와 연결시킬 수 있는 직원은 일에 몰입할 가능성이 3.5배나 높았다. 면접관이 어떻게 변화를 만들 수 있는지를 묻는 건 당신이 지속적인 개선(변화)에 익숙한지를 묻는 것이고, 어떤 개선 아이디어를 진행했는지를 묻는 건 당신이 회사의 방향과 일치하는지를 물어보는 것이라고 생각해도 좋을 것이다.

컨설팅을 하다 보면 많은 CEO들은 내게, 기업의 목적에 대해 수없이 이야기했음에도 구성원들이 이를 간과한다고 토로한다. 구체적으로 구성원들이 어떻게 간과했는지 규명해보면 리더들의 전달 방법은 대부분 효율적이지 못하거나 리더들의 말대로 그렇게까지나 '수없이' 전달된 적이 없다는 사실을 발견하게 된다. 그 이유는 대개 리더 스스로가 먼저 그 목적을 간과하기 때문이다. 이는 1인 기업도 마찬가지다. 목적을 세워두더라도 그것은 그저 명문화된 명제이지 그를 위해 집요하게 비즈니스 모델과 프로세스를 개선하고 진화해나가는 데 적용하지 않는 것이다. 그것은 그 목적이 옅은 희망이었다는 반증이다. 쏟아지는 현실의 문제는 많고 당장의 수익을 내지 못하면 모든 것이 수포로 돌아가기 때문이라는 생존의 이유는 늘 존재한다. 하지만 이윤 창출의 관건이 가치창출에 있고, 가치창출은 분명한 목적에서 뒷받침된다는, 또 조직의 효율성은 합일된 목적에서만 견인된다는 인과를 이해한다면 사명문을 액자에 끼워 넣어놓고 보고만 있을 순 없다. 그 목적을 비즈니스 모델에 반영할 방법을 끈질기게 모색해야 한다. 강경한 모색은 더 이상 대표의 훈화에서 그칠 리 없다. 임원, 부서의 리더, 팀의 리더, 프로젝트의 리더까지 그것을 어떻게 효율적으로 공유하고 합의할지를 강구하고 각각의 리더들은 다시 적극적으로 팀원들과 공유하고 확인하는 작업을 반복한다. 그리고 반복한다. 그리고 또 반복한다. 이를 이행하지 않는 사람을 리더에 앉히거나 구체적인 목적의 합의점을 찾지 못하는 구성원을 데리고 있는 것이 이 배의 가장 큰 위험 요소임을 알아야 한다. 그리고 마침내 이 목적을 합의했을 때 모든 구성원들은 서로 그 목적에 단호해야 한다. 목적은 목표보다 항상 우선한다. 그래서 목적을 거스르는 효율은 그 조직에 있어 더 이상 효율이 되지 못한다.

생각한 대로 일하지 않으면 일한 대로 생각한다

미션 스테이트먼트 같은 거창한 명제는 아니더라도 대부분 사업의 초기에, 상품의 아이디어 단계에서는 이 사업의 목적을 고민하곤 한다. 이때 만들어지는 미션 스테이트먼트는 거창하고 멋지다. 지구의 환경 보호나 세계 평화도 요원한 일은 아닌 것 같은 미션이 거기에 새겨진다. 사업 초기의 분기탱천한 마음이 미약할 리 만무하다. 이 시기에 미션을 정하는 일은 즐겁다. 앞으로 그 미션에 의해 브랜드가 성장할 거라는 생각은 흥분을 유발한다.

하지만 안타깝게도 현실의 파도를 맞아가며 이는 점점 홈페이지에 새겨진 하나의 문구로 유물화되기 시작한다. 어떻게 미션과 사업이 분리되지 않도록 할 수 있을까? 먼저는 미션이 뜻하는 이상을 잊지 않는 것이 필요한데 잊지 않으려면 현실화하는 것이 필요하다. 당장 대명제에 손을 대지 않더라도 대명제로 향하는 로드맵을 구체적으로 기술하고 그것이 현실적으로 도전하고 쟁취할 수 있는 일인지는 수시로 점검해야 한다. 근본적으로 목적 기반 전략을 구사할 수 있다면 그게 세계 평화여도 실제의 비즈니스를 그 목적으로 적용할 방법은 생긴다.

미션을 잊거나 실제 사업과 분리하게 되는 또 다른 이유는 사업 시작 전에 상상의 영역에서만 세운 미션이 여러가지 상황들을 경험하며 조금씩 달라지기 때문이다. "생각한 대로 살지 않으면 사는 대로 생각한다"라는 교훈에서 '생각한 것'이 고착되어 있다고 간과해서는 안 될 것이다. 이 방향 전환은 부끄러운 일도, 민망한 일도 아니다. 북극성의 위치가 변하는 것이 아니라 자신의 위치가 남극이 아니라 적도였다는 것을 깨달을 수도 있다. 자신의 위치를 잘못 알았다면 북극성의 방향을 재정하는 것은 당연한 일이다. 위대한 기업들 역시 이 미션을 수시로 개선해왔다. 방향성에 대해 확증 없는 의심만 하며 계속 키를 돌리면 어디에도 도착하지 못하겠지만, 근거로 도출된 잘못된 방향을 개선해나가지 못하면 북극성이라 믿고 도착한 그곳에 다른 것이 기다리고 있을지도 모른다. 설령 선대의 창립자가 뼈와 함께 묻은 사명문이어도 그것을 수정하기를 금기시해선 안 된다. 개선은 어떤 식으로든 긍정적으로 작용한다. 그 미션을 계속해서 들여다본다는 뜻이고, 그 미션이 이 조직이 진정 바라는 방향과 맞는지 비교하는 일이기 때문이다. 그것은 혼자 고민해야 할 일도 아니다. 조직이 커지면 커질수록 이를 함께 고민할 수 있는 사람 역시 필요하다. 당신과 함께 모든 걸 바칠 사람일수도 있지만 객관적인 시각과 균형을 갖춘 사람일 수도 있다. 다만 이는 대주주를 뜻하는 것은 아니다. 그들의 '목적'은 이미 분명하다. 주주들에게는 왜 목적을 향하는 것이 '그들의 목적'을 충족시키는 실리의 일인지 효과적으로 설득해야 한다.

가치를 담은 조직이 되는 것은 가치를 교환할 수도(팔 수도) 있다는 것을 뜻한다. 개인이 가치에 대해 고민하는 과정과 극복해야 하는 일을, 마찬가지로 조직도 행해야 한다. 하지만 모든 것이 변화하는 데 과연 무엇을 바라봐야 할까? 변화하는 것을 정확히 인지하는 것이 첫 번째고, 변화를 어떻게 수용할지를 결정하는 것이 두 번째다. 변화의 수용 근거는 조직의 가치에 있다. 개인과 마찬가지로 그것은 '우리 조직이라면 이것만은 하지 말아야'에서 시작할 수도 있다. 변화를 결정했다면 세 번째, 조직이 정말 바뀔 수 있는 일을 감행해야 한다. 그 변화의 중요성을 감안한다면 이를 위해 얼마나 많은 자원과 노고가 들어가야 하는지도 감내해야 한다. 그렇게 기업의 핵심가치가 강화된다면, 그래서 변화의 흐름을 잘 읽고 조직이 하나의 몸으로 파도를 탈 수 있다면, 미션이 변하거나 사업의 방향이 변하더라도 그 둘이 쉽게 분리되는 일은 없을 것이다.

상품의 정의

사업체를 세우기 전에 미션을 정확히 세우고 그 미션에 부합하는 상품을 개발하여 판매하고 미션에 맞게 소비자에게 작동하는지 확인하는 정석의 프로세스대로 사업을 진행한다면 더할 나위 없을 것이다. 하지만 말한대로, 그보다는 상품을 먼저 결정하고 그에 적절한 브랜드를 구축한 후, 특정 상품이 성공하고 이후에 브랜드의 강성이 필요하다고 판단하여 그때 미션을 제정하는 쪽이 더 많다. 전자가 정석이고 후자는 아니라고 하기에는 일부러 후자의 프로세스를 선택해 그저 단기간에 일정 수익만 뽑아내면 그만이라는 사업주도 존재하고, 후에 미션을 제정할 필요도 없이 행하는 것이 뜻하는 것 그대로인 범접 못할 훌륭한 사람들도 있다. 그럼에도 '가치를 발견하고 목적을 정의한 뒤 해당 목적이 필요한 사람을 규명하고, 그 사람들의 문제를 해결할 수 있는 상품을 만든다'는 것이 이상적인 비즈니스 공식임은 분명하다. 그렇기에 늦게라도 브랜드 미션을 정립하고 공고히 하는 방법을 숙지하는 일은 꼭 필요하다. 그것은 추후에 미션을 개선해 나가는 과정에서도 똑같이 반복되어야 하는 일이기 때문이다.

특정 상품이 성공하고 나서 브랜드의 프레임웍을 세우게 되면 대부분 브랜드에 상품을 투영하는 것이 아닌 성공한 상품에 브랜드를 투영하게 된다. 그렇게 만들어진 미션은 마치 브랜드를 고스란히 잘 대변하는 것처럼 보인다. 실제로 어떤 상품이나 서비스로 이를 시장에서 잘 증명하고 있을 때 이 브랜드의 명제를 세우는 것이니 어찌 보면 당연하다. 그러나 앞서 말했다시피 브랜드의 성장에 따라 상품의 카테고리는 확장되거나 변경될 수도 있다.

브랜드의 미션이 명확해야 하는 가장 중요한 이유는, 누구에게 파는 것만큼이나 누가 파느냐가 중요하기 때문이다. 그것을 파는 누군가는 어떤 목적하에 그에 부합하는 상품의 본질을 잘 엮어냈는지를 증명해야 한다. 사는 사람들은 그 증명을 바란다. 건강 보조제를 파는 브랜드를 상정해보자. "A브랜드는 하나하나 정직하게 만듭니다"와 같은 메시지를 상품에 피력하는 브랜드가 있다. 미안하지만 정직하게 만드는지 어떻게 믿는다 말인가? 그만한 신뢰의 근거를 어떻게 제공하고 있는가? A브랜드의 목표는 상품을 정직하게 만드는 일인 건가? 또 다른 브랜드인 B는 "B브랜드는 더 많은 사람이 건강하게 100세를 살 수 있다고 믿습니다"라는 메시지를 담았다. B브랜드의 메시지에서 다른 점은 소비자들이 '화자'를 좀 더 인식할 수 있다는 점이다. 저 브랜드가 정말 저런 신념을 가지고 있는지 역시나 백 퍼센트 믿을 수는 없지만 최소한 누가 무엇을 하려고 하는지는 어렴풋이나마 인식하게 된다. 첫 번째 메시지에서는 A브랜드가 정직하게 만드는 이유가 무엇 때문인지 모호한 반면 두번째 메시지에서는 B브랜드가 믿고 있는 바에 부합하게 만들겠다고 밝히고 있다. 이는 '하고 있는 일'과 '목적하는 일'의 차이로 구분된다. 두 상품의 약효와 신뢰성이 비슷하다는 전제하에 호소력이 있는 것은 아무래도 후자 쪽에 있다. 주체를 좀 더 인식할 수 있기 때문이고, 목적하는 바를 상품으로만 증명하려는 것이 아니며 목적의 주체도 드러나기 때문이다.

미션 스테이트먼트를 고치는 것이 단순한 문장 윤색일 수는 없다. 그랬다간 수정된 미션 역시 여전히 칠판 위에 적힌 사훈 수준으로 존재하게 될 것이다. 무엇을 생산하고 무엇을 어떻게 전달해, 소비자가 어떤 가치를 가져가는지 해체하여, 규명 가능한 단위로 정의하는 작업이 필요하다. 그래야 미션의 중요성을 반증할 수 있고, 미션이 어떻게 작동하는지 또 작동하지 않는지 알 수 있다.

브랜드의 미션 스테이트먼트는 아니지만 위 예시로 든 B 브랜드 슬로건에서 브랜드를 정의하는 단초가 있다. 핵심은 브랜드의 본질을 규명하는 일인데, 브랜드의 본질을 규명하기 위해 거꾸로 상품의 핵심가치에서부터 우리는 더듬어갈 수도 있다. 컨설팅을 할 때, 나는 먼저 브랜드가 소비자에게 지금 판매하는 물건을 정의하는 일에서 시작한다. 자동차를 팔고 있으면 자동차가 뭐라고 생각하는지 물어본다. 화장품이 뭐라고 생각하냐, 텀블러가 무엇이라 생각하는지를 내부에서 함께 논의해본다. 네 바퀴로 사람을 실어 나르는 탈 것, 피부에 발라 노화를 늦추거나 화사함을 표현하는 것, 따뜻하거나 차가운 음료를 오랫동안 지속해서 온도를 유지해 마실 수 있도록 하는 것… 처음에 이 질문을 들으면 브랜드의 실무자들은 당황한다. 물성 정의를 아는지 물어보는 게 아님을 알기 때문이다. 자동차가, 화장품이 무엇인지를 그것을 팔고 있는, 어쩌면 그 물건에 대해 가장 잘 알고 있는 사람들에게 묻는 것이니까 당황할 만도 하다. 당황스러움은 곧 숙고로 이어지고 그제서야 정의를 다시 생각해보기 시작한다. 처음엔 대개 멋진 말들을 떠올리곤 한다. 하지만 이는 제품을 정의하는 멋진 미사여구를 내자는 목적이 아니다. 뭘 만들고 있는지 누구에게 필요한지(도움이 되는지) 정확히 정의할 수 있느냐다. 모든 사람들이 다 알고 있는 물성 정의만을 가지고 있다면 소비자는 그 물건의 정의에 부합하는 수많은 제품 중 왜 그걸 선택해야 할까? 사람들이 그냥 '탈 것'을 원한다면 굳이 당신의 자동차를 살 필요는 없다. 당신 브랜드의 그 제품은 어떤 꿈이고 어떤 위상을 만들고, 어떤 욕망의 발현일지 정의하는 것이 필요하다. 이 차는 '움직이는 엔터테인먼트 공간'이고, 이 화장품은 '자연스러운 나를 찾는 매개'이고, 이 텀블러는 '극한의 아웃도어에서 몸에 필요한 환경(온도)을 제공해주는 장비'라고 정의하면 이 제품들은 기능, 내구성, 편리함, 가격, 환경 등 다양한 요소에서 우선순위를 재정의할 수 있게 된다. 그저 그렇고 그런 물성 정의에 부합하는 제품이 될 수 없는 이유가 그 정의에 담겨버리게 된다. 제품 개발이나 마케팅이나 어느 부분에서라도 스스로 내린 정의이자 모두가 합의한 그 정의를 떠올릴 수밖에 없어야 한다. 그 브랜드만의 상품의 정의를 내고 나면 이제 그 정의에 부합하는 상품을 만들어야지 별 수 있겠나.

상품 카테고리의 정의 즉, 물성 정의가 아니라 기업에서 판매하고 있는 바로 '그 상품'의 정의를 내리고 나면 그 상품을 어떤 가치에 의해 만들어 팔고 어떤 가치에 의해 사람들이 취하는지 상품의 본질을 밝히게 된다. 상품의 본질만 규명해도 브랜드의 핵심가치는 더 선명해진다. 그러니까 "a라는 상품의 본질을 전달하는 A라는 브랜드의 핵심가치는 무엇인가?" 이 질문의 답을 찾아가는 것이다. '움직이는 엔터테인먼트 공간'을 제공하는 상품은 우리(브랜드)가 무엇을 추구하기에 그런 제품을 판매하는지를 규명한다. '자연스러운 나를 찾는 매개'를 전달하는 이유를 스스로도 믿을 수 있도록 정의해야 한다. '극한의 아웃도어에서 몸에 필요한 온도를 제공하는 장비'는 특히나 누구에게 해당 가치를 전달하기에 적합한지 도출해낸다. 위의 각 상품에 대한 정의로부터 브랜드의 목적이자 본질을 아래에 예로 정의해보았다.

a 자동차의 정의 — 움직이는 엔터테인먼트 공간
A 브랜드의 목적 — 이동의 시간을 유익하게 전환한다.

b 화장품의 정의 — 자연스러운 나를 찾는 매개
B 브랜드의 목적 — 더 많은 여성이 자신만의 아름다움을 찾도록 도와준다.

c 텀블러의 정의 — 다양한 아웃도어에서 몸에 필요한 온도를 제공하는 음료 용기
C 브랜드의 목적 — 언제 어디서나 몸에 최적의 환경을 제공한다.

상품의 본질을 정의했다면 브랜드의 목적과 본질은 그 상품 본질의 대전제가 된다는 것을 알 수 있다. A라는 자동차 브랜드는 자율 운행이나 인공지능과 같은 미래의 자동차에 대한 명확한 비전을 가지고 디즈니와 같은 엔터테인먼트 회사와의 적합한 기술 개발이 이루어지고 이동과 관련한 다양한 부가 산업을 어

떻게 자동차라는 '기계'가 아닌 '공간'과 연관 지어 발전시켜 나가야 하는지의 '목표'가 명확해진다. B라는 브랜드는 뷰티 시장에서 건강한 F&B 시장이나 피트니스 관련 시장까지 확대하는 주효한 설득 논리를 기존 소비자들에게 제언할 수 있게 된다. C라는 브랜드는 포화된 텀블러의 종류와 시장을 넘어 다양한 아웃도어 용기와 아웃도어 라이프스타일에 맞는 다양한 제품을 c텀블러의 신뢰를 바탕으로 확장하거나 이전할 수도 있다. 실제로 A 브랜드는 아우디, B는 로레알, C는 스탠리의 방향과 유사하다. 바퀴 달린 효율성 좋은 이동 수단을 만드는 회사에 다니는 사람과 몇 가지 화학 공식으로 미를 돋보이게 하는 얼굴에 바를 것을 파는 사람, 더 가벼운 스테인리스로 물통을 개발하는 사람 들의 일은 예컨대, 이동의 시간을 유익하게 전환하는 회사에서 일하는 사람과 자연스러운 나를 찾는 매개를 판매하는 사람과 몸에 필요한 환경을 구축하는 목적으로 제품을 개발하는 사람 들의 일과 어떻게 달라질까?

설탕물이나 팔면서 남은 인생을 보낼 것인가?

"설탕물이나 팔면서 남은 인생을 보내고 싶습니까?
아니면 나와 함께 세상을 바꿀 기회를 붙잡고 싶습니까?"

1983년 스티브 잡스가 당시 펩시의 CEO였던 존 스컬리를 애플의 CEO로 영입할 때 설득한 일화로 유명한 말이다. 스컬리의 마음을 움직였다는 이 대사는 지금까지도 인구에 회자된다. 그런데 설탕물을 팔다니, 잡스의 대사는 반대로 이렇게도 바뀔 수 있다. "남은 평생 세상에 도전과 젊음을 다시 정의하는 일을 하겠습니까? 아니면 나와 함께 몇 가지 반도체와 플라스틱으로 만들어진 기계를 팔겠습니까?" 잡스는 애플 컴퓨터에만 '이것'을 대입해 표현했고 펩시는 단지 물성으로서 설탕물 그 이상도 이하도 아닌 것으로 표현한 것이다. 잡스가 그 말에서 애플 컴퓨터에 대입한 것이 바로 '가치'다. 펩시와 마찬가지로 그저 설탕물일 뿐인 코카콜라의 현재 기업가치와 주가는 어떤가? 펩시는 도전과 젊음을 이미지화하며 당시 코카콜라의 대항마로 떠오르고 있었다. 스컬리가 계속 펩시에 있었다면 역사는 어떻게 됐을지 모른다. 1983년 잡스는 퍼스널 컴퓨터에 대한 단호한 선구안이 있었고 그 가치에 비하면 펩시를 단지 설탕물 정도로 폄하해도 상관없을 정도라 믿었던 것이다. 스컬리가 만일 잡스의 비전에 동의할 수 없었다면, 설탕물이라는 (상품이자 브랜드의) 가치 평가에 대해서도 흔들리지 않았을 것이다.

디자인을 어떻게 바꾸면, 트렌드를 어떻게 적용하면, 단가를 어떻게 조정하면 소비자 반응이 어떻게 달라지는지 기업은 대부분 공식에 가까운 수준으로 잘 알고 있다. 그러나 판매의 전환 공식에만 매몰되면서 본질에 대한 사각은 깊어지기 일쑤다. 소비자가 8천만 원을 지불하는 자동차에 대해, 2만 원을 지불하는 텀블러에 대해 어떤 가치를 교환한 것인지 그리고 그것을 사용하거나 소비하면서 어떤 보이지 않는 가치가 충족되는 것인지 고민하지 않고 정형화된 매출 향상 공식에만 매몰되면 기업은 이러한 성찰의 필요성을 상실하게 된다.

브랜드를 구축했다 함은, 조직의 목적과 미션이 무엇인지 명확히 인지하고, 어떤 가치를 위해서 제품을 만드는지 브랜드의 가치를 확립하고, 그 가치에 부합하는 대상을 정의하고, 그들에게 적합한 메시지를 개발팀, 마케팅팀, 브랜드 전략팀, 크리에이티브팀, 세일즈팀, IT팀, 각자의 역할에서 훼손하지 않고 구현되도록 각자의 소임과 책임 그리고 희생을 감수하는 이행을 뜻한다. 미션 스테이트먼트라는 한낱 문구 하나가 왜 중요하냐면, 상품의 본질과 브랜드의 핵심가치가 담긴 그것을 통해 위와 같은 일을 효과적으로 수행하기 위해서다.

브랜드의 미션이 아직 재정되지 않거나 또는 변경할 필요가 있다고 판단된다면 상품의 본질에서부터 브랜드의 핵심가치 그리고 이 가치가 고객에 미치는 영향을 판단하여 브랜드의 명확한 미션을 정의해야 한다. 모든 분석과 협의의 결과 브랜드의 기존 미션이 지금 판매하는 상품과 행하는 일에 어긋남이 없다면, 하여 고칠 필요가 없다면 이제 그것이 '일과 별개'의 것이라는 인식을 개선하기 위한 내부의 시스템과 프로세스를 만들어야만 한다. 소비자가 미션에 어떻게 작동하는지 이해하고, 미션을 어떻게 상품과 커뮤니케이션에 적용하는지 결정하고, 미션을 시행하여 어떻게 달라지는지 지속적으로 확인하며, 미션을 공고히 해 나가는 일이 필요하다. 목적 없는 목표는 명확해지기 어렵고, 명확한 목표에 의해서만 각자는 동일한 목적에 부합하는 일들을 수행할 수 있다.

4장
누군가에게 가치 있는 것

우리가 무언가를 할 때는 그것이 누군가에게 가치 있는 일이라고 믿기 때문이다. 여기에는 두 가지 전제가 있다. 첫째는 그 누군가에 대해 우리는 잘 알고 있다고 생각하는 것이고, 둘째는 그 누군가에게 가치를 쥐여주면 자신에게도 그에 부응하는 유무형의 가치가 되돌아오리라 기대하는 것이다. 그렇기 때문에 우리는 피곤해도 출근하고, 가족의 기념일을 챙기고, 또는 혼자서 아무것도 하지 않으며 휴식을 갖기도 한다. 더 나아가 행동의 결과 자체가 아니라 존재 자체가 누군가에게 가치 있기를 바라기도 한다. 누군가에게 가치 없다고 생각하게 되면 우리의 자존감은 도전을 받고 심화되면 우울의 늪에 빠지기도 한다.

하고 있는 일이 누구에게 가치 있는 일인지를 물어보면 아마도 대부분의 일들은 자기 자신에게 가치가 있기 때문이라고 말할 것이다. 그 다음으로는 가족에게, 친구에게, 회사에, 회사의 고객에게 가치 있는 일이라고 믿고 있는 일을 한다. 누군가를 알고, 그 사람에게 중요한 가치는 무엇일까 알아내는 것은 어려운 일일지 몰라도 그 대상이 자기자신이라 생각하면 그것은 쉬운 문제라 치부한다. 하지만 과연 그 옷을 사고 났더니, 원하는 몸매를 만들고 났더니, 원하던 직장에 취직하고 났더니, 그 자동차를 사고 났더니, 원하던 배우자와 결혼하고 났더니, 가치가 충족되어 에버에프터의 길을 걷게 되는가? '필요의 충족'과 '가치의 구현'은 다르다. 필요의 충족은 상태로, 가치의 구현은 행위로 판단한다. 필요를 채워 상태로 만들어주는 것은 쉬울지 모르나 가치는 애초에 충족의 개념이 부재한다. 원해서 충족했던 것들도 상태가 되면 그 가치가 변한다. 단지 원하던 직장을 가는 것이, 단지 원하는 배우자와 결혼하는 것이 아니라 직장에서 '무엇을' 구현하고, 배우자와 '어떻게' 살아가는지가 가치를 결정한다. 하물며 내가 아닌 다른 누군가에게 가치 있는 일을 하거나 누군가의 가치를 충족시키는 일은 얼마나 유동적이고 또 난해할까? 배우자와 내가 서로에게 행복한 결혼기념일 저녁을 보내는 것에서부터, 계속 반려되는 기획서를 상사가 만족할 수 있게끔 준비하는 일, 지나가는 행인으로 하여금 자신의 가판에 있는 과일을 집어들게 하는 일까지 모든 일은 누군가에게 진정으로 가치를 전달하는 일인지 아닌지에 따라 그 결과가 달라진다.

나라는 사람의 전형, 브랜드 페르소나

누군가에게 물건을 파는 일은 누군가에게 가치를 전달하는 일이다. 대부분의 마케팅에서 다양한 전략을 구상할 때 기준이 되는 것은 바로 대상에 있다. 알래스카에서도 냉장고를 팔 수는 있지만 이누이트 사람들을 대상으로 냉장고를 팔려면 마이애미 중산층을 대상으로 하는 광고와는 달라야 한다.

마케팅에서는 고객을 타깃이라고도 부르고, 잠재 고객을 오디언스라는 개념으로 부르기도 한다. 마케팅 전략을 짤 때는 응당이 타깃 페르소나를 규정하고 이에 맞는 상품 및 판매 전략을 짜게 된다. 하지만 타깃 페르소나에 대해서는 고심하면서 브랜드 페르소나에 대해서는 간과하는 경우가 많다. 브랜드 페르소나는 나 즉, 무언가를 파는 사람을 말한다. 데이트할 상대만 규정할 게 아니라 거울을 보고 나 자신의 단점이나 매력 포인트도 잘 확인해야 성공적인 데이트를 꿈꿀 수 있지 않을까? 데이트에 나가는 내가 바로 브랜드 페르소나다. 타깃 페르소나로 마케팅 전략을 짜기 전에 필요한 일은 브랜드 페르소나를 통해 브랜드 전략을 구축하는 일이다.

브랜드 페르소나는 거대한 기업의 브랜드 전략에만 해당하는 일이 아니다. 자영업자, 1인 기업, 또는 개인의 삶으로서 우리는 각각 다른 사회적 페르소나를 구사하며 산다. 아빠로서의 페르소나, 남편으로서의 페르소나, 자식으로서의 페르소나, 친구들

사이에서 특화된 페르소나, 특정 준거집단에서 피력되는 페르소나, 다 조금씩 다르다.

개인 브랜딩을 통한 마케팅 과정을 한번 살펴보자. 개인의 채널(주로 SNS)에서 화자(브랜드)는 자신이 좋아하고 잘할 수 있는 것을 먼저 보여준다. 사람들이 이에 반응하고 팬이 되면 그 교차지점에서 유무형의 상품을 개발하고, 이미 신뢰를 가지고 경청하고 있는 채널을 통해 유통하거나 판매한다. 짧게 설명하면 이러한 프로세스다. 여기에서 브랜드 페르소나가 존재하나? 확연히 존재한다. 그저 자신이 좋아하고 잘하는 건데 그게 왜 페르소나(전형)인가? 자기 자신이지? 라고 생각할 수도 있다.

테니스를 하는 역동적인 모습으로 인스타그램에서 팬을 많이 만들고 있는 A라는 여성이 있다고 하자. 단지 유행에 따라 예쁜 테니스룩을 입고 라켓을 몇 번 잡아 본 수준이 아니다. 운동이라면 테니스뿐 아니라 로드 바이크도 타고 등산도 좋아하지만 유독 테니스를 하는 모습에 사람들이 많이 반응해준다. A는 그 이유를 정확히 알지는 못했지만 사람들의 반응을 보면서 어느 순간부터는 자신의 인스타그램에 테니스를 하는 모습만 올리게 되었다. 구독자 또는 팬들은 이 A라는 여성으로부터 테니스에 대한 열정과 끈기, 높은 기대 플레이 수준 등을 하나의 이미지로 구축하고 상상한다. 그 이미지의 대상이 A라는 실제 자아와 100퍼센트 맞는 자아라고 할 수는 없지만 A는 콘텐츠를 통해 그 이미지에 부합하는 표상화를 공고히 해나간다. 이 인스타그램 채널을 통해 A라는 인물의 페르소나는 A가 의도했든 의도하지 않았든 만들어지게 되었다.

A라는 페르소나가 만들어 판매해도 이상할 게 없는 상품은 무엇일까? 팔로워들은 그녀가 가혹한 태양 아래 흥건히 땀을 흘리는 모습을 계속 지켜봐온 사람들이다. 강렬한 태양에 혹사당하는 피부에도 굴하지 않고 플레이를 유지하기에 적합한 스포츠 선블럭은 어떨까? 단지 예뻐 보이는 테니스웨어가 아니라 경기력에 긍정적인 영향력을 끼치는 팔토시를 상상해볼 수도 있다. 팔기 적당한 물건으로 어쩌면 테니스 용품을 쉽게 떠올릴지도 모르겠지만 전문가적인 태도와 열정으로 임하는 A는 아마추어가 어줍잖게 만들어 판매하는 전문 용품보다 테니스 전문 브랜드의 제품이 플레이에 더 적합함을 안다. 팬들도 A라는 페르소나를 통해 그것을 알고 있다. 반면, 테니스 게임을 더 오랫동안 더 잘하고 싶은 열정을 팬들도 알고 있기 때문에 선블럭이나 팔토시는 이해가능한 영역의 물건일 뿐만 아니라 A라는 페르소나가 그것을 사용하여 열정을 연소하는 제품으로 소구하기에도 적당한 것이 된다. 브랜드가 판매하는 상품이 팬(잠재 고객)과 자신(브랜드) 사이에 형성된 이미지(브랜드 페르소나)에 부합할 때 그 설득력은 배가 되는 것이다.

어떤 브랜드, 어떤 제품들을 떠올릴 때 우리는 흔히 광고 속 모델들을 생각한다. 실제로 조직과 기업은 브랜드의 이미지에 부합하는 모델을 광고 모델로 기용하는 것이 일반이다. 언어로 표현하든 몸으로 표현하든 광고 모델은 화자가 되는 것이고 시청자들은 그 화자의 말을 브랜드의 말로 인식한다. 이 경우, 광고 모델이 브랜드의 페르소나가 되는 것은 당연하다. 하지만 광고 특히 TVC의 경우, 15초 동안 그저 아름다운(혹은 다른 이유에서) 피사체를 통해 시청자들의 눈을 사로잡고 있는 것도 기업들은 여전히 중요하게 생각한다. 여기에는 두 가지 폐단이 발생하는데, 첫 번째는 광고 모델로부터 브랜드 페르소나의 개성이 드러나지 않는다는 것이다. 광고주는 손쉽게 또 안전하게 신뢰, 정직과 같은 어떤 상품에도 보편 타당한 이미지를 피력할 수 있는 모델을 선호한다. 하지만 대부분의 그런 안전한 선택으로 인해 브랜드의 차별성을 시청자들이 쉽게 인지하지 못하는 결과를 초래하기도 한다. 그래서 이를 보강하기 위해 장기 모델을 기용하여 반복 인지효과를 기대한다. 신뢰, 정직과 같은 이미지가 주가 되다 보니 진위가 밝혀지지도 않은 작은 물의는 물론이고 열애설만 나도 해당 모델을 광고에서 내리는 유난함은 한국 광고 시장에 뿌리깊게 박힌 고지식함이다.

두 번째 폐단은 시선을 사로잡는 데에만 치중하는 일이다. 광고 속에서 브랜드의 이야기를 하고 있음에도 브랜드의 페르소나와는 전혀 상관없이 급하게 부상한 모델의 인지도나 미모를 빌어 시청자들의 시선을 사로잡고자 한다. 그리고 그것을 소비자들의 브랜드 인식이라 애써 믿으려 한다. 대표적인 것이 치킨 광고인데, 모두가 극찬하는 몸매에 최고의 미모를 자랑하는 남녀

모델들이 치킨 광고에 나와 새로 나온 치킨 메뉴가 어떤 특징이 있는지를 말하며 맛있게 먹는 모습을 과격한 클로즈업으로 보여준다. 치킨을 먹어도 이런 아름다움을 유지할 수 있다는, 믿고 싶지만 믿을 수 없는 기대 효과를 제외한다면, 친애하는 그 또는 그녀가 먹는 치킨을 나도 기꺼이 사먹어야겠다는 오래된 소비자 추종 심리에만 여전히 치중하는 것이 아닌지 안타까울 때가 많다. 아찔한 인플레이션을 상회하는 한국의 프렌차이즈 치킨의 가격을 생각하면 그저 인지도 높은 모델만을 고집하는 브랜드가 호의적으로만 보이지 않는 이유다.

파타고니아의 브랜드 페르소나는 바로 창립자인 이본 쉬나드에 가깝다. 쉬나드를 구글에서 검색해보면 '암벽 등반가'라고 첫 줄에 나온다. '파타고니아 창립자'가 아니라. 그가 암벽 등반에 얼마나 진심이었는지 짐작할 수 있다. 그의 책을 보면 암벽 등반뿐 아니라 서핑을 비롯한 다양한 아웃도어 활동에 진심인 사람이 분명했다. 4조 원이나 되는 브랜드 대부분의 지분을 기후 변화에 대처하는 비영리단체에 기부했다거나, 환경 친화적이다 못해 지구 살리기가 기업의 목표가 된 수많은 파타고니아의 브랜드 미담은 익히 알고 있으리라. 파타고니아의 제품을 좋아하는 사람들이라면 크건 작건 직접적이건 간접적이건 창립자인 이본 쉬나드의 환경 철학에 대해 '인지'할 수 있다. 아니 그렇게 인지되도록 파타고니아는 브랜딩을 한다. 그렇다면 브랜드를 최초로 만든 사람, 예컨대 창립자의 정신과 철학을 모든 파타고니아의 직원들이 철저히 받아들이고 한치의 오차도 없이 구현하는 것일까? 창립자 쉬나드의 뜻이었으니까 새로 온 직원은 창립자의 자서전을 읽고 이를 따르라 하면 되는 걸까? 향후 쉬나드가 죽고 나서도 파타고니아가 여전히 지금과 같은 가치를 지닌 브랜드로 존재한다면 그것은 아마도 창립자의 정신을 답습하라고 학습시키기 때문은 아닐 것이다. 쉬나드의 정신은 파타고니아의 브랜드 철학과 거의 동일했다.

쉬나드와 같이 마침 창립자가 브랜드의 철학과 똑같은 삶을 살아오지 못했다면(대개 그것은 어려운 일이다), 브랜드의 철학과 가치를 확고히 정립하고, 이를 투영할 수 있는 브랜드 페르소나를 만들어야 한다. 브랜드의 본질이나 가치는 형이상학적 개념이지만 브랜드 페르소나는 형이하학적 인격체다. "걔(브랜드 페르소나)라면 과연 이런 광고에 어울릴까?", "얘(브랜드 페르소나)가 이런 제품을 이런 대상(타깃 페르소나)에게 이런 식으로 어필한다고? 그게 말이 되나?" 브랜드 전략팀에서 또 마케팅팀에서 개발자나 기획자, 마케터들이 이런 고민과 검증을 한다고 생각해보자. 그 브랜딩은 얼마나 단단하고 또 그 마케팅은 얼마나 날카로워질지를. 관념을 인물화 하면 비즈니스의 많은 일들은 명료해진다.

고객 말고 당신의 취향

호주의 티^{tea}브랜드인 T2의 창립자가 낸 'T2 the book'이라는 브랜드 북을 보면 유구한 차 문화에서 T2는 차를 어떻게 해석하는지, 우리는 그저 무형의 기업이 아닌 한 명 한 명의 인간이고 이 한 명 한 명은 다시 어떤 사람들을 바라보고 있는지에 대한 이야기들로 가득하다. 본인들이 생각하는 차를 선글라스의 종류나 헤어스타일에 비추어 제시하기도 한다. 그렇게 T2는 차라는 제품이 아니라 T2라는 문화를 형성하기 위해 나가는 모습을 보여준다. 마시는 차임에도 테이스트가 아닌 문화로서 익스피리언스의 해석을 시도하고 있는 것이다.

책에는 이런 페이지도 등장한다. 'T2 사운드트랙(1996-2015)'이라는 제목 아래, "우리의 결정적인 순간들에는 종종 여러 주 동안 매우 크게, 그리고 반복적으로 틀어 댄 노래가 있다." 그리고 연도 순으로 한 곡씩 곡 제목과 아티스트가 나열되어 있다. 이는 단순히 고객들에게 차와 어울리는 음악을 선사하는 것이 아니고 그렇다고 추구하는 브랜드의 위상에 어울리는 선곡도 딱히 아니다. 리스트에 적힌 곡들은 설명 그대로 그저 '매우 크게 반복적으로 틀어 댄 노래'들이다. 매장의 직원들이 T2의 브랜드 문화와 섞이며 뿜어낸 취향들이다. 그리고 그 개개의 취향들은 브랜드 자체의 취향이 되었다. 이 통합된 취향은 하나의 브랜드 취향으로 손색이 없다. 그 취향은 살아 있는 것이고 진짜의 것이기 때문이다. 실제로 장르도 무드도 시대도 제각각인 곡들이었지만 무엇보다도 브랜드의 본질을 단단히 보여주는 단면이었다. 그 곡을 꼽은 사람들이 한 명 한 명의 실재하는 사람인 것이 분명했고, 다양한 취향을 서로 존중하려는 브랜드 특유의 성정이 드러나기 때문이다. 굳이 'T2 사운드트랙'이라는 페이지를 한 장 할애하여 브랜드 북에 넣은 것을 보았을 때 그들은 이것이 어떻게 작동하는지 이미 알고 있다고 사료된다.

억 단위로 인테리어를 꾸며 놓고도 알바생이 함부로 틀어놓은 '멜론 top100'으로 매장의 모든 메시지와 의미를 상쇄시키는 것과 같은 사례는 숱하게 많다. 심지어 주인은 그게 매장에 영향을 미치리라 생각조차 하지 못하는 경우도 있다. 유튜브에서 자칫 감각 있어 보이는 세 시간짜리 라운지 뮤직 플레이리스트를 틀어놓거나 요즘 인테리어로 활용한다는 'essential' 라운지 음악리스트를 틀어놓는다고 해당 카페나 매장이 세련되게 보이지 않는다(물론 누군가에게는 그럴 수도 있다). 이미 그 플레이리스트를 수많은 카페에서 동일하게 틀어놓기 때문만은 아니다. 자신들이 생각하는 브랜드의 분위기와 문화로 고객을 초대하는 행위를 등한시했기 때문이다. 아니면 브랜드에 문화도 취향도 없음을 반증하기 때문이다.

넷플릭스가 처음 한국에 도입되었을 때 그전엔 잘 보지도 않던 온갖 미드들을 보면서 한 가지 드는 생각이 있었다. 넷플릭스 오리지널 시리즈에서 학교나 커뮤니티, 또는 특별한 능력을 갖춘 그룹의 등장인물 중 유색인종이 포함되지 않는 케이스는 거의 없다. 그리고 또 하나 LGBTQ 구성원이나 이슈 역시 일반적으로 등장한다. 체감으로만 의도적이라고 생각했던 넷플릭스의 방향성은 어느 시점이 지나자 이것이 그들의 '기준'임을 확신하게 되었다.

20년 전에 미국의 TV에서 방영되던 ('비버리힐스90210' 같은)콘텐츠에서는 아시아계는커녕 히스패닉이나 아프리칸아메리칸도 쉽게 찾아볼 수 없었다. 성소수자들은 말할 것도 없다. 이상하지 않은가? 그 당시 10대 아이들도 학교와 커뮤니티에 가면 '그들'이 다 존재하는데 TV로 보는 이상적인 친구들과 커뮤니티 또는 히어로 집단에 '그들'은 존재하지 않는 것이다. 그걸 보고 자란 미국 아이들이 어땠을지 상상해보라. 반면, 2010년대 이후 북미의 수많은 가정의 10대들은 넷플릭스의 콘텐츠를 섭렵하면서 '그들'도 우리들 중 하나고, 구성원이며 나아가 친구임을 당연시하는 문화적 영향을 받게 되었다.

물론 넷플릭스는 다양한 글로벌 시장에서 콘텐츠를 팔아야 하고 다양한 취향의 대상들을 수렴해야 함은 분명하지만 이건 넷플릭스라는 브랜드에서 포기하지 않는 기조이고 철학인 것이다. 다양한 콘텐츠 테마 피드가 바뀌면서도 #LGBTQ 카테고리 테마가 집요하게 올라오는 건 그러한 태도의 반증이다. 봉준호 감독의 영화가 오스카 작품상을 받거나 아시아계 배우와 감독들이 북미 영화제에서 노미네이트되거나 또는 수상하는 기저에는 실제로 북미의 많은 시청자들이 넷플릭스를 통해 전 세계에 수많은 콘텐츠가 있다는 걸, 그리고 다양한 문화가 있다는 걸 '발견'한 배경이 크다고 생각한다. 지금까지 영어권 콘텐츠가 전부이자 최고라고 생각하며 살아온 북미 사람들의 시야가 확장되는 기회였을 것이다. 넷플릭스의 소개 페이지에 들어가면 오롯이 이 한 문장이 적혀 있다.

"이야기는 사람을 움직입니다. 이야기를 통해 우리는 더 많은 감정을 느끼고, 새로운 관점을 접하고, 서로에 대한 이해를 높일 수 있습니다."

이제 우리는 넷플릭스 오리지널 시리즈를 볼 때 기대하는 바가 어느 정도 그려진다. '어떤 종류의 갈등을 다룰 거야, 성을 다루는 방식은 어떤 식으로 할 거야, 이런 문제들에 대해 외면할 리 없어…' 이런 예상을 하게 되는 것은 마치 특정 프로듀서의 다음 영화를 기대하는 것과 같다. 특정 프로듀서, 그렇다. 바로 브랜드 페르소나를 뜻한다. 넷플릭스 오리지널로 제작되는 드라마들은 감독이나 제작진이 누구 건 넷플릭스의 이 기조를 지킬 것이다. 어쩌면 차별과 불평등에 대해 간과하지 않는다는 약속이 제작 계약 항목에 있을지도 모른다. 아니 그게 없어도 되겠지. 그렇게 제작되지 않은 콘텐츠는 넷플릭스가 배급하지 않을 권리가 있고 그것을 누구보다 잘 아는 것은 제작진들일테니까. 애당초 그걸 이해하고 동의할 수 없는 감독에게 넷플릭스가 메가폰을 잡게 할 리 없겠지만.

빛나는 외모만 가진다고 그 사람이 멋있을 순 없다. 자신이 지키고자 하는 또 지킬 수 있는 신념을 가지고 있어야 하며, 편향된 경험이 아닌 다양한 경험으로부터 추출된 취향이 존재해야 하며, 보여주기식 삶이 아닌 진짜 삶을 사는 사람으로서의 실존감, 이런 것들이 '매력적인 사람'을 만든다. 자신이 하고 있는 일, 브랜드도 마찬가지다. 브랜드라고 거창하고 일반화된 명제 같은 걸 주장했다가는 전혀 와닿지 않는다. 어떤 신념과 취향을 어떻게 가졌는지를 증명하고 브랜드와 상품에 신념과 취향을 가진 '그 사람'이 보이도록 해야 한다.

간혹 오너나 대표 개인의 영향력이 막대한 조직에서는 대표자가 브랜드와 제품에 자신의 취향과 철학이 잘 녹아 있다고 생각하는 경우가 있다. 대표자의 생각이 그대로 브랜드의 페르소나라고 한다 해도 브랜드의 모든 구성원들이 대표자의 취향과 철학을 똑같이 소유할 순 없다. 브랜드 페르소나는 지향하는 명징한 개체이자 살아 있는 인물로, 내부 소통에 필요한 장치로서도 중요한 의미를 갖는다. 그러니까 직원들이 '대표가 지금 무슨 생각을 할까?' 고민하게 하지 말고, '우리 브랜드의 페르소나라면 이 일에 어떻게 대처할까?'를 고민하게 해야 한다.

브랜드의 페르소나는 살아 있는 인격체다. 취향을 가지고 있고 지향하는 문화가 있다. 그것들을 통한 신념과 철학도 분명하다. 브랜드라는 한 사람이 명확한 가치관에 의해 선택하고 행동하는 것이다. 그 선택과 행동들이 결국 비즈니스로 전개된다. 아니 되어야 한다. 내부에서는 브랜드 페르소나의 어떤 철학과 문화 때문에 어떤 결정을 해야 하는지 모두가 알고 있어야 하고, 외부에서는 그 선택과 행동이 하나의 가치관에 부합하는 것이라 신뢰할 수 있게 해야 한다. 그때 브랜드는 가공할 설득력을 갖추게 된다.

실존의 인물, 타깃 페르소나

마케팅은 결국 사람에게 무언가를 제안하는 일이다. 제안할 대상을 실존한다고 생각해야 그 대상이 할 수 있는 생각, 할 수 있는 행동을 구체적으로 상상할 수 있게 된다. 이 구체적으로 상상할 수 있는 대상이 바로 타깃 페르소나다. 많은 브랜드에서는 상품의 타깃 페르소나를 설정하고 나서도 그냥 벽에 붙여놓은 개념으로만 치부할 뿐 기존에 하던 홍보 활동, 익숙한 매체, 고정된 메시지를 그대로 전달하는 일이 무수히 자행되는 것을 볼 수 있다. 타깃 세그먼트를 연령대나 지리적 이유로 설정하고 실제 마케팅 활동에서는 이 대상에 대한 디테일한 전략과 실행이 이루어지지는 않는다. 세그먼트라는 말 그대로 그 대상은 두리뭉실하기 때문이다. 또 마케팅 전략을 위해 임의로 시뮬레이션해 봤을 뿐, 실행에 있어서는 그 대상을 실존의 대상으로 인식하지 않는다.

페르소나 특히, 타깃 페르소나에게 중요한 건 실존이다. 실제 살아 있다고 믿지 않으면 마케팅 전략은 그 만큼 설득력 있게 짜여지지도 구현되지도 않는다. 구체적으로 그려지는 그 인물이 이 광고에, 이 메시지에 어떻게 반응할지, 이 구매 여정에서 언제 어떻게 느낄 것인지 규명해내는 것이 실제 전략의 핵심이기 때문이다.

상상해보자. 눈코 뜰 새 없이 바쁜 중견 글로벌 기업의 CEO가 어렵게 휴가를 간다. 이태리 남부 해안의 고급 휴양지로. 바쁜 일정 속에 공항 서점에서 뭔가 휴양지에서 읽을 만한 거리를 찾는다. 빌 게이츠마냥 휴가를 온통 집중 독서 기간으로 할애하고 싶지는 않더라도 뭔가 손에 들고 읽고 싶다. 끊임없이 뭔가를 읽는 것은 대부분 그들의 버릇이기도 하다. 《월스트리트저널 *Wall Street Journal*》을 집을까? 비즈니스 관련 내용만 가득한 신문을 붙잡고 있는 것은 선뜻 내키지 않는다. 게다가 휴가지에 도착할 즈음엔 이 신문의 내용은 그들에게 대부분 구식의 정보가 된다. 《뉴요커*NewYorker*》의 스토리들은 재밌긴 하지만 뭔가 비즈니스와의 연관성이 부족할 것 같아 아쉽다. 《와이어드*Wired*》를 집으면 쿨해보일 것도 같지만 사실 수영장에서 이런 깊이로 테크와 문화를 다룬 내용을 읽는 건 다소 부담스럽다. 그렇다고 《버라이어티*Variety*》를 집을 수도 없다. 킴 카다시안이 트위터에 또 무슨 똥을 써놨는지 일부러 읽어보고 싶지 않다. 뭔가 캐주얼하면서도 인사이트가 풍부하고, 직접적인 비즈니스 정보에 집중하고 싶지는 않지만 비즈니스의 영감은 놓고 싶지 않은 그런 '애매모호한' 읽을 거리가 필요하다. 이런 기업가로서는 일에서 벗어나 휴가를 가는데 이 가벼운 잡지 하나를 집어들기가 쉽지 않다.

영국의 《모노클^{monocle}》 매거진은 인쇄 잡지로 수익을 내는, 어쩌면 지금 시대에 살아남은 공룡과 같은 잡지 매체다. 모노클의 경탄할 면면은 무수히 많지만 타깃 페르소나에 대해서만 이야기해보자. 창간인이자 편집장인 타일러 브륄레의 인터뷰에 이런 이야기가 나온다. 책에 가까운 매체를 만들고 싶었던 그는, 이 책에 가까운 물건(매거진)을 들고 밖에 나가는 것은 명품 브랜드와 마찬가지로 그 사람을 나타낼 수 있다고 생각했다. 이 매거진을 정보 전달의 수단이 아니라 소비자가 자신을 표현하는 수단이라고 생각한다는 것이다. 위에 기업 CEO가 공항 서점에서 무엇을 집어 들지 고민했을 저 상상은 아마도 모노클 창간인이 해봤을 시나리오와 유사하지 않았을까? 모노클 매거진에는 사업의 기회를 엿볼 수 있는 프로 비즈니스의 정보와 영감을 주는 스토리, 그리고 첨단의 유행도 함께 다루고 있다. 로이터나 블룸버그와 같은 통신사 뉴스를 그저 짜깁기해서 전달하는 것을 배제하고 매달 50여 개국에 기자를 직접 보내서 오리지널 기사와 사진을 실으며 그 차별성을 유지한다. 여느 매거진과 마찬가지로 광고가 주요 수익원이지만 매거진에서 다루는 주제와 관련된 광고만을 실으며 그나마 《모노클》의 톤앤매너에 맞게 재가공을 한다. 똑같은 까르띠에 광고도 《지큐ᵒᵒ》와는 다르게 실리는 것이다.

《모노클》 편집장은 이 종이 매체의 사용자 경험에 관한 확실한 믿음이 있었다. 타일러는 휴가간 기업가가 읽을거리로 《모노클》을 정의했다. 참고로 2007년 《모노클》의 창간 당시에는 모든 매체들이 아이패드로 콘텐츠를 출간하는 것을 숙명으로 받아들이던 때였다. 행여나 시대에 뒤쳐질까 걱정하며 너나할 것 없이 인쇄물을 포기하고 아이패드 판형으로 매거진을 발간했다. 그런데 타일러의 생각엔 아이패드는 휴가지의 태양 아래 선베드에서 읽기에 적당치 않은 물건이었다. 아이패드를 두고 수영장으로 들어가는 건 쉽지 않은 선택으로 보인다면서. 게다가 태양과 선크림, 바닷물, 땀과 친하지 않은 아이패드보다는 종이 잡지가 더 적합할 것이라고 믿었다. 타깃 페르소나가 구매 이후 이 제품을 어떻게 '경험'할지 사진처럼 선명하게 그렸던 것이다. 그를 통해 새로운 인쇄 매체 발간이라는 정신나간 짓을 감행한다. 《모노클》이 창간한 2007년은 그야말로 인쇄 매체에 무덤의 해였다. 그해 북미 시장에서만 591개의 잡지사가 문을 닫았다.

《모노클》의 코어 타깃인 글로벌 기업의 기업가가 지구상에 몇 명이나 될까? S&P500 기준으로 500개 기업의 5천여 명의 C레벨 정도를 보수적으로 상정해보자. 모노클은 기껏해야 5천 명의 잠재 고객으로 이 성공을 만들어온 걸까? 그것도 존재하는 모든 C레벨이 이 잡지를 구매한다는 가정하에 말이다. 모노클은 2017

년 기준, 월평균 약 8만 부 이상의 발행 부수를 기록했다. 더 좁은 대상을 구체화했는데 더 많은 대상이 반응한 이유, 바로 그것이 가진 가치에 끄덕일 수 있는 동의가 이루어졌기 때문이다. 먼저는 그 대상이 서점에서 어떤 위상을 위해 그것을 집어 드는지, 휴가지의 덱체어에서 그것을 어떤 식으로 집어들고 읽는 경험까지 구체적으로 고려한다. 그것이 누군가에게 완벽하게 들어맞는 일이라면, (그것이 내가 아니더라도) 누군가에게 완벽하게 알맞는 (소비하는) 일을 하는 것 자체로 훨씬 더 많은 누군가는 그 일(그 소비)을 동경하게 된다.

글로벌 기업가가 공항 서점에서 어떤 잡지를 집어들지의 과정을 '여정'이라 부른다. 이 여정이 설득가능한 시나리오가 되기 위해서는 타깃 페르소나를 살아 있는 인물로 정의해내는 작업이 우선시되어야 한다. 그리고 이 정의는 니즈만을 바탕으로 구성해서는 안 된다. '드라이클리닝을 위해 세탁소에 자주 갈 시간이 없거나, 자신의 옷을 소중히 하는 사람' 정도로 의류 스타일러(의류 관리 가전)의 타깃 페르소나를 잡는 건 거의 소용이 없다. 필요하면 살 것이다. 필요한 사람이라고 정의 내리는 게 아니라 왜 필요하게 됐는지를, 그리고 어떻게 구매하고, 어떻게 사용할지를 정의해야 하는 것이다. 페르소나에 하나의 인격과 자아를 부여해도 모자랄진데 그 또는 그녀가 필요로 하는 것만 나열해서야 실재하는 인물로 만들기는 불가능하다. 이는 작가가 소설 속 캐릭터를 구상하는 것과 같다. 소설 속에 언급되지 않아도 심지어 한두 마디 하고 마는 단역이라도 작가는 각 캐릭터가 가진 어릴 적 트라우마와 가정사, 출신 학교, 교류했던 친구들, 그의 상처와 기쁨, 분노의 순간들을 구체적으로 구성해 한 사람의 역사와 성격을 만든다. 이를 통해 작은 인물에게도 손에 잡힐듯한 현실성이 부여된다. 단지 성격이 '우울하고 괴팍하다'라고 캐릭터를 정의하는 작가는 없다.

간혹 타깃 세그먼트와 타깃 페르소나를 혼동하는 사람도 있다. '신도시에 사는 30대 맞벌이 신혼부부' 이건 페르소나가 아니다. 인구학적, 지리학적 구분일 뿐이다. 흔히 세그먼트로 대변되는 구분을 뜻한다. 연령대 구분도 마찬가지다. 밀레니얼 세대와 Z세대는 브랜드나 제품에 따라서는 수억 광년 떨어져 있는 완전히 다른 대상임에도 불구하고 사람들은 마케팅 대상으로 MZ세대를 쉽게 하나로 규정하기도 한다. 디지털로 대부분의 콘텐츠를 소비하고 그 소비한 콘텐츠를 기반으로 사람들이 구매 근거들을 구성하고, 실제 구매마저 디지털에서 이루어질 수 있는 상품이라면 세대적, 지리적 구분은 더더욱 무의미해진다.

동경은 동의보다 강력하다

손에 잡힐 듯 디테일한 타깃 페르소나의 정의에 다가갈수록 우리는 기어코 부딪치게 되는 벽이 있다. 당신이 회사에 적을 두고 있다면 그 회사의 임원이나, 클라이언트로 부터 이와 같은 우려의 말을 듣게 될 것이다.

"저희 상품은 특정 대상에게만 팔려는 건 아니라서… 대상을 좁혔을 때의 리스크를 만회할 방법이 있습니까?"

비단 클라이언트나 상사가 아니더라도 개인 사업에서도 그리고 개인 콘텐츠에서도 이 질문을 스스로에게 하게 된다. 어떤 상품이든, 어떤 서비스든 수요를 만들어야 하고, 그 예상 가능한 수요는 꽤나 많은 대상이어야만 할 거라는 생각은 당연하다. 특히나 그 설득해야 할 사람이 회사의 임원이라면 그 분들은 그게 무엇이든 숫자로 증명한 뒤에야 일을 시작하고 싶고, 숫자로 미래를 예측하는 것이 본인의 역할이라 생각하니 이해 못할 일도 아니다. 신도시에 사는 신혼부부만을 대상으로 잡아도 대상이 적어 보이는데, 남편과 아내가 어떤 취향이고 둘은 어떤 가치관과 차이로 자주 싸우고 또 행복해하는지, 주말에 코스트코가 아니고 왜 트레이더스를 선호하는지, 배민이 아니라 굳이 쿠팡이츠를 사용하는지 이런 시나리오들을 보면 그분들은 사뭇 의구심이 먼저 드는 것이 사실이다. 신도시 신혼부부의 숫자는 어디에라도 찾아보면 나오지만 그의 몇 분지 일이 될지도 모르는 이런 시나리오의 대상은 그 숫자가 얼마나 될지 아무도 짐작조차 가지 않는다. 그럼에도 소설가 마냥 타깃 페르소나를 집요하고 또 구체적으로 설정해야 하는 이유는 이렇다.

1. 인간은 동의뿐 아니라 동경하는 동물이다.

먼저, 타깃 페르소나는 무릇 그와 모든 가치가 완벽히 동일할 때만 특정 상품을 구매하는 것은 아니다. 열 개의 가치로 구성된 타깃 페르소나와 비교해 잠재 고객이 겨우 한두 개의 가치만 동의할 수 있어도 인지든 신뢰든 판매든 대상과 목적한 바를 체결할 수 있다. 이에 꼭 필요한 것은 그 열 개의 가치가 싸늘할 정도로 사실적이고 명료하게 드러나야 한다는 점이다. 판매자는 구매자에게 '진짜의' 것을 구현하고 그 가치를 '진짜로' 알아보는 사람에게 이것을 팔고 싶다는 사실이 증명되어야 한다. 열 개의 가치가 모두 타깃 페르소나에게 부합되지 않아도 좋다. 두세 개만으로라도 내가 욕망하는 그 가치를 '진짜' 구현할 수 있다는 믿음을 줘야 대상은 움직인다. 구매자가 욕망하지 않는 나머지 일고여덟 개의 가치조차도 판매자는 구매자가 욕망할 수 있는 두세 개의 가치를 바탕으로 최소한 그들에게 동의를 구할 수 있게 된다.

심지어 타깃 페르소나가 중히 여기는 가치들에 잠재 고객이 당장 동의하는 가치가 상품에 하나도 없더라도 목적하는 바(인지든 신뢰든 판매든)가 체결되기도 한다. 인간은 동의만 하는 것이 아니라 동경도 하는 동물이기 때문이다. 동경은 동의보다 더 원대하고 깊은 욕망이다. 한 번도 그러한 옷을 입어보지 않았고 그 전에는 상상조차 한 적이 없지만 마음 속에 동경하고 있던 모델의 착장에 한 순간 시선을 뺏기고 카드를 꺼내고 싶기도 한다. 단, 그 모델의 착장이 '진짜'로 보이지 않으면 동경이라는 메커니즘은 작동하지 않는다. 모델은 어디서 유행하는 것을 걸친 게 아니라 이해하고 의도하고 즐길 수 있어 걸친 것이어야 한다. 동경하지 않더라도 사람들은 생각보다 많은 시도를 하며 산다. 그 시도의 가망 순위에 오르는 기준은 언제나 '진짜의' 경험이다. 그동안 행하지 않던 시도를 하면서, 뭔 말을 하는지도 모르겠고 그저 겉으로만 흉내낸 것 같은 일에 베팅하고 싶은 사람은 없을 것이다.

니즈*needs*는 말 그대로 이미 그것을 필요로 하고 있는 사람들을 가리킨다. 그러나 이 사람들은 니즈로 나열하고 구성된 타깃의 바운더리에 쉽게 걸리지 않는 사람들이다. 보이지 않는, 발현될지도 안 될지도 모르는 욕망을 어떻게 설계할까? 가치의 작은 교집합에서 보이지 않는 욕망*desire*은 점화된다. 그러니 작은 교집합이 될지라도 정교하게 구축해야 한다. 언제나 타깃 페르소나의 실제 잠재 대상이 적은 것을 두려워할 게 아니라 타깃 페르소나가 분명하지 않는 것을 두려워해야 한다. 분명하지 않고서는 그 교집합의 경계를 찾아낼 수 없다. 누군가 어떤 기호나 방식을 선택하지 않는 이유는 그것이 마냥 싫기 때문이 아니고 그저 그것이 가치 없다고 판단하기 때문이다. 그것이 진짜의 것으로 보이고, 하여 가치 있을 거라 판단한다면 사람들은 그것을 동의하고 또 동경할 수 있게 된다. 타깃 페르소나가 실재하는 현실성을 갖춰야 내가 그것이 선보이는 가치에 당장 들어맞지 않더라도 교집합의 지점에서 불꽃을 점화할 수 있다. 대신 진짜의*authentic* 것을 선보여야 하는 것은 두말할 필요도 없다.

2. 무엇을 추구하는지의 길목에 동경의 입구가 있다.

출생지도, 사는 곳도, 연령대도, 고가의 물건이 아니라면 그 사람의 수입 조차도 대상을 분명하게 구분 짓기는 어려워졌다. 그 사람이 무엇을 추구하는지가 그 사람이다. 물론 그 사람이 무언가를 추구는 하지만 지금 당장 행하지는 못할 수도 있다. 그러니 생각해보라. 만약 당신과 당신의 제품이 그것을 행하도록 도와줄 수 있다면 그에게 그보다 더 값어치 있는 일이 어딨겠는가. 중요한 것은, 아직은 보이지 않고 심지어 당사자조차 아직 알 수 없는 동경과 열망의 입구는 대개 그 사람이 중요시하는 가치의 길목에 있다는 것이다. 다만 그 추구의 가치는 뭉뚱그려 정의 내리기 어렵다. '모험을 좋아한다'로 A라는 사람과 B라는 사람을 같은 대상으로 정의할 수는 없다. 'SPA 브랜드를 즐겨 입어'라고 해도 COS나 ZARA, 유니클로를 선호하는 사람들의 우선 가치들은 제각각 다르다. '땀 흘리고 운동하는 것을 좋아해'라고 해도 나이키와 아디다스, 룰루레몬을 선호하는 사람들의 최우선 가치는 제각각 상이하다. 아직도 진보=젊은층, 보수=노령층이라고 믿는 사람은 없지 않은가? 애플TV를 즐겨 보고, 마카롱을 즐겨 먹는 64세의 여성, 등산은 좋아하지만 골프는 싫어하는 52세 남성, 뭐든 몸으로 하는 걸 좋아하고 크로스핏 짐에서 대부분의 시간을 보내는 27세 여성… 사람들이 우선시 하는 가치는 모두 달라졌다. 강북에 살고, 나이가 어리고, 여성이고 남성이고까지 모두 무색할 만큼. 어떤 것(가치)을 중시하는지만이 대상을 구분할 수 있는 변별력 있는 기준이 된다. 그것으로 타깃을 정의하는 것이 그나마 주효한 타깃 전략이 된다. 가치의 조합을 많이 규정할수록, 그 레이어를 많이 쌓을수록 인물은 구체화된다. 그러면 그 인물이 타깃 페르소나에 가까워지는 것이다.

타깃 페르소나를 한번 정의해보자. 소득 수준도, 어디 사는지도, 어떤 브랜드를 선호하는지, 어쩌면 MBTI까지 치열하게 토론하며 설정했을지도 모르겠다. 더 구체적으로 이 사람을 상상해보자. 이 사람은 평일 하루를 어떻게 보낼까? 자가용을 타고 출퇴근을 하나? 지하철을 타나? 몇 호선을 타나? 가는 동안 휴대폰으로는 뭘 보거나 들을까? 영어 공부를 할까? 네이버 뉴스를 보나? 웹툰을 보나? 게임을 할까? 휴대폰은 무얼 쓸까? 점심은 주로 어떤 메뉴를 먹나? 어떤 동료들과 친하거나 친하지 않나? 퇴근 후 이 사람은 무엇을 할까? 넷플릭스를 보나? 티빙은? 웨이브도 가입했나? 디즈니플러스는? 배달 음식점을 선택할 때 어떤 리뷰들을 눈여겨볼까? 이 사람은 배달 앱에 리뷰를 남기기도 할까? 어떤 유튜브 채널들을 구독하고 있나? 이 사람은 어떤 신용카드를 쓰고, 스타벅스의 어떤 메뉴를 선호하고 어떤 이성에게 호감을 느낄까? 주말은? 여행을 자주 가나? 액티비티를 좋아하나? 아니면 주말은 집에서 하루 종일 소파에 파묻혀 있을까? 이 사람의 버킷리스트는? 미래를 향한, 친구에게도 말하지 않은 숨은 욕망은 무엇일까?

어떤 사람이 행하는 일은 그 사람이 추구해서 그대로 행하는 일일 수도 있고 어쩌면 추구하는 것에 반하지만 아직은 바꾸지 못하고 있는 일일 수도 있다. 타깃 페르소나를 창조할 때 이 사람의 삶을 이토록이나 집요하게 들여다보는 이유는 그 속에 있는 닿고 싶은 꿈과 이상, 그리고 숨은 욕망을 그려내기 위해서다. 그러니까 삶을 서술한다고만 그 사람이 정의되는 것이 아니라 이 사람에게 중요한 가치가 무엇이고 어떤 가치를 추구하는지를 규명하는 것이 페르소나 프로파일링의 목적이 되어야 한다. 그 가치가 동경의 열쇠이기 때문이다.

3. 대상이 구체적일수록 구사하는 전략도 예리해진다.

개발, 마케팅, 세일즈, 유통, CRM, 그 밖에 이 상품의 광고, 홍보와 연계된 많은 에이전시들… 수많은 사람들이 이 상품이 종속된 브랜드의 브랜딩과 상품의 마케팅 전략에 맞추어 일을 진행한다. 모든 면면에서 고객의 접점은 펼쳐진다. 그 모든 접점의 경험이 바로 브랜드를 대변한다. 패키징 박스의 테이핑 하나를 뜯을 때조차도 동교동 원룸에 사는 싱글 여성과 운정 신도시에 사는 결혼 7년 차 여성의 경험은 다르다. 상품의 디자인과 품질뿐 아니라 그것이 패킹된 상자, 그 상자를 밀봉한 접착 테이프까지 모든 것들이 브랜드의 접점이고 경험이다. 아마 대부분의 브랜드는 종이 박스의 접착 테이프 따위는 신경 조차 쓰지 않을 것이다. 하지만 이 작은 부분을 신경 쓰는 브랜드가 있다고 가정해보자. 단지 '30대 여성'이라고만 상정하고 패키징 박스의 테이프를

'결정'하는 일과, 그 여성이 하루에도 얼마나 많은 택배 박스를 열고, 그 행위에서 상품과 브랜드에 대한 첫 번째 감각을 어떤 식으로 느낄지 상상할 수 있는 브랜드가 박스를 밀봉할 테이프를 '결정'하는 일은 완전히 달라질 것이다.

누구에게 이야기하는지(파는지) 구체적일수록 위의 기업 담당자들은 서로가 하는 일에 관한 이해 왜곡이나 누수 없이 브랜드와 상품의 가치를 그 대상에게 정확히 전달하는 일이 가능하다. 그저 마케팅팀만 '이러이러한 대상이 이 광고를 볼 때 어떻게 반응할지' 정도의 예상에서만 그쳐서는 부족하다. 그래서 대상을 구체화하는 설계를 해야 한다. 신도시 기혼 여성의 경험 만족과 마포구 싱글 여성의 경험 만족이 상반되면 어떻게 하냐고? '30대 여성'이라고 무난하게 가정해서 두 여성 모두에게 그저 그런 경험을 선사하는 것보다는 누군가에게 더 뾰족한 경험을 제공하는 것이 다른 누군가에게도 신뢰를 살 확률이 높다. 심지어 그 두 대상 모두에게 당장 적확한 경험이 아니더라도 그것이 그들의 가치 교집합에 있는, 아마도 롤모델인 제3의 대상에게 절묘한 가치를 제공하는 면모를 이 두 여성이 발견할 수 있다면 그 경험에 대한 기존의 부정적인 생각도 반전될 여지가 충분히 있다. 만들고 파는 입장에서는 말할 것도 없다. 대상이 구체적일수록 그것을 만들기 위한 목표 지점과 해야 할 과업이 선명해진다. 분명한 대상일수록 그 물건을 만들고 전달하기 위한 브랜드의 타협의 여지는 줄어든다. 비즈니스의 전략은 예리해지면서도 파괴력은 가중된다.

"좋은 물건을 만들고 정성을 다하면 그것을 알아보는 '누군가' 가 이것을 구매할 거야."

기본적으로 작은 상품에라도 이런 마음을 갖는 것은 제작자이 자 판매자에게는 필요한 일이라 생각한다. 다만 그 바람에서 '누 군가'의 변수는 저 명제를 송두리째 흔들 만큼 크다는 것이 문제 다. '누군가'를 잘 설정한다고 해서 그 누군가가 절로 이것을 알 아보고, 쉽게 구매하지는 않는다. 타깃 페르소나를 잘 설계했다 면 이제 그것을 마케팅 전략에 어떻게 적용시키는지의 차례다.

마케팅 전략의 구매 프로세스는 시대에 따라 또 시각에 따라 다양한 이론 체계들이 존재해왔다. AIDA(인지, 흥미, 욕구, 구매)에 서 시작해 AIDMA, AIDCA, AISAS를 지나 AISCEAS(인지, 흥미, 검 색, 비교, 검토, 구매, 공유)까지. 이 밖에도 수많은 경제학자나 마케 팅 구루들의 이론이 존재하고 당신도 한 번쯤 마케팅 전략에 적 용해봤을 수 있다. 잊지 말아야 할 것은 이 프로세스들의 모든 근 거는 타깃에서 시작된다는 것이다. 어떤 사람이길래 이것을 인 지했을 때 흥미를 느끼고, 어디에서 검색과 비교를 해보고, 누구 의 의견들을 경청하며 검토하고, 어디에서 구매해서, 어떤 이유 로 공유하게 될지. 모든 것이 바로 '이 사람'에게 달려 있다. 인지 를 인스타그램에서 하지 않을 수도 있다고? 그래서 이 사람 때문 에 인스타그램을 포기하고 다른 매체에 광고를 해야 한다고? 가 격 비교인데 네이버쇼핑에서가 아니라고? 이 사람 때문에 네이버를 고객의 상품 비교 대상 플랫폼에서 포기한다고? 그 어떤 마케터도 선뜻 이런 결정들을 하기는 어려울 것이다. 실제 프로젝트 진행에 있어 선택과 집중은 피할 수 없는 과정이다. 구체적인 대상 설정과 그 대상의 시나리오가 있다면 이를 선택하고 또 하나씩 검증하며 조정하는 일도 그저 도박 같은 일이 되지는 않는다.

너무 편향된 가치로 대상 범위가 좁아져 문제가 있을 수 있는 상품과 브랜드도 실제로 존재하기는 한다. 그러나 어떤 브랜드가 성공하지 못한 이유는 대상이 적어서가 아니라 분명하지 않아서인 경우가 더 많았다. 분명하다고 착각했던 건 단지 브랜드를 만든 사람의 개인적 아집의 결과일 뿐 대상이 분명하지 않았던 경우도 많았고, 브랜드가 스스로 믿고 있지 않는 가치임에도 특정 대상에게 제안하는 경우도 많았다. 다양한 가치 설계의 오류가 있지만 일차적으로는 브랜딩에 있어 무난한 대상 설정은 대부분 경계해야 할 일이다.

4. 실재하는 사람은 성장한다.

타깃 페르소나를 정의할 때 유의할 것 중 하나는 대상을 미화시키는 것이다. 보통 브랜드 담당자들은 대상을 쉽게 미화시킨다. 타깃 페르소나는 킨포크를 본다던지, 이솝을 쓴다던지, 프라이탁을 멘다던지 그런 거 말이다. 한때 많은 브랜드의 타깃 페르소나가 실제로 그러했다. 모든 기호를 누가 봐도 보기 좋은 캐릭터의 그것으로 설정하려는 경향이 있다. 다 좋은 취향과 양식으로 설정하지 않아도 된다. 이 사람이 평상시 하는 행위와 소양 이상의 어떤 것을 추구한다고 해서 그 괴리가 말이 안 되는 건 아니니까. 우리도 그렇지 않은가? 부족한 점, 모순된 행동, 마음의 그늘, 해결하고 싶은 욕망… 그것이 있어야 '실재하는' 인물이 되는 것이다. 브랜드 페르소나는 일부러라도 상징적으로 외부에 밝힐 때도 있지만 타깃 페르소나는 내부 정보로 유지해도 그만이다. 어디 부끄러울 일이 없다. 그보다는 그 사람을 실재하게 만드는 것이 더 관건이다.

비즈니스 전략이 소설과 다른 지점은 소설은 출간되고 나면 교정판을 낼 수는 있어도 인물이나 스토리를 획기적으로 변경하는 건 불가능하다. 하지만 브랜딩이나 마케팅에 있어서는 출간되고 나서도 수시로 이 소설을 고쳐 쓴다. 물론 그 전에 일단 '소설'을 써야 한다. 기본적으로 소설을 얼마나 잘 쓰느냐가 우선이다. 설득력 없는 인과관계, 부족한 개연성, 동의하기 어려운 인물의 동기… 모두 형편없는 소설에서 기어코 발견되는 요소들이다.

명확하고 구체적인 인물을 설계하고 나면 이제 그것을 계속 수정해나간다. 마치 인물이 성장하는 것처럼 말이다. 살아 있는 사람을 만들기로 하지 않았는가. 살아 있는 사람은 성장을 한다. 환경의 변화도 생긴다. 불과 몇 년 전에는 ChatGPT나 AI의 보편화는 생각하기 어려웠다면 이제 이 인물은 그런 것들에 노출되거나 때로는 그것을 이용할지도 모른다. 2019년 전에는 코로나

19라는 전염병이 전 세계로 퍼질지 예상하지 못했다. 그리고 그로 인해 사람들의 라이프스타일도, 소비 형태도 어떻게 달라질지 몰랐다. 상황 또는 인물의 성장은 페르소나에게 꼭 적용되어야 할 환경 요소다. 또 실제 적용시 고객들이 예상한 시나리오와 다른 여정을 많이 보여준다면, 그리고 때로는 적은 케이스지만 또 다른 유의미한 여정을 발견한다면 시나리오는 개선되어야 한다. 시나리오가 아니라 인물이 그것에 적합하지 않았다면 인물 역시 조정할 수 있다. 물론 환경 우선주의의 가치를 중시하던 사람이 갑자기 물질 만능주의에 환경을 개의치 않는 가치로 바뀌지는 않는다. 그런 식으로 페르소나를 조정해야 하는 상황이 온다면 그건 브랜드와 상품 자체가 잘못 포지셔닝된 결과고 페르소나를 바꾼다고 해결될 문제는 아니다.

인물의 개선이 물건이 당장 팔리는 쪽으로만 대상을 변경한다는 의미는 아니다. 개선하는 그 사람의 유형이 실제 시장에서 시나리오대로 더 작동하고, 당신이 제공하는 가치를 동경할 수 있는 사람들에게 설득력 있는 방향으로 고도화해나가는 것을 뜻한다. 다만 특정 부분(타깃이든 경험이든)의 전략을 개선해야 한다고 판단하기 전까지는 기존 설정을 따라야 한다. 그래야 그것이 적합하든 오류든 신뢰할 수 있다. 사람들은 어쩌면 잘못된 이유보다도 잘된 이유를 더 잘못 짚을 때가 많다. 잘된 이유일수록 믿고 싶은 것을 믿으려는 성향이 강한 탓이다. 타깃 페르소나에 따른 시나리오와 여정을 최대한 많이 쪼개야 하는 이유는 나눌수록 개선 지점도 더 명확하게 솎아낼 수 있기 때문이다. 당연하지만 사용자 여정과 전략은 타깃 페르소나가 구체적일수록 더 세분화될 수 있다.

소비자는 우리가 짜놓은 시나리오대로만 움직이지 않을 것이다. 그럼에도 이 구체적인 시나리오를 짜고 전략을 구성하는 이유는 분명하다. 당신이 하려는 게(파는 게) '진짜'여야 하기 때문이다. 실재하는 사람만이 구매하고 만족할 수 있다고 믿을 수 있는 '진짜' 말이다. 구체적일수록 사람들은 그것이 의미하는 가치를 '진짜'로서 신뢰할 수 있다. 사람들은 간혹 '저 상품의 대상은 최소한 난 아닌 거 같아'라는 말을 한다. 나한테 맞지 않는 것을 사지 않는 것은 그저 필요*needs*의 부족 때문이지만, 진짜인 것을 바라는 것은 더 광범위한 욕망의 발현에 기인한다. 그리고 욕망은 필요보다 더 강력하다.

나와 대상의 개체화

브랜드 페르소나는 브랜드 전략을 구축하는 데 있어, 타깃 페르소나는 마케팅 전략을 구축하는 데 있어 각각 필요한 핵심 요소다. 개인 유튜브 채널을 하나 개설하더라도 이는 똑같이 적용된다. 브랜드 페르소나로서 나는(브랜드는) 추구하는 가치와 그것을 통해 행하는 일을 보여준다. 나의(브랜드의) 가치에 동의할 수 있거나 나를(브랜드를) 동경할 수 있는 대상을 타깃 페르소나라고 할 수 있다. 브랜딩 전략으로서의 브랜드 페르소나와 마케팅 전략으로서의 타깃 페르소나가 '가치'라는 매개를 통해 서로 연결되는 것이다.

브랜드 페르소나와 타깃 페르소나를 잘 설정하면 각각 브랜딩과 마케팅의 큰 구심점이 구축된다. 하지만 페르소나를 정의하고 설정하는 것만으로는 브랜딩과 마케팅이 이에 맞게 수행되지 않는다. 먼저, 내부의 구성원들이 이 페르소나에 대해 확실하게 인지하고 있는지, 각 파트와 채널, 소비자 접점에서 이 페르소나에 어긋나지 않게 이행되는지 철저하게 확인해야 한다. 상품과 연루된 모든 사람들은 이 대상에 대해 선명하게 인지하고 있어야 한다. 하나의 브랜드로 단단하게 보이기 위해서는 내부에서의 약속과 이행은 단호해야 한다. 명확한 동의와 약속 이후에도 더 최선이라고 생각하는 다른 방식과 언어를 쓰겠다는 사람은 여기에서 함께 할 수 없다. 약속은 했지만 페르소나를 나도 모르게 간과하게 되는 경우는 있다. 그래서 브랜드 페르소나나 타깃 페르소나를 누구나 알 수 있고 잊지 않도록 실제 유명인에 대입하기도 한다. 이 모든 각고의 노력은 브랜드의 어느 부분에서도 내가 누구이고, 대상이 누구인지를 망각하지 않기 위함이다. 그것을 실재하는 인물로 만들려는 이유 중 하나도 이를 그저 표상화된 인물이 아니라 살아 있는 인격체로 나 자신 또는 구성원들이 인지하길 바라기 때문이다.

두 페르소나를 설정했음에도 이후 실행에서 쉽게 간과되는 다른 이유들도 있다. 유행하는 프로모션, 트래픽 높은 광고, 바이럴이 잘 되는 이벤트, 눈앞에 보이고 또 당장의 숫자를 만들어낼 거라 예상되는 일들 앞에서 브랜드의 핵심가치와 대상은 쉽게 배제되곤 한다. 브랜드 페르소나가 하지 않을 말로 잠재 고객을 현혹하고, 타깃 페르소나가 동의할 근거가 미약한 메시지로 그물을 던지는 일. 그렇게 구현한 판매는 어떨 때는 브랜드로 하여금 엉뚱한 방향으로 뱃머리를 돌리게 만들고는 브랜드를 이름모를 황무지에 버려둔 채 고객은 사라져버리게 된다.

페르소나는 잠재 고객과 판매에 있어서만 중요한 개념이 아니다. 나와 대상을 개체화하고 객관적인 사고와 이해를 하는 과정이다. 직장에서 단지 누구 하나를 설득할 때도 이는 동일하게 적용된다. 나와 대상은 가치로서 설득하고 체결되어야 한다. 왜 상사인 팀장은 거듭 수정된 기획서에도 만족하지 못할까? 당신이 그 일에 관한 이해나 재반지식이 부족해서가 아니라면 대개 그것은 사람에 관한 통찰력의 문제일 확률이 크다. '팀장이 그 기획서를 통해 내게 기대하는 것은 무엇인가?'라는 단순한 이해 수준이 아니다. 그 팀장은 그 기획을 통해 무엇을 쟁취하는 것이 가장 큰 사안인가? 팀장은 내 그 기획서를 어떤 식으로 누구에게 보고하며, 그것을 어떤 식으로 활용할 때 극대화된다고 생각할 것인가? 내가 알고 있는 팀장이 중요하게 생각하는 가치를 나의 어떤 언어 선택 때문에 왜곡될 수 있는가? 내가 모르고 있는 이번 기획을 통한 팀장의 숨은 욕망은 무엇인가? 팀장은 나의 장점을 무엇이라고 생각하며, 그것은 적절하게 구현되었는가? 팀장은 내가 이 프로젝트에 대해 어떻게 생각하고 있다고 생각하는가? 당신은 위와 같은 질문들에 대해 얼만큼 숙고했는가? 얼마나 감정을 배제하고 냉정하게 고심했는가? 혹시 프로젝트의 목표에 이르는 주관적인 방법에만 골몰한 것은 아닌지 돌아볼 필요가 있다. 내가 보여줄 수 있는 가치와 대상이 기대하는, 또는 예상하지 못했지만 둘 사이 동의할 가치에서 우리는 만나야 한다.

말했다시피 우리는 소설을 쓰고 있다. 유행하는 소설들의 캐릭터와 스토리를 베껴서 평타는 칠 수 있을지 모르지만 결코 좋은 소설이 될 수는 없을 것이다. 당신이 제품을 만들 때 상상했던 사람은 소설 속에서 완벽히 살아 있는 사람이어야 한다. 그 인물이 소설에 생명을 불어넣을 수 있고, 그 인물의 여정이 진정한 감동을 끌어낼 수 있다. 요컨대 "이 정도 물건이면, 이 정도 사람에게 어필하지 않겠어?"라는 말은 소비자가 대충 속아 넘어가기를 기대한다는 말로 밖에는 들리지 않는다.

5장
가치를 판다

무언가를 팔고, 또 사는 행위는 인류가 상거래를 시작한 이래로 지금까지 경제와 사회의 근간이었지만 그 형태에 있어서는 많은 변화를 겪어왔다. 굳이 4차 산업혁명을 거론하지 않아도 지금의 변화는 산업시대나 정보화시대가 열릴 때 전환되었던 만큼이나 큰 변화가 이루어지고 있다. 하지만 여전히 우리는 지난 시대에 무언가를 파는 형식(마케팅)에서 거의 대부분의 방식을 빌어다 쓰고 있고, 또 그렇게 해석하려는 경향이 있다. 기술의 속도가 그저 조금 더 빨라지고 자동화가 더 견고해지는 정도라 간과하며 체감을 쉽게 못하는 이유도 있겠다. 21세기 이후부터 미래는 그동안 세밀하게 제시되어 왔다. 그러나 알고 있던 미래라고 해서 미래의 방식까지 내게 익숙한 것은 아니다. 지금은 시장에 나가 파는 것이 아닌, 시장을 만드는 일을 해야 하고, 소비자를 호객하는 것이 아니라 소비자와 관계해야 하는 마케팅의 페러다임 시프트가 필요한 상황이다.

무언가를 판다는 것은 달라지지 않았다. 파는 방식과 대상의 고도화는 지금까지 계속 발전해온 것이니까. 모든 게 쉬워

져서 장사가 쉽다는 사람도 있고, 모두가 쉽게 장사를 하기에 장사가 어려워졌다는 사람도 있다. 결국 더 좋은 물건을 더 적합한 사람에게 파는 이치는 변함이 없다. 더 좋은 물건에 담긴 것은 바로 가치다. 쉽게 망각하지만 우리는 직장에서, 시장에서 더 나은 가치를 파는 일을 하고 있다.

마케팅의 소멸

옥스포드 사전에서 마케팅이라는 단어는, "…상황의 변화에 대응해가면서, 소비자의 수요를 만족시키기 위해 상품 또는 서비스를 효율적으로 소비자에게 제공하기 위한 활동"이라고 나온다. 마케팅을 더 넓은 의미로도, 특정 기술로도 사용하지만 보통은 '무언가를 잘 팔기 위한 일련의 활동'이라 할 수 있다. 하지만 지금은 무언가를 잘 팔기 위한 행위에 특별한 변별력을 갖추기 어려운 시대다. 특히나 한국과 같이 인구가 밀집되고 기술이 고도화된 시장에서 마케팅으로 인해 사업의 성패를 좌우하는 비즈니스는 점차 줄어들고 있다. "뭘 팔지 선택하는 것보다 중요한 건 어떻게 실행하느냐고, 실행이라면 결국 마케팅이 아닌가?" 맞는 말이긴 하지만 지금까지 통용화된 의미의 마케팅은 한국과 같은 시장에서는 보편화된 기술과 같다. 무료 와이파이만큼 일반적인 기술말이다. 딱히 누군가 대단한 방법론적인 차별점이 있거나 반대로 누군가 특별히 못하기도 어렵게 되었다.

메타*Meta*나 구글*google* 광고를 집행할 때 더 이상 타기팅이라는 단어를 쓰기도 모호하다. 한두 라운드 광고가 돌면 AI가 적합한 타기팅을 한다. 사용자가 임의로 치밀한 타기팅을 해봤자 광고 단가만 높아질 뿐이다. 좀 더 전통적인 홍보라고 다를까? 대부분의 미디어는 광고와 ppl 또는 네이티브 애즈*native ads* 형태에 최적화된 제작 시스템과 프로세스를 갖추고 있다. 리뷰해줄 블로거,

유튜버, 방송, 다양한 인플루언서는 타깃과 예산에 맞게 두루 포지셔닝 되어 있다. 예산만 적절히 투여한다면 누군가 무언가(상품이든 자신이든)를 알리는 데 부족한 게 없는 인프라가 갖추어져 있다. 예전엔 이런 적당한 미디어를 선택하고 연결하는 역할이 중간에 따로 필요했지만 이제는 누구라도 그 어떤 미디어나 채널에 바로 연락하거나 광고 구좌를 살 수 있다. 심지어 사람이 아니라 네이버나 카카오, 구글, 메타의 자동화 시스템이 편리하게 적용, 배포되도록 관리해준다. 기존 미디어나 여타의 플랫폼도 이와 유사한 시스템으로 변경되었다.

미디어에 적절하게 태우는 과정만 자동화된 것이 아니다. 미디어에 싣기 위한 콘텐츠 생산은 어떤가? 쉽고 저렴하게 제작자를 매칭할 수 있는 플랫폼이 다양하다. 자체 제작은 더 말할 것도 없다. 많은 기술과 시스템, 인력이 필요하던 제작 환경은 비약적으로 발전하여 간소하고 편리하게 제작할 수 있게 되었다. 여기에 AI 기술까지 활용하면 제작은 10년 전과 비교해 말도 안 되게 간단해졌다. 물론 여전히 대형 제작사가 만드는 고퀄리티의 콘텐츠와 사람이 직접 노력해서 만든 결과물 간의 차이는 아직 존재하며, 매체 역시 자동화만으로는 극복할 수 없는 부분도 남아 있다. CMS(콘텐츠 관리시스템)나 SaaS(서비스형 소프트웨어) 같은 시스템이 고도화되었지만 사람의 손으로 짜여야만 하는 치밀한 마케팅 전략도 존재한다. 그럼에도 전통적인 의미의 마케팅은 이제 거의 소멸 단계에 있다고 해도 과언이 아니다. 자본 크기의 한

계만 아니라면 방법론적인 마케팅 기술은 거의 모든 영역에서 알려져 있고 쉽게 학습 또는 적용 가능하다. 디지털 기술과 알고리즘 기능이 이미 고도로 발전했고 또 지금까지보다 더 빠른 속도록 발전하고 있기 때문이다.

하지만 여기서 이야기하는 마케팅의 소멸은 지난 백 년 동안 행해지던 마케팅의 역할에 한해서지 '수요를 만족시키고 상품 또는 서비스를 효율적으로 제공하기 위한 활동'에 있어서 마케팅은 오히려 모든 일에 있어 전방위적인 확장이 이루어졌다. 누군가 그것을 상상해서 만들고, 유통해서 알리고, 판매하고, 만족을 이끌어내는 모든 행위에서 마케팅이 작동한다. 자신을 팔건 자신이 만든 걸 팔건 기업의 무언가를 팔건 지금 우리는 마케팅을 다른 의미로 접근하고 실행해야 할 필요가 있다. 마케팅은 판매를 통해 수익을 창출하는 단계의 일부분이 아니라 가치가 전달되고, 이입되어, 확산되는 모든 과정에서 전방위적으로 고려해야 할, 말 그대로 비즈니스 그 자체라고 할 수 있다.

잠재 고객의 재정의

전통적인 마케팅 활동은 개별 사람들의 연락처 하나를 얻는 일 *leads*에서 시작했다. 우리가 회원가입 시 그토록 유심히 살피며 선택 체크박스를 끄려고 하는 바로 그 '광고 메시지 발송 동의'에 해당하겠다. 실제로 과거 대부분의 텔레마케팅은 전화번호부를 바탕으로 진행되었다. 여전히 지역과 거주지가 주요 단서인 비즈니스도 있으나 지금은 상대로부터 제품과 아무런 개연성 없는 전화번호는 거의 의미가 없다. 갑자기 전화를 걸어 4인 가족에게 적합한 신규 SUV차량이 필요하지 않냐고 물어봤자 냉담한 대답만 돌아올 것이다. 대답이나 돌아오면 다행이다. 전화를 받은 대상이 자녀는커녕 결혼조차 하지 않은 사람이라면? 천운이 맞아 마침 SUV 차량 구매를 고려 중인 사람이었다고 해도 그 사람이 "어떤 차가 제게 적합할지는 제가 알아보도록 할께요" 또는 "제시하신 가격 할인율도 인상적이지만 다이렉트 시장을 통해 여러 셀러들의 견적을 앱으로 알아보려고요"라고 말한다면 통화는 거기서 종료된다. 애써 연락한 통신 비용과 시간 등 기회비용만 소모한 셈이다. 그 전화번호의 주인공은 잠재 고객이 아니었던 것이다. 타깃 고객이란 관심을 보일 것 같은 대상을 상정한 것을 뜻한다. 반면 잠재 고객은 먼저 관심을 보여 대화를 시작할 수 있는 대상을 말한다. 알게끔 하고 좋아하게끔 하는 인게이지먼트 *engagement*가 진행되지 않은 대상에게 판매 행위를 단번에 수행해 내려는 마케팅은 특정 제품군을 제외하고는 지금 시대에 작동하기 어렵다.

온라인 마케팅의 대부분은 광고를 통해 잠재 고객을 찾고 그들의 재방문을 유도해 (리타깃팅) 전환 고객으로 바꾸는 일을 수행한다. 다양한 기준이 있지만 구글 애널리틱스 기준으로 잠재 고객은 해당 콘텐츠나 브랜드 플랫폼에 관심을 보이거나 방문한 적이 있는 대상을 뜻한다. 상품을 광고했고 누군가 그 광고로 상품을 자세히 알아보기 위해 유입되었으니 '잠재적으로' 고객이 될 가능성이 큰 대상임은 분명하다. 실제로 리타깃팅 광고를 통한 구매 전환율은 일반 광고에 비해 월등히 높다. 다만 지금의 구매 논리에서는 잠재 고객으로 하여금 전환 즉, 판매가 이루어지기까지 보다 더 면밀한 커뮤니케이션이 필요하게 되었다. 잠재 고객을 오디언스로 칭해보면, 오디언스는 아직 관망을 하는 대상이다. 관심이 생기기 때문에 청중*audience*이 되려는 것이겠지만 구매의 욕망으로 전환시키기에는 아직 넘어야 할 강이 넓다. 온라인 쇼핑몰들은 장바구니에만 넣어놓고 구매를 누르지 않는 대상을 어떻게 전환시킬지 지금도 고민을 하고 있을 것이다. 이 오디언스를 육성*nurturing*하는 일이 1차 잠재 고객을 찾는 것만큼, 아니 어떨 때는 그보다 더 어려운 일이다. 잠재 고객을, 여차하면 지갑을 열 대상이 아니라 매력적인 콘텐츠로 나를 신뢰하고 내 편으로 만들어야 하는 대상으로 여겨야 한다는 것은 이제 많은 기업들이 인지하고 있다. 하여 '잠재된' 고객이란 청중에 더 가깝다고 이해해야 마케팅의 먼 (설득의) 길을 지치지 않고 떠날 수 있다. 그것이 잠재 고객을 오디언스라고 지칭하는 이유이기도 하다.

오디언스의 문제 해결 실마리를 찾아내지 못한다면, 구매까지 도달하는 저 먼 길은 험난해진다. 잠재 고객으로부터 물건을 사게 하는 설득은 최면에 걸려 지갑을 여는 마술이 아니다. 그 사람의 마음을 여는 길을 찾아야 하는 것이다. 멜로 드라마 같은 소리로 들리겠지만, 내 문제를 해결하기 위해 진심을 다하는 사람의 이야기를 듣지 않기란 참으로 어려운 일이 아닌가?

제품이 마케팅

어쨌거나 제품은 타깃 고객의 관심을 사야 한다. 잘 만들어졌기에 관심을 사는지, 마케팅을 잘해서 관심을 산 것인지 사실 고객은 구분하지 않는다. 어떤 고객도 마케팅을 잘해서 그 물건을 샀다고 말하지는 않는다. 제품이 좋아서 샀다고 하지. 반대로 브랜드 입장에서도 '잘 만들어진 제품'의 조건이나 '좋은 마케팅'의 조건은 거의 일치한다. 다르게 말하면, 제품을 잘 만드는 행위가 좋은 마케팅이 된다는 뻔한 이치다. 좋은 제품이 만들어지는 과정을 보자. 먼저, 제품은 콘셉트에 부합되는 멋진 것이어야 할 것이다(Concept), 콘셉트가 타깃을 정확히 흔들려면 그들의 필요*needs*나 잠재된 욕망*unmet needs*을 정확히 알고 있어야 할 것이고(ACB. Accepted Consumer Belief), 마지막으로 그 제품이 약속한 것에 관해 그 신뢰에 부합하는 근거와 팩트(RTB. Reason to Believe)가 있어야 할 것이다.

천오백만 원짜리 시계를 사는 사람은 천오백만 원보다 더 높은 가치의 위상을 획득할 수 있을 거라는 믿음으로 그 시계를 구매한다. 당연히 마케팅에서는 그 시계가 천오백만 원 이상의 가치가 있다는 것을 증명하고 설득해야 할 것이다. 조지 클루니가, 다니엘 크레이그가 착용하며(Benefit) 그들의 손목에서 그 시계가 그들의 품격을 유지하는 데 있어서 어떠한 아름다움을 지녔는지(Concept) 보여주고, 동경하던 삶에 대한 이미지를 그들이 광고 또는 영화에서 보여주며 사람들은 자신의 이미지에 투영한다 (ACB). 200년 가까이 스위스 장인이 만들어낸 정확도와 견고함, 하여 허영이 아닌 시계 본연으로서 역사와 정밀함에 대한 값어치(RTB)를 구매한다는 만족과 안위까지 소비자의 머릿속에서는 이 모든 요소가 유기적으로 얽혀 돌아갈 것이다. 앞 문단에서 나열한 좋은 제품을 구성하는 유무형적 가치와 지금 나열하는 마케팅의 일은 그대로 등식이라고 볼 수 있다.

역사와 전통을 자랑하는 명품 브랜드라면, 또는 해당 브랜드가 이미 강력하게 잠재 고객에게 어필하는 브랜드라면 모르겠지만 신생 브랜드가 새로운 제품을 시장에 내놓을 때 이것은 쉬운 일이 아니다. 요즘은 워낙에 다들 브랜딩을 잘하니 훌륭한 콘셉트와 디자인으로 나온 제품들은 많다(Concept). 디지털 매체와 툴로 학습된 잠재 고객에 대한 이해도도 상당히 높다(ACB). 취약한 쪽은 RTB*Reason to Believe*인데, 기존 브랜드처럼 오랜 시간 제품을 갈고 닦지 못했을 것이고, Concept에 비해 RTB는 무형의 가치를 내재하는 게 많아 신규 브랜드는 이를 간과하기 쉽다. 지금의 미디어 환경에서 취약한 RTB는 치명적인 약점이 되곤 한다. 구매 버튼을 누르기까지 잠재 고객은 이 제품에 대한 근거와 팩트 검증을 너무나 쉽게, 또 가차없이 이행할 수 있기 때문이다. 더불어 RTB의 미약함이 발견되면 제품을 통한 위상 고조의 다리(Benefit)가 무너지고 만다. 잘 만든 것만이 잘 팔 수 있는 냉정한 세상이다.

'이런 소비자의, 이러한 니즈를 충족해줄, 이러한 콘셉트의 제품은 잘 팔릴 수밖에 없다'는 논리는 제3자가 보면 위험하기 그지없지만 판매 당사자는 쉽게 이와 같은 도그마에 빠진다. 제품 개발에서 마지막 세일즈에 이르기까지 구성원들을 하나의 생각으로 연결하지 않으면 프로덕트나 커뮤니케이션 어느 부분에서 구멍(예컨대 RTB 미흡)을 발견하더라도 보완이 어렵다. 이 구멍을 마케팅 단위에서 단순히 치장이나 땜방으로 메꾸려고 한다면 남아 있던 가치마저 증발하고 만다. 그렇게 신뢰마저 잃으면 잠재 고객의 구매 행위는 영원히 '잠재적인' 일로 남게 된다.

시장을 먼저 만드는 일

누구나 쉽게 온라인스토어를 낼 수 있고, 지적 콘텐츠일 경우 적당한 플랫폼을 이용할 수도 있다. 그것도 아니라면 그저 유튜브나 인스타그램 등의 SNS를 이용해 무언가를 판매할 수도 있다. 무언가를 팔고 수익을 창출할 수 있는 길은 다양하게 열려 있다.

어찌됐건 이런 열린 기회들은 많은 사람들로 하여금 우리가 지금 기회의 땅에 살고 있다는 생각을 하게 만든다. 가치에 대해 고심하지 않고 쉽게 뛰어들어 성공하기 어려운 건 거대 비즈니스건 개인 SNS 판매건 다를 바 없다. 다만 기존의 유통/판매 방식과 소위 SNS를 통한 인플루언서의 판매 방식은 완전히 다른 순서와 구조로 이루어진다. 먼저 개인 미디어나 SNS에서의 판매 방식을 살펴보자.

a1. 자신이 좋아하고 잘할 수 있는 것을 보여주고 팬을 만든다.
이는 전통적인 시장에서의 행동으로 치면 투자를 뜻한다. 하지만 이 투자는 상품 개발의 투자가 아닌 잠재 구매자를 확보하는 투자 행위다.

a2. 내가 잘할 수 있는 일과 팬들이 좋아하는 일의 교차점에 있는 제품을 발견 또는 개발한다.
투자한 행위에 대한 결과들은 바로 내가 펼치고 보여준 일 중에 사람들이 좋아하는 일과 방식 그리고 패턴이 무엇인지 규명하는 일이고, 그것은 내가 좋아하는 일과 반드시 교차해야만 한다. 내가 좋아하는 일이 아니라면 이 다음 a3의 단계에서 문제가 발생할 수 있다. 그 교차점의 가치를 훼손하지 않는 제품을 발견하거나 개발한다.

a3. 팬덤을 만들어낸 채널에 직접 상품을 홍보하고 판매한다.

팬덤이 만들어진 이 창구(채널)가 바로 시장이 된다. 이를 통해 판매하거나 또는 이 채널을 통해 판매처를 연결하는 유통처로 활용한다. a2에서 그것이 내가 좋아하는 일과의 교차점에 있어야 하는 이유는 기본적으로 이 판매가 팬덤을 통해 형성되기 때문이다. 내가 좋아하는 일이 아니어서 그것의 진심을 전달하지 못한다면 팬덤의 효과는 급격하게 하락하고 판매는 원활하게 이루어지기 어렵다.

이러한 과정은 인스타그램에 팔로워를 확보하고, 이 계정에서 인기 있었던 콘텐츠에 부합하는 상품을 떼다가 판매하거나 홍보해주는 인플루언서의 판매 구조다. 이에 반해 기존 기업이 상품을 출시하고 판매하는 프로세스는 그동안 어떠했을까?

b1. 시장조사
b2. 상품 개발에 따른 투자
b3. 마케팅을 통한 판매

보다시피 인플루어서의 일(a)과 기업의 일(b)은 그 순서가 거의 역순에 가깝다. 인플루언서들이 첫 번째로 하는 일(a1)은 기업 상품의 프로세스로 따지면 세 번째 단계의 마케팅(b3)에 해당한다. 설령 인플루언서가 a의 로직을 다 계획하고 행하지 않더라도 어느 단계에서는 잠재 고객들이 형성되었음을 인지하게 된다. 그래서 그 행위의 가치를 깨닫고 그 행위를 반복 재생한다. 팔로워가 생기기까지 꾸준히 콘텐츠를 올리고 자신을 피력하는 일을 뜻한다. 과정상으로 보면 인플루언서들은 이 타깃을 발굴해내기 위한 '투자'(a1)를 하는 것이다. 누군가는 이 과정에서 팔로워를 확보하기 위해 마케팅 자금을 쓰기도 한다. 금전적 비용을 들이지 않더라도 시간과 노력이라는 비용은 분명히 소요되는 투자 행위, 그러니까 누군가는 지식을 공유하기도 하고, 누군가는 자신의 맨살을 보이기도 하는 투자를 감행한다. 이렇듯 개인 인플루언서들은 팬들을 만드는 a1의 단계에서 투자와 마케팅의 대부분을 한다. a2 상품 개발, a3 판매 단계는 만들어진 팬을 바탕으로 단순한 판매 수순을 밟는 행위에 가깝다. 이렇게 되면 기업 상품보다 판매 단계에 있어서 리스크가 현저하게 줄게 된다. 물론 a1의 단계에서 엄청난 수의 경쟁자들(콘텐츠) 중 두각을 나타내고 그로 인해 가치를 동의하는 사람들과 만나야 하니 이도 쉬운 일이라 할 수는 없다.

당연히 기업은 개인 인플루언서와는 다르다. 그럼에도 인플루언서들이 제품을 판매하는 방식에서 중요한 단서는 얻을 수 있다. 그들은 첫 번째 단계 즉, (개인) 브랜딩에 사활을 건다는 것이다. a의 과정에서는 그것이 판매를 담보하는 가장 큰 전제조건이기 때문이다. a프로세스를 고도화하면 보통, 성공한 브랜드의 일과 동일해진다. 다시 해석해보자.

a1은 내가 믿는 것을, 내가 가치 있게 생각하는 것을 공감할 수 있는 사람들을 확보할 수 있는지 정확히 판단하고 또 확보하는 일이다. 여기에서 확보하는 사람들은 '상품'으로 확보된 사람들이 아니다. 아직 상품은 나오지도 않았다. 이 사람들은 내 믿음과 생각의 '가치' 때문에 연결되고 확보된 사람들이다. 그래서 가치 개발이 중요하다는 것이고, 가치 모델이 비즈니스 모델이라고 말하는 이유다.

a2는 그 가치를 물건이나 서비스로 구현해낼 수 있어야 함을 뜻한다. 인플루언서는 그저 자신의 채널 정체성에 부합하는 물건을 홍보하면 되거나 비슷한 물건을 떼어다 팔아도 무관하지만 브랜드라면 상품으로 그것을 온전히 만들어내거나 구현해내야만 한다. 잊지 말아야 할 것은 앞서도 말했지만 그것은 분명히 '자신이 좋아하는 것'이라는 전제다. 브랜드로 치면 그것이 지향하는 지점이고 취향이고 철학이다. 그래서 취향이 중요하고 목적하는 바를 명료하게 설계하는 바가 중요하다.

a3은 시장에 나가서 물건을 파는 게 아니라 가치를 동의하는 사람들을 형성한 나만의 시장에서 물건을 파는 것을 뜻한다. 실제 기업의 비즈니스에서는 개인 SNS 판매자와는 달리 나만의 시장을 형성해놓은 뒤 물건을 파는 행위는 쉽지 않다. 미리 브랜드의 가치에 동의하는 사람들을 확보해놓지 못했다면 최소한 시장에서 상품을 증명하고 팔기 시작(b3)하면서부터는 그 사람들을 대상으로 육성하는 a3의 행위를 필히 병행해야만 한다. 즉, 파는

것만큼이나 로열티를 강화하고 커뮤니티를 형성하는 등 브랜드에 대한 팬덤을 구축하는 일을 충실히 해야 한다. 그것은 온오프라인의 장소나 단체일 수도 있고 멤버십 또는 무형의 약속일 수도 있다. 그들이 전해줄 제품에 관한 유의미한 증언과 신뢰는 엄청난 마케팅 비용으로도 대체하기 어려운 값어치를 가지고 있다. 이것은 판매나 가치 교환을 가속하고 증대하는 일이며 a1, a2의 일을 단축시키는 일이기도 하다.

a와 b의 일에서 마케팅에서의 가장 다른 점은 b는 상품에, a는 브랜드에 마케팅을 집중한다는 것이다. 그리고 보다시피 마케팅을 집중하는 단계에서도 차이가 있다. b의 마케팅은 b3의 일에 집중되어 있지만 a의 마케팅은 a1이 핵심이다. 물론 a2, a3에서도 마케팅은 이루어지지만 잠재 고객 확보(a1) 없이는 a2의 개발이나 a3의 판매는 구현될 수 없다. 순서의 전복으로 벌어지는 또 다른 일은, b의 형태에서는 그 상품의 시장 가치가 떨어지거나 애초에 시장에서 반응을 얻지조차 못할 수도 있는데 그것을 마지막 단계인 b3에서야 확인할 수 있다. 그렇게 되면 앞선 상품 개발(b1)과 판매(b2)가 대부분 무용지물이 된다. 하지만 a의 형태에서는 그 신뢰가 상품 자체에만 있지 않기 때문에 상품의 하향곡선이 진행되더라도 다른 상품들로 브랜드의 신뢰를 이어나갈 수 있다. a3이 아니라 a1에서 사람들의 신뢰를 확보했기 때문이다.

a의 프로세스가 가진 허들도 물론 있다. a1의 오디언스 즉, 잠

재 고객 확보가 되지 않는다면 다음 단계로 나아가긴 어렵다. 다만 a프로세스에서 잠재 고객 확보(a1)의 실패는 b프로세스에 선행되어야 할 열 길 물속에 가까운 시장 조사나 분석(b1), 그리고 상품 개발(b2)에 따른 리스크 비용보다는 훨씬 더 저렴하다.

지금의 많은 기업들이 콘텐츠에 사활을 거는 이유가 바로 여기에 있다. 상품으로는 인게이지먼트를 즉각적으로 확보하고 이를 신뢰로 이어가기 어려우나 콘텐츠로서는 오디언스를 확보하기가 수월하다. 오디언스가 확보된 상태에서 상품이 전개될 때의 장점을 이제는 대다수의 기업들도 모르는 바는 아니다. 하지만 앞서 이야기했듯이 기업이 a1을 먼저 선행하고 a2, a3를 진행하는 것은 구조적으로 쉽지 않은 일이다. 지금의 기업과 조직들이 난항을 겪는 이유는 상품 판매(b3)와 동시에 구매 고객뿐 아니라 잠재 고객을 만들고 쟁취하고자 하는 데서 기인한다. 이에 마케팅의 집중도를 분산시키거나 심지어 a1으로 포화하기도 한다. 잠재 고객을 만들기 위한 콘텐츠에 집중하고, 로열티를 가진 브랜드 팬덤을 만들기 위한 채널과 창구를 강화하는 일 등이 그에 해당한다. 몇 년 전만 해도 브랜드의 유튜브 채널 콘텐츠 제작과 광고 비용으로 마케팅 예산을 많이 책정하자는 전략에 동의하는 기업 임원은 거의 없었다. 몇 년 전만 해도 신규 고객이 아닌 기존 고객 대상 행사에 큰돈을 들이는 기업은 많지 않았다. 하지만 지금은 어떠한가?

만드는 것과 파는 일을 하나로

비즈니스 패러다임을 전환함에 있어 기업의 난항은 아직 많다. 어떤 브랜드가 b(상품에 집중하는)의 프로세스를 그대로 고수하면서 마케팅의 역량을 b3(마케팅을 통한 판매)과 a1(잠재 구매자를 확보하는 투자)으로 분산하면 자원의 이중고를 끌어안는 것은 당연지사다. 경기가 안 좋아지고 마케팅 비용을 줄여야 하면 먼저 칼을 대는 예산은 당연히 간접적인 마케팅 활동이라고 상정하는 a1쪽이다. 대부분의 기업이 그렇게 한다. 다들 브랜딩, 브랜딩 하면서도 정작 기업들은 브랜딩에 대한 믿음이 별로 없는 것 같다. 판매가 브랜드를 통해 체결되는 행위라고 믿지 않는 탓이다. 당장 돈을 지불할 대상에 집중하지, 돈을 지불하기 위한 신뢰 관계를 만드는 것은 2차적인 일로 미루기 십상이다. 물론 상품 자체로서도 가치를 제공하고 판매를 할 수도 있다. 아니 상품에는 본연의 가치가 분명히 있어야 한다. 그러나 상품 본연의 가치를 배가하고 가치를 효과적으로 전달할 수 있는 것은 사물(상품)이 아닌 인격(브랜드)이 훨씬 우월하다. 지금과 같이 모든 자원이 과잉인 세계에서 사람들은 어떤 물건 자체가 아니라 그 물건을 만들어낸 사람을 믿기에 그 물건을 신뢰하는 것을 우선시한다. 상품의 가치는 그것을 만들고 파는 사람의 가치를 토대로 구성된 결과다. 특히 a와 같은 프로세스에서는 브랜드와 잠재 고객 간의 관계가 상품과 소비자 간의 관계보다 더 앞에 있고 그래서 더 중요하다.

가치에 집중하기 때문에 상품과 소비자간 마케팅에는 how가, 브랜드와 잠재 고객간 마케팅에는 why가 마케팅의 주요 언어가 되는 것이다.

비즈니스는 기본적으로 상품의 개발에 있어 시장과 소비자를 분별하고, 그에 맞는 제품을 개발하여, 제품을 홍보하고 판매하며, 고객 관리를 하는 과정으로 이루어져 있다. 이를 다시 크게 두 가지 일로 분류하면 제품을 개발하고, 상품을 판다. 이 두 가지 행위의 반복이고 체결이다. 개발팀이 엄청난 신기를 발휘해 소비자들의 기호에 딱 들어맞을 제품을 선보이고 마케팅팀이 그기가 막힌 제품을 시장에서 폭발적인 인기를 얻도록 만드는 일. 아무도 예상하지 못했지만 어떤 독특한 상품이 세상에 갑자기 출연하여 히트하는 드문 일이 벌어지기도 한다. 하지만 그 상품의 판매 곡선은 곧 급격하게 떨어지고 만다. 그 신데렐라같이 성공한 제품을 따라한 유사 제품들이 촌각을 다투고 쏟아지며 그것들은 더 진화된 형태로 시장에 나온다. 필요하면 공격적인 가격경쟁력까지 갖춘 제품들로 말이다. 특히나 기발한 제품에 관한 사람들의 열기는 과거와 달리 급속하게 떨어진다. 그 제품에 대해서 사람들은 빛과 같은 속도로 간접 경험을 할 수 있는 미디어 환경에 놓여 있고, 그 기발함은 경쟁 상품들로 인해 더 이상 '기발한' 영역으로 존재하기 어려워진다. 당신은 한때 편의점 가판대를 동나게 했던 과자나 색다른 안마기, 입지 않으면 시대의 루저가 될 것 같은 패션 아이템과 같은 제품들에 얼마나 오랫동안 열광했는가? 아마 오래가지 못했을 것이다. 그것은 가치가 제품 그 자체에만 있기 때문에 벌어지는 결과 중 하나다.

지금 기업들이 해결하려는 많은 숙제들 중 하나는 바로 이 마케팅을 다시 정의하고 재배치하여 마케팅이 특정 단계에서 그저 소진하는 '비용의 일'이 되지 않도록 바꾸는 일이다. 나아가 마케팅 자체가 '브랜드의 자산'이 되게끔 하는 일을 목표로 한다. 마케팅이 브랜드 자산이 된다 함은, 쉽게 말해 마케팅을 수행하는 콘텐츠가 휘발성 강한 판매 호소가 아닌 제품과 브랜드의 가치를 담아 소비자의 문제를 해결하는 값어치 있는 무언가로 작동하는 일을 이른다. 그 콘텐츠가 여전히 브랜드를 증명하고 강화하는 중요한 해결책으로 잠재 고객들에게 작동한다면 그것은 브랜드 자산이다. 태워서 사람들의 시선을 집중한 뒤 이후에 더 이상 작동하지 않는 것을 비용이라고 한다.

마케팅이 그 자체로 브랜드의 자산이 되는 목표에 이르는 것은 차지하고라도, 먼저 지금의 진화된 시장에서 마케팅을 어떻게 효율적으로 개선하느냐는 당장 해결하지 않으면 안 될 중대한 문제가 되었다. 기존의 기업은 마케팅의 역량이 '상품을 판다'에서만 이루어졌지만 지금은 상품을 개발하는 쪽에서의 마케팅 이해가 높은 수준으로 강요된다. 상품의 승패 여부가 이미 개발 단계에서 이루어짐을 직시하고 있는 것이다. 마케팅이 수요나 시장을 발견하는 단계에서부터 효과적으로 사용되지 않으면 승부할 수 없다는 것을 깨닫기 시작했다.

실제로 컨설팅을 통해 브랜드나 기업을 진단해보면 그들의 우선 필요 순위 중 하나는 비즈니스의 전 과정에서 마케팅을 효율적으로 이식시키는 일이었다. 대표적인 노력은 개발팀과 마케팅팀의 소통을 높은 수준으로 개선하거나 심지어 그 두 팀을 일원화하는 시도까지 감행한다. 잘 만들어놨으니 잘 팔아보라는 생각은 더 이상 설 자리가 없다. 공들인 리서치와 분석을 통해 수요와 시장을 확인하더라도 모든 것이 풍족해 다른 한 끗이 필요한 지금의 세계에서 그 수요 예측은 과거와 같은 신빙성을 갖기 어렵게 되었다. 지금이라면 그 신빙성은 시장에서 소비자와 살을 맞대고 있는 마케팅 영역에서만 추출되어야 할 근거일 것이다. 하여 개발팀은 마케팅으로부터 출발해야 하고 마케팅은 개발 시점부터 이행되어야 하는 숙제를 안게 되었다. 예상하겠지만 개발팀과 마케팅팀의 커뮤니케이션은 쉽지가 않다. 개발팀이 기능과 성능에 집중한다면 마케팅팀은 소비자 요구나 판매와 관련된 숫자에 맹신한다. 서로가 서로의 화성어나 금성어를 구사하지 못한다. 또는 하려고 하지 않는다. '서로가 서로를 이해해야 강력한 조직이 된다'와 같은 교리를 강요해봤자 별로 효과가 없다.

2차 산업 시대 이후 일의 세분화와 단순함은 조직의 효율성을 가리켜왔다. 세분화된 일을 하는 것은 여전히 중요하지만 이것이 어떻게 전체에서 작동하고 역할을 하는지 그래서 자신의 그 작은 일이 어떤 가치를 갖는지 충분히 이해하지 못하고서는 이 높은 장벽을 넘을 방법은 없다. 자신의 일 이상의 전체의 일을 모두에게 이해시키는 것은 오히려 개개인의 혼란과 커뮤니케이션의 효율성을 저해한다고 여전히 믿는 관리자도 있겠지만 그러한 조직에 훌륭한 인재가 계속 존재할 이유는 앞으로 더 희박해질 것이라 생각한다. 물론 더 많은 이해와 설득을 하고 싶지도 않고, 스스로를 더 작은 정보에 가둔 채 반복되는 작업으로 자신의 '일'이 축소되기만을 희망하는 사람에게는 예외다. 그런 사람들은 이와 같은 조직을 반길 것이다.

위에서 말하는 전체의 이해는 일의 전체 프로세스와 모든 과정의 구현 이해를 뜻하는 것이 아니다. 안타깝게도 그것은 불가능한 일이다. 조직의 우두머리조차도 전체의 모든 일을 다 이해하고 확신하기는 어려울 수 있다. 그것은 자신의 일이 어떻게 전체의 일에서 작동하고 기여하는지를 확실히 하는 것에 준한다. 각 부분은 각각의 목표가 있지만 전체의 일은 목적에 의해 설득력을 갖추어야 한다. 목적이 없으면 각 부분은 서로의 목표만을 주장하게 될 것이다. 목표와 달리 목적은 서로 다른 언어를 쓰는 금성인과 화성인이 소통할 수 있는 좋은 프로토콜이 된다.

각 부분이 서로 원활한 소통을 하게 하기 위해 리더는 각 부분의 위상과 정의를 조율해야 한다. 예컨대 마케팅 파트는 더 이상 개발팀이 만든 걸 팔아주는 곳이 아니고 개발의 근거를 만드는 곳이어야 한다. 개발팀은 공학적인 접근이나 미적 가치만을 추구하는 곳이 아닌 소비자의 문제를 가장 높은 수준으로 이해하고 있는 곳이어야 한다. 선형적으로 어느 파트의 일에서 다음 파트의 일로 넘어가는 것이 아닌 그 파트의 일은 기필코 처음 파트의 일로 결부되는 원형적 프로세스를 구축해야만 한다. 조직에 따라서는 소통 채널을 만들고 그 채널이 유명무실해지지 않는 것을 관리하는 단위를 갖추기도 하며, 어떨 때는 아예 이들을 한 방에 넣어놓거나 각 부분의 주요 결정 사항은 다른 부분의 동의 없이는 진행되지 않게 강제하기도 한다. 그러니까 "개발팀의 제한 사항은 이렇습니다", "마케팅팀의 피드백은 이렇습니다"를 참고하는 수준으로는 모자란다.

마케팅이 백방 작동해야 하는 일이 바로 '시장에서 파는 일'이 아닌 '시장을 만드는 일'임을 합의한다면 마케팅은 이제 개발의 앞 단계에 선다. 상품으로 시장에 판명되는 것이 아닌 시장 즉, 대상으로 판매가 성립된다는 것을 합의한다면 개발은 마케팅만큼 아니 마케팅보다 대상을 이해하는 데 능해야 한다. 조직에 따라 기존 b의 프로세스를 어떻게 a의 형태로 바꾸거나 융화할 수 있는지 모색해내야 한다. 이것은 단지 조직의 구성원들이 원활한 소통으로 나아가고자 하는 계몽적 요식이 아니다. 만드는 것이 파는 일이고, 파는 것을 만드는 일로 융화하지 못하면 시장에서 제품이 성공할 수 없는 생존 문제를 해결하고자 하는 진화의 발로다.

만드는 것과 파는 것이 하나의 일이 되는 것은 기존 기업과 조직에서는 최고 난이도의 일에 가깝다. 새로이 조직을 만들고 브랜드를 만든다면 애초부터 만들고, 파는 일을 선형적 프로세스가 아닌 원형적 프로세스로 구성하는 것이 옳다. 기존의 조직들이 역할을 전복하기 위해 들이는 노력과 고생이 어느 정도인지 안다면, 브랜드 내부에서 서로 다른 언어를 쓰는 것은 절대 간과할 일이 못 된다.

상품이 아닌 가치를 구매한다

'소비자는 상품을 구매하는 것이 아니라 가치를 구매하는 것이다.' 마케터라면 마르고 닳도록 들은 명제일 것이다. 소비자가 가치를 교환하도록 만드는 일, 이것이 마케터의 일이다. 마케팅은 판매가 아닌 가치의 교환이라는 점을 환기해야 한다. 제품 자체가 소비자의 문제 해결이라는 명징한 목표로 개발되었다면 참으로 좋겠지만 안타깝게도 대부분의 마케터는 제품이 가진 부족한 지점(충족되지 않은 소비자의 문제해결)을 메꿔야 하는 숙명을 가지고 있다. 개발에 있어 부족했던 게 가치이듯 마케터가 거기에 채워야 할 것도 가치다. 당신은 제품을 소비자의 얼만큼의 시간과 교환한 것인가? 그것은 '어떤' 시간이었나? 소비자가 달리 무엇을 이루거나 해결할 수 있는 재화를 이용해 대신 당신의 제품과 교환한 것인가? 재화를 지불한 이후 소비자는 사라지는가? 어떤 소비자가 재화와 제품을 교환한 후 더 오랜 시간 더 많은 가치를 추가로 당신에게 제공하는가? 심지어 어떤 사람이 이 제품을 구매하지 않았음에도 자신의 시간과 노력을 맞바꾸어 당신에게 더 가치 있는 것을 제공하는가? 당신이 마케터라면, 아니 무언가를 파는 사람이라면 당신은 누구와 무엇을 교환하는지를 규명하고 그 교환을 그 대상에게도 내게도 만족스러운 일로 만들어야 한다.

자본주의가 붕괴되지 않는 이상 마케팅의 개념과 행위는 사라지지 않을 것이다. 제품이 적절한 대상과 잘 연결되도록 하는 전통적인 마케팅의 일은 자동화 시스템이나 AI가 무섭게 따라잡고 있다. 마케팅은 단지 물건을 잘 팔고 잘 사는 것만을 이르는 것이 아니라, 특정한 가치가 필요한 사람에게 돋보이게 하고 생각한 만큼의 또는 생각한 이상의 가치와 교환하는 것을 뜻한다. 가치로 접근할 수만 있다면 3백만 원짜리 가방이 아니라 2천 원짜리 붕어빵도 누구에게 어떤 가치의 산물인지 정의할 수 있고 그 가치를 증폭시킬 방안을 강구할 수 있다. 가치 교환의 매개로 마케팅을 재정의하고 기능하게 하는 것이 이제 우리의 일이다.

무언가 '팔아 치워'버리는 것이 아니라면 상품이 제공하는 문제 해결은 구체적이고 실질적이어야 한다. 필요를 충족하는 것도 문제 해결이고, 욕망을 해소하는 것도 문제 해결이다. 그런 의미에서 가치의 기준은 문제 해결의 성과도에 따른다. 성과도는 길이 남게 된다. 어쩌면 그 성과도는 판매 이후에도 개선될 수 있다. '팔아 치워'버리는 행위는 해당 시장, 해당 소비자를 다시 만나지 않을 보따리 장수에게나 허용될 일이다. 그곳에 브랜드는 성립될 수 없다. 아니 브랜드는 거기에 필요하지도 않다. 존속하는 비즈니스를 수행하려고 한다면 가치 교환의 의미를 아로새길 필요가 있다.

무언가를 사는 사람

시장에서 가치를 교환하는 대상을 고객이라고 부른다. 소설을 쓰듯 나와 대상의 페르소나를 잡고 누군에게만은 정확히 환호할 가치를 제정하고 그것을 잘 담아 명확한 언어와 섬세한 디테일로 모든 단계에서 연결하는 일련의 일들은 결국 어떤 대상(고객)과 가치를 교환하기 위해서다. 누군가는 이 대상을 구체적으로 계획하는 일들이 부질없거나 부차적인 일이라 비웃을 수도 있다. '가격을 5퍼센트만 인하 해도, 가판대에서 앞쪽에만 놓아도, 연예인 누군가가 썼다고만 하면 매출은 쉽게 상승한다. 고객은 군중심리에 취약한 그야말로 군중이지 개인이 아니다. 아니 대중은 몽매하다'라고까지 생각하는 사람도 있을 것이다. 그런 물건이나 시장도 여전히 존재한다. 하지만 고객을 깊게 이해하고 정교하게 전략을 구사하면 가격을 5퍼센트 인하하거나 배치를 다르게 하거나 셀럽을 활용하는 효과 역시 완전히 달라질 것이다. 우리가 가치를 발현하고 교환하는 데 있어 소비자, 고객이라는 개체는 이제 어떻게 규정하고 또 관계해야 할까?

소비자 니즈는 유형의 산물일 뿐

흔히들 마케팅 전략 단계에서 사용자 또는 소비자의 니즈*needs*를 중요하게 생각하곤 한다. 니즈를 바탕으로 상품 개발을 하고 니즈를 바탕으로 마케팅을 구사한다. 어딘가에서 니즈를 추출했다면 그것은 통계의 결과를 뜻한다. 어느 개인 한 사람의 필요를 소비자 니즈라고 정의하지는 않는다. 최근 시장의 결과를 통해 추론하고, 그 추론을 통해 마케팅의 전제 조건을 아래와 같은 소비자 니즈로 정의하곤 한다.

"해당 타깃은 가벼운 소재의 아웃도어 의류를 원한다."

"해당 대상층은 제로 칼로리의 탄산수를 우선시하는 경향이 있다."

"특정 세대의 신규 소비자들은 친환경적인 전기차 구매를 선호한다."

"해당 부류는 조금 더 비싸더라도 건강한 먹거리를 추구한다."

이 명제들은 시장에서 최근 증명된 결과를 바탕으로 저 대상들이 원하고 바라는 일이 무엇인지 유추해낸 결과다. 문제는, 이것을 참고하기 위한 명제라고는 하지만 점점 이 틀에 생각의 활로가 갇힌다는 것이다. 그렇다면 사람들이 '원한다'는 저 니즈의 실체 즉, 진짜 욕망은 무엇일까?

어쩌면 기존 아웃도어에서 사용되는 강렬한 대비의 컬러가 아닌 단조로운 컬러와 미니멀한 디자인의 제품들이 흥행했고, 그 제품들이 가벼운 소재를 선택한 것일 수도 있다. 해당 타깃은 가벼운 소재가 아니라 일상복에 가까운 애슬레저룩으로 입을 수 있는 디자인이 더 중요했으며, 예컨대 등산을 처음 접하는 진입층에게 산이 아니라 SNS에서 어떤 위상을 표현하고 싶기 때문인지를 알아야 할지도 모른다. 하여 기존 등산복 컬러에 테크니컬한 디테일이 가득한 디자인으로 개발 방향이 들어갔다가는 완전히 다른 결과를 낳을지도 모른다.

어쩌면 제로 칼로리로 음료를 마시는 것이 적극적인 체중 감량 의지 때문이 아니라, 당분 감소의 죄책감을 상쇄시키는 수준만 충족된다면 톡 쏘는 탄산수의 쾌감을 즐기는 기존 욕망의 마지노선은 어디까지인지 확인해야 한다.

전기차 구매에 우호적인 신규 고객층은 어쩌면 전기차의 쿨함을 사고 싶은 건 아닌지 규명해 보아야 한다. 그러면 내연 기관차를 흉내 낸 전기차와 전기차의 장점을 극대화한 전기차 두 개의 카테고리는 이 대상에게 완전히 다른 반응을 낳게 될 것이다.

건강한 먹거리를 찾는 대상에게 유기농 식품에 허용되는 추가 가격의 허용치는 어디까지일까? 유기농과 비유기농 사이에 대안은 없을까? 그게 장벽이라면 그저 단가를 낮추기 위한 노력이 아니라 구독과 같은 다른 판매 방식에 도전하면 어떨까? 그렇다면 고심해야 할 부분은 유통에 있을지도 모른다.

아시다시피 if가 달라지면 then도 달라진다. 하지만 마케팅 전략 구축 과정에서 믿을 수 없을 정도로 저 if가 쉽게 규정되는 것을 자주 발견한다. 많은 마케팅 프로젝트를 진행하며 소비자 니즈에 대해 내가 알게 된 건 세 가지다.

첫째, 소비자는 때로는 자신의 욕망을 니즈 뒤에 숨기곤 한다.
아이들은 무언가를 바랄 때는 대개 그것이 부모에게 합리적인 이유임을 피력한다. 다만 아이의 욕망은 눈에 뻔히 보이지만 우리의 욕망은 바로 옆에서도 쉽게 알아차리기 어렵다는 점이 다르다. 우리는 모두 합리적인 소비자를 자청한다. 그러나 욕망은 내밀하다. 밝히고 싶지 않은 욕망 앞에 이성적이거나 또는 합리적인 필요를 다는 일은 비일비재하다. 심지어 욕망을 숨기려 '나는 이런 이유 때문에 이것을 산다'고 주위에 공공연히 밝히기도 한다. 필요를 정당화하다 이내 그것이 합당한 이유로 자리매김한다. 욕망이 먼저 발현된 소비에서 우리는 그 소비에 스스로 필요를 부여한다. 비단 사치 품목에만 해당하는 이야기가 아니다. 전기차 신규 진입층의 소비자가 전기차의 쿨함을 찬양하는 것으로 보였지만 사실 경제성이 더 중요한 욕망의 근거였다면 전기 충전소 인프라 구축에 어떻게 기여하느냐 또 충전 방식을 어떻게 제공하느냐가 전기차 브랜드의 기준이 될 수 있다.

둘째, 편향된 소비자 층의 니즈, 즉 유행이라는 군중심리가 그 앞

에 작동하면 소비자는 진정한 니즈가 아닌 그저 유행에 편승하기도 한다.

그러한 이유로 그 유행은 급격하게 수그러들기도 한다. 복잡다단한 취향을 유행이라는 것으로 해석해버리면 편한 것이다. 무엇보다 사람들은 안전을 추구한다. 다수의 선택이 안전할 거라는 추측은 인간의 기본 심리다. 그러니까 이것은 진짜의 욕망은 아니다. 유행이나 군중심리 앞에서 사람들은 욕망이라는 이름의 불안을 느낀다. 멀리 여행 왔으니까 기꺼이 방송에서 소개한 식당에서 한 시간 줄을 서서 먹는 게 당연하다고 생각한다. 줄을 선 것을 보니 다른 사람들도 다 그것을 원하니까 또는 원하는 것 같으니까. 하지만 실상은 줄을 서 있는 사람의 대다수는 마찬가지로 멀리 여행 와서 누군가에게 검증되지 않은 식당에서 식사를 하고 싶지가 않다. 여행지에서의 식사는 일반 식사보다도 기회비용이 높다. 이 경우 쉽게 안전에 기대는 것은 어찌보면 당연하다. 만약에 맛이라면 자신 있었던, 방송에 나온 집의 옆 식당의 주인이 똑같이 타 방송 프로그램에 비용을 지불하고 똑같은 안전 심리의 게임을 하고자 한다면 의도했던 결과를 얻기 어려울 지도 모른다. 무슨 음식이냐에 따라 그리고 그 음식을 좋아하는 사람의 성향에 따라 그것은 〈생생정보통〉이 아닌 특정 미식 유튜버가 더 나을 수 있다. 반대로 사뭇 전문가인양 자신의 맛집이라는 곳을 소개하는 관찰형 TV프로그램보다 〈6시 내 고향〉이 나을 수도 있다. 그저 카메라가 돌아가니 찬사만 거듭하는 방송이 아니라 신뢰할 수 있는 미식 리더들이 선호하는 형태나 문화는 무엇인지 알아보고 해당 플랫폼이나 채널을 적극 활용하는 것이 더 현명한 대처일 수 있다.

셋째, 풍족함과 자본주의하에 사는 우리는 필요한 걸 살 것 같지만 원하는 걸 산다.

누군가는 부정하고 싶을지 모르지만 많은 사람들은 실제로 이렇게 행동한다. 나도 어떨 때는 가치관과는 상관없이 이런 선택을 한다. 필요한 게 없으면 불편하지만 원하는 걸 못 가지면 불행하다 느끼기 때문일 것이다. 행불행까지 논할 것도 없다. 당신이 들어간 마트의 카트와 쿠팡이나 컬리 같은 장바구니에는 쇼핑몰에 들어가기 전에 필요하다고 애초에 생각한 물건으로만 채워져 있는가?

소비자의 니즈^{needs}라는 명제에 현혹되기 전에 우리는 그 너머에 있는 언맷 니즈$^{unmet\ needs}$를 살펴봐야 한다. 언맷 니즈는 아직 발견되지 않은 내재적 필요로, 보이지 않는 욕망이라고 할 수 있다. 사람들은 욕망에 관해 스스로 명료하다고 생각하지만 플라톤에서 프로이트, 그리고 스티브 잡스가 밝혀왔듯이 기본 욕구 외에 인간은 자신의 욕망에 그리 밝지 못하다. 그래서 욕망을 쉽게 정의하고자 하는 경향이 있다. 욕망이 쉽게 정의되면 충족도 수월해지기 때문이다. 단순한 욕구들이 많은 층위로 쌓이고 거기에 취향과 위상에 관한 필터까지 씌워진다. 최종적으로 자신이 처한 결핍의 결과들까지 결합하여 도출되는 것이 '보이지 않는 욕망'이다. 소비자라면 욕망을 쉽게 해석해도 될지 모르지만 무언가를 파는 사람 즉, 가치를 제시하는 사람은 욕망을 쉽게 해석해서는 안 된다. "그냥 되게 매운 떡볶이가 먹고 싶어서"라고 소비자는 생각해도 되지만 판매자라면 매운 걸 먹던 학창시절이 떠오르게끔 식기를 갖추어야 할지, 중고등학교가 많은 골목길 내에서도 가장 매운 맛을 지향할지, 사람들은 매운 건 함께 먹는 걸 또는 홀로 먹는 걸 즐긴다는 패턴을 규정할지, 자신의 사업 상황에 맞게 파악하고 규명해야 한다.

상품이 가치를 담은 매개라면 구매는 가치의 욕망에서 발현한다. 소비자의 니즈가 보여지는 유형의 산물이라면 가치에 관한 욕망은 대개 그 뒤에 가려져 있다. 이것을 규명하기 위해서는 우리는 거대 다수가 아닌 특정한 사람의 마음부터 들여다보아야 한다.

트렌드라는 함정

브랜드 전략이나 마케팅 전략을 짤 때면 사람들은 해당 업의 시장 전망*Market Perspective*을 꼭 확인한다. 물론 그것을 통해 거시적인 흐름을 파악할 뿐 사업 방향의 중요한 사안을 결정하지는 않는다. 요식업을 결정할 때, 관계형 O2O서비스를 개척할 때, 시장

관점으로만 분석하고 비즈니스 전략을 짤 수는 없다. 그 거시적인 그림으로부터 미시적 관점 즉, 사람들(소비자)의 중요한 가치를 발견해내는 단서를 찾는 것이 그 목적이어야 할 것이다. 그럼에도 불구하고 시장을 리뷰할 때 발견되는 소비자 니즈와 마찬가지로, 유행하는 또는 유행할 거라고 예상되는 '트렌드'는 사업 구도를 결정함에 있어 강력한 인자로 작동하곤 한다.

보이지 않는 안갯길에서 다수가 향한다는 어떤 방향은 매력적이면서도 안전하게 보인다. 보통 우리는 트렌드에서 취할 것을 취하고, 버릴 것을 버린다는 각오로 들여다보지만 소비자 니즈와 마찬가지로 나도 모르게 그것을 전제조건으로 규정하고 갇히는 경우가 많다. 자성에 이끌리듯 그 방향을 결정하고는 그 길에서 앞선 플레이어들이 놓친 것은 무엇인지, 그들과의 차별점은 무엇인지만을 고민하며 어느새 더 깊은 단계의 전략으로 내달리고 만다.

트렌드라는 개념에서는 대상이 소비자 니즈로 지칭되는 대상의 단위보다도 더 방대해진다. 그래서 트렌드 그 자체보다도 그 트렌드가 성립된 혹은 성립될 거라 주장하는 전후의 근거를 살피는 것이 더 중요하다. 이제 'MZ가 아니라 액티브 시니어가 트렌드'라고 해서 내년부터 시니어 대상의 신규 상품을 개발할 건 아니지 않은가. 트렌드가 내 브랜드, 내 제품과 연루된 정확한 정황을 읽어내지 못한다면, 연말이면 서점을 점령하는 그 흔한 트렌드 지침서들로 인해 오히려 비즈니스의 방향을 호도하게 된다.

제품 판매에 있어 소비자의 니즈를 확인하고 트렌드를 확인하는 일은 인류가 자본주의로 접어든 이래 가장 편리한 일이 되었다. 트렌드는 더 이상 특정 전문가의 혜안으로 점지될 일도 아니며 데이터는 차고 넘친다. 내가 하려는 업에서 감지되는 트렌드는 무엇인가? 기존 F&B 비즈니스를 확장하려고 하는가? 1인 가정에 맞는 밀키트를 내는 게 유리하다고 트렌드는 말해준다. 장사가 시원찮은 요식업 매장이 문제인가? 레트로 콘셉트의 노포 스타일 매장으로 변경하면 수요가 많을 거라고 트렌드는 말한다. 트렌드를 실제로 구현하기 위한 매뉴얼과 레퍼런스 역시 가득하다. 그러나 설령 시장의 니즈와 트렌드를 잘 구현한다고 해도 트렌드는 급변하고 또 그 자체로 역동적이다. 누구도 자신의 브랜드가 올라탄 트렌드의 몰락과 함께하길 바라진 않을 것이다.

모든 트렌드는 소비자 니즈와 마찬가지로 데이터를 기반으로 추출된다. 그것을 읽어내는 사람에 따라, 그것을 어떤 방향으로 바라보느냐에 따라 통찰의 결과는 달라진다. 내가 고객이라고 생각하는 사람, 내가 시장이라고 생각하는 곳, 내가 전달할 수 있는 가치에 따라 그 데이터들을 융합해내야 하는데 물론 쉬운 일은 아니다. 요즘은 데이터가 풍부해서 아이템 개발이나 마케팅 근거를 확립하기 쉬워 보이지만 데이터에서 보이지 않는 욕망을 읽어낼 수 있는 시각을 가지지 못한다면 데이터는 '꽤나 시사하는 바가 많은 숫자'에 불과하다. 소비자 니즈, 트렌드, 빅데이터와 같은 정보에서 우리는 유형의 가치뿐 아니라 무형의 가치를 집요하게 규명해야만 한다. 무형의 가치를 규명할 때 가치를 극대화하고 고객과 현명하게 관계할 수 있는 방안도 나오게 된다 (무형의 가치를 규명하는 일은 뒷장에서 다룬다). 다수의 길과 같거나 다름이 중요한 것은 아니다. 트렌드는 하늘에서 내린 지령이 아니다. 시장을 관철하는 고객 경험을 완성하고 그것이 누군가 따라하고 싶은 정도가 되면 우리는 그것을 트렌드라고 부른다.

고객이 아닌 청중

제품을 구매하는 사람을 고객이라고 한다. 그렇다면 내가 믿는 것을 상대방도 믿고 그 가치를 교환하고자 하는 사람은 무엇이라고 불러야 할까? 가시적인 행동에서는 결국 구매(교환)를 하기 때문에 고객이라고 하지만 이들은 그저 고객은 아니다. '단골 손님'이라는 말이 그와 유사한 뜻일 수 있다. 어느 매장의 단골 손님 중에 늘 와서 구매하는 상품은 있지만 이 매장의 주인이나 직원과는 전혀 유대감을 쌓지 않거나 심지어 이들을 싫어하는 사람이 있을 수 있을까? 어쩌면 고약한 주인은 딱 질색이지만 그 사람만 만들어낼 수 있는, 오로지 그 제품만이 내 마음에 딱 드는 경우가 있을 수는 있겠다. 하지만 지인에게 그 매장에 가서만 살 수 있는 그 제품을 추천할지는 모르겠다. 제품의 구매는 매장에서의 경험까지 포함되는 총체적인 결과이기 때문이다. 한 단골 손님이 늘 구매하던 것이 한 계절에만 생산 가능한 (단가를 맞출 수 있는) 자재로 만든 물건이라면 그 손님은 그 제품이 생산되지 않는 다른 계절에는 그 매장을 찾지 않는다. 만약 그 고약한 주인에게서 내가 생각하는 장인의 신념이 보이고, 하여 그 주인의 방식과 고집을 신뢰할 수 있게 된다면? 그러면 그 단골 손님은 늘 사던 그 하나의 제품만이 아니라 그 주인이 '그러한' 방식으로 만든 다른 제품에도 신뢰를 가지게 된다. 이를 브랜드라고 한다. 제품만으로 할 수 없는 그 이상의 것, 제품뿐 아니라 상점의 가치를 신뢰하는 것을 뜻한다. 이 단골 손님은 다른 계절에도 이 매장을 찾아 더 많은 다른 제품들을 구매할 수 있고, 지인들에게 장인정신이 깃든 제품의 소개도 서슴지 않을 것이다. 제품의 가치만으로는 닿을 수 없는 브랜드의 가치가 여기에 있다. 특정 가수의 팬이라고 하지 특정 노래의 팬이라고 하지는 않는 것처럼. 이렇게 브랜드의 가치를 동의하고 신뢰하는 사람을 말 그대로 팬 또는 로열 오디언스라고 한다.

팬들은 브랜드나 제품과 하루아침에 사랑에 빠지는 것은 아닌지라 관계가 구매의 이전부터 연결되어 있다. 또 제품을 구매한 순간에 가치를 모두 돌려받는 것이 아니라 구매 전부터 구매 후까지 브랜드나 제품으로부터 일정 기간 (때로는 영원히) 지속적으로 가치를 전달받기 때문에 오디언스(청중)라고 불린다. 구매자는 돈을 지불하면서 그 순간 가치를 책정하는 반면, 오디언스는 계속해서 경청하며 가치를 획득한다. 그래서 오디언스는 제품의 물성 가치로서만 형성될 수 있는 대상이 아니다. 많은 기업이나 브랜드가 지금 마케팅 전략에서 혼란을 겪는 이유 중 하나는 그 전까지 잠재 고객과 소비자로 쉽게 구분하던 대상을 오디언스의 개념으로 치환하는 데 따른다. 오디언스는 단지 구매 전과 구매 후로 나눌 수도 없고 제품의 물성으로만 구매 전환을 확신할 수도 없다. 기존의 CRM*Customer Relationship Management*이라는 개념을 들고는 있지만 어떻게 로열 오디언스를 구축하고 또 관계를 맺어야 하는지 모르는 기업이 여전히 많다. 이는 대부분 가치 중심이 아닌 제품 중심으로 대상과 관계를 맺기에 해결되지 못하는 문제들이다.

오디언스와의 관계가 구매 이전부터 연결된다는 것은 전통적인 마케팅 개념에서는 광고와 홍보를 뜻한다. 길에 세워진 입간판이 잠재 고객의 눈길을 끌려면 잠재 고객이 지나가는 길에 입간판이 세워져 있어야 하고, 그 입간판은 잠재 고객의 관심을 끌 만해야 한다. 인터넷으로 치면 '지나가는 길'이 내가 유튜브에서 특정 관심사로 서핑을 하다 '우연히 마주친 영상'이고, 며칠 전 구글에서 어떤 검색을 한 후에 인스타그램 피드를 내리다가 발견하는 '관련 릴스'가 된다. 그렇다면 이제 고객 확보와 오디언스 확보를 위해 관심을 사는 지점이 달라야 한다. 이 제품이 당신에게 왜 필요한지, 이걸 소유하지 않으면 당신이 얼마나 불행할지로 지갑을 정조준하는 관심이 아니다. 그것은 노래를 들어보지도 못했는데 콘서트 티켓을 파는 것과 다를 바 없다. 예전에는 방송이나 라디오가 아니라면, 개별 구매로 음원을 다운로드 하지 않는 이상 음악을 들을 수 없었다. 하지만 지금은 음악을 거의 무료로 들을 수 있다. 그것들을 들어보고 콘서트에, 팬미팅에 오게 한다. 그 이후 기꺼이 그들의 굿즈와 물리적 앨범까지 사게 한다. 물론 스트리밍 플랫폼을 통해서도 뮤지션은 수익을 얻지만 기본적으로 내 음악의 가치를 먼저 (거의 무료로) 증명하고, 콘서트 티켓을 판다는 개념적 프로세스는 과거와 완전히 달라졌다.

그 길목, 그것이 인스타그램이든 유튜브든 우연히 읽은 블로그든 거기에서 당신의 관심을 끌어야 하는 것은 제품(콘서트 티켓)이 아니다. 당신의 관심을 끄는 것은 당신의 '문제 해결'이다. 여기에서 음악은 왜 제품이 아니고 문제 해결이냐면, '괜찮은 lofi 힙합을 듣고 싶은데 괜찮은 게 없을까?'라는 누군가의 문제를 어쩌면 그 음악이 해결할 수 있기 때문이다. 그런데 내 문제(괜찮은 lofi힙합을 듣고 싶은)를 그들이 어떻게 아는가? 로열 오디언스를 만들려는 그들은 알고 있다. 그들은 당신이 중요시하는 가치와 그를 바탕으로 당신이 가진 (또는 가졌을 수도 있는) 문제를 고민했다. 그래서 그 문제를 해결할 수 있는 방법을 입간판에 넣어둔다. 게다가 AI가 당신의 문제를 그들에게 고스란히 일러바친다. 뭔가를 팔아먹겠다는 제의는 기어코 뿌리칠 당신이지만 그것이 지금 내가 고민하고 있는 문제의 답을 찾을 수 있는 실마리라면 외면하기 어렵다. 그렇게 문제 해결 방안을 열람한다. 보통 그것이 콘텐츠로 구성되어 있는 이유다. 그들이 풀어놓은 방식에서 그들의 생각을 읽고 그들의 가치관을 읽는다. 종국에 가서 이 제품이 없으면 문제를 해결할 방법은 없다는 장사치 같은 반전은 없어야 한다. 설령 당신의 문제가 그로써 해결되지는 않더라도 최소한 당신은 거기에서 그들과 관계해야 하는 이유는 찾았다. 당신이 희망하는 방식의 풀이를 그들은 구사하고 당신의 언어로 그들은 이야기할 줄 안다. 제품 하나 등장하지 않는 즉, 오디언스와의 '구매 이전' 관계 구축은 이러한 식으로 이루어진다. 이것이 구매 전환을 바로 달성하고자 했던 기존의 호객 행위와 다른, 오디언스를 구축하는 방식이다.

당신이 오디언스를 구축하는 브랜드라면 한 가지 유의할 점은, 처음에는 타깃 페르소나가 아마도 가장 많이 다니는 길이라고 생각되는 유튜브나 인스타그램과 같은 곳에 콘텐츠 즉, 입간판을 세워두는 것이 합리적일지 모르나 궁극적으로는 거대 플랫폼 내에서는 언제나 위험이 도사리고 있다는 사실이다. 경쟁 브랜드나 경쟁 콘텐츠를 말하는 것이 아니다. 당연히 경쟁 콘텐츠보다 읽을 만한, 볼 만한 가치가 있기 때문에 사람들이 당신의 말에 귀 기울이고 있는 것이니까. 사람들이 쉽게 간과하는 것이 있는데, 메타나 구글의 피드 알고리즘은 바로 그들의 비즈니스 모델이라는 사실이다. 수년 전, 홈 화면 노출을 수익 우선으로 바꾸면서 네이버 블로그는 어떻게 되었는가? 페이스북이 광고 정책을 바꾸면서 피드는 어떻게 달라졌는가? 그로 인해 그곳에서 당신의 콘텐츠 조회수는 어떻게 달라졌는가? 사용자들이 떠나면서 네이버 블로그와 페이스북 모두 사업 단위로 존폐의 위기에서 벗어나지 못하고 있다. 유튜브 알고리즘과 인스타그램 알고리즘은 이 시간에도 변화하고 있다. 우리가 알 수 있는 건 정책의 변화 시, 그들이 공지하는 내용이 다다. 수억 원씩 페이스북에 마케팅 비용을 쏟던 기업들도 한순간에 플랫폼 내 브랜드 페이지가 사막화되는 것을 경험하며 그 돈을 이제 다시 예전에 버렸었던 오운드 미디어*owned media*에 집중하고 있다. 거기에서 멤버십을 만들고 그곳에서 사람들이 가치를 읽을 수 있도록 끌어들인다. 비단 대기업들만의 얘기가 아니다. 콘텐츠의 연결과 소통 방식에 있어서 거대 플랫폼의 논리로부터 독립성을 확보할 수 있는 보완책이나 방법을 부단히 강구해야 한다.

이 지난해 보이는 오디언스 관계 구축은 전통적인 고객 확보 프로세스로 보면 배부른 소리나 어쩌면 도박과 같은 일로 보일 수도 있다. 그러나 사실 애초부터 브랜드가 단단히 구축한 가치를 구현하는 것으로 제품을 생산하고 판매한다면 이 일은 '부가적인 막노동'이 아니라 자연스러운 브랜드의 가치 구현 행위와 다를 바 없다. 뮤지션은 콘서트장이 얼마나 웅장할지, 콘서트가 얼마나 재미있고 감동적일지 선전할 게 아니라 자신이 믿는, 자신의 음악을 잘 만드는 것이 첫 번째 일이다. 그렇지 않을 경우, 기존의 고객 확보 프로세스에 대입하자면 콘서트가 돈이고 음악은 무료라서 무턱대고 콘서트라는 제품만을 팔려는 것과도 같다. 음악을 좋아하지 않고, 뮤지션과 유대가 이루어지지 않고 어떻게 콘서트를 갈 수 있단 말인가.

　거대 아이돌 기획사는 유튜브에 누구나 무료로 볼 수 있는 뮤직비디오를 엄청난 비용과 노력을 들여 제작한다. 음악을 듣는 게 아니라 보는 시대고, 유튜브가 음악이 확산될 수 있는 가장 효과적인 루트임을 안다. 게다가 어느 국가권, 어떤 대상에게 어떤 식으로 전달해야 하는지 뮤직비디오를 통해 치밀하게 기획한다. (유튜브 조회로 인한 수익은 차지하고) 유튜브에 뮤직비디오를 내는 것이 기획사의 수익 구조에 직접적이고 유의미한 이익을 가져다줄까? 기획사는 방송국을 방불케 하는 자체적인 방송 시스템을 만들어 아이돌이 앨범 활동을 하고 있지 않을 때도 이들의 유튜브 영상을 끊임없이 제작하고 송출한다. 간헐적 앨범 발매와 상관없이 팬과의 관계를 지속적으로 단단히 부여잡고 있는 것이다. 무엇을 기대하기에 기획사는 이런 일들을 하는 걸까?

　하이브 산하에는 많은 회사들이 구성되어 있고 각 계열사마다 역할이나 담당 뮤지션이 다르다. 이 계열사들 중 BTS 소속인 '빅히트엔터테인먼트'를 제외하면 2022년 기준, 가장 큰 매출을 내는 곳은 '위버스컴퍼니'다. 위버스는 하이브 아티스트들의 팬덤을 확장하고 그를 통해 수익을 내는 플랫폼으로, 2022년 위버스의 매출은 3천 억이 넘었다. 어도어와의 이슈로 내홍을 겪고 있지만, 하이브 포트폴리오의 가장 확고한 비전은 위버스를 위시한 팬덤의 멤버십 수익이다. 왜 뉴진스에게 CJ 회장님이나 루이비통 회장님보다 팬클럽인 '버니즈'가 중요한지 이해가 가는가?

뉴진스는 유튜브에서 그들의 콘서트 티켓을 홍보하지 않는다. 그들의 콘셉트에 최적화된 뮤직비디오를 보여주고, 다양한 무대와 퍼포먼스를 보여주고, 자연스러운 일상을 보여준다. 그들의 가치를 보여주는 방법을 고도화된 시스템으로 수행하고 있는 것이다. 이들의 가치에 동의하고 좋아하고 결국 버니즈에 가입하는 것이 바로 로열 오디언스의 단계가 되는 것이기 때문이다.

어떤 문제를 해결해주는가?

오디언스의 관계 구축은 기본적으로 팬덤을 구축하는 것과 같다. 거대 기획사가 하는 수준의 질적 양적 콘텐츠 싸움을 하자는 게 아니다. 잠재 고객을 끌어올 입간판의 기능으로 쿠키 가게에서 뜬금없이 주인장의 에세이 블로그를 운영하자는 것도 아니고, 의류 쇼핑몰 화면에 매니페스토를 띄워놓자는 것도 아니다. 핵심은 문제 해결이다. 쿠키를 살 만한 사람들은, 20대 여성 의류 쇼핑몰에서 물건을 구입하는 사람들은 어떤 사람들이고 어떤 문제에 봉착할 수 있나? 만약 쿠키 가게가 건강한 쿠키를 만드는 것을 목표로 하는 곳이라면 건강한 쿠키를 구매하는 사람들에게 어린 자녀가 있을 확률이 얼마나 될지 생각해볼 일이다. 하여, '우리 아이에게 만들어주면 좋아할 건강 간식 레시피' 이런 제목의 쇼츠 영상을 만들어보는 것은 어떤가? '7~9세 아이에게 건강하게 만들어줄 수 있는 15분 레시피'로 메시지를 더 다듬어볼 수도 있다. 7~9세 아이의 엄마가 아니면 대상이 안 될 거라는 걱정은 접어둬도 된다. 뾰족할수록 더 깊게 꽂히고 누군가 깊게 꽂히는 것에 다른 누군가도 관심을 가진다. '365일 다이어터에게 추천하는 간단한 간식' 이런 시리즈도 가능할 것이다. 쿠키 가게에서 쿠키를 팔아야 하는데 레시피들을 알려주는 게 맞나? 맞다. 그 레시피는 그 쿠키 가게에서 파는 쿠키 레시피가 아니니까. 물론 매장의 상황에 따라 이런 콘텐츠를 만드는 일이 어려울 수도 있다. 그렇다면 최소한 매장 앞을 지나가는 행인들은 쿠키 가게의 쇼윈도에서 '건강한 쿠키'의 실마리를 얼마나 확인할 수 있는지 생각해봐야 한다. 가게 앞에 붙은 두 개의 메시지가 있다. 하나는 '우리 가게 쿠키는 건강한 재료로 만들어졌습니다'와 다른 하나는 '맛없이 건강한 쿠키는 싫어요~'다. 두 메시지는 어떤 차이를 보이는가? 첫 번째 메시지는 제품의 가치만을 부각하고 있고, 두 번째 메시지는 브랜드의 가치를 더 부각하고 있다. 두 메시지 모두 팩트를 증명할 근거가 없지만 지나가는 행인이 얼핏이 짧은 메시지를 본다고 감안해보자. '건강한 재료로 만들어졌다'는 것을 왜 믿어야 하는가. 그 문장의 주어는 '우리 가게 쿠키'다. 반면, '맛없이 건강한 쿠키는 싫다'는 말의 숨은 주어는 바로 주인장이다. 주인장이 그런 게 싫다는 것을 메시지를 읽는 사람도 느낄 수 있다. 그를 통해 맛의 자신감과 건강함을 다 챙긴 긍정적인 확대 해석이 된다면 금상첨화다. 7~9세 아이, 365일 다

이어터, 15분 레시피, 맛없는 건강함이 아니다… 이것들이 이 쿠키를 구매하기 적당한 대상의 적절한 문제 해결 단서다. 쿠키 가게를 운영하는 당신을 문제 해결을 도와줄 수 있는 사람이라고 믿게 하는 것, 그것이 오디언스를 만드는 핵심 요소다.

여성 의류 쇼핑몰이라면 어떤 사전 관계 맺기가 있을까? 쇼핑몰 공식 인스타그램에 잔뜩 신상품 출시 정보나 제품 착장 이미지만 올리고 광고까지 돌리는 것보다 마찬가지로 이들의 문제 해결에 집중하는 것이다. '4월 한강 데이트룩 best 3', '4개의 아이템으로 연출하는 10개의 상황별 코디' 이런 콘텐츠들은 단지 제품 착장을 보여주는 것보다 잠재 고객의 직접적인 문제 해결을 제시할 수 있다. 이러한 정보 자체가 이 쇼핑몰의 안목을 증명하고, 어떠한 안목으로 제품들을 선별하고 판매하는지 대상으로부터 알게 한다. 나아가 이러한 안목에 동의하고 재구매를 많이 하는 구매자들의 안목까지 다른 잠재 고객에게 문제해결의 정보로 기능하게 할 수도 있다. '이 주의 코디 랭킹'으로 사람들의 관심은 물론 랭킹에 따른 추가 혜택을 선사하면서 사용자 참여를 독려하면 어떤 일이 벌어질까? 맴버십 확보의 장치로서도 유용하며, 무엇보다 쇼핑몰이 가진 '안목'을 로열 오디언스를 통해 확장하게 되는 것이다. 간단하게 유추해보자. 쇼핑몰의 신제품 출시 회전 시기는 얼마나 되는가? 신제품 출시 때만 광고를 집중하여 그것도 광고하는 그 제품이 눈이 휘둥그레질 정도로 매력적이어서 겨우 쇼핑몰에 재방문하게 하는 일은 얼마나 많은 비용이 들어가는 일인지 상상해보자. 반면, 4월 데이트룩, 5월 하객룩… 매 시즌 아니 매주 확인해볼 만한 가치가 있는 정보(그 정보에는 제품까지 포함된다!)가 있다면 재방문율은 어떻게 달라질까? 심지어 쇼핑몰이 제공하는 코디 정보뿐 아니라 나와 비슷한 체형이지만 패션 센스가 높은 다른 일반인들의 코디를 확인하고픈 욕망은 어떠할까?

이 대상을 '오디언스'라고 지칭하는 이유는 계속해서 경청하기 때문이다. 구매 이전에도 구매 이후에도 이는 이루어진다. 기존의 제품 가치만을 피력하는 구매 전환 메커니즘으로는 이 지속적인 경청 행위는 이루어지기 어렵다. 이것이 판매자(브랜드)가 가치 정립을 먼저 해야 하는 이유다.

이는 구매 과정에서도 여실히 작동된다. 작은 쿠키 가게도, 의류 쇼핑몰도 수많은 기술과 언어와 디자인에 의해 구성된다. 쿠키 자체가 그럴 것이요, 제작하거나 수급하는 의류 자체가 그럴 것이다. 매장의 간판도 있고 테이블의 냅킨도 있다. 쇼핑몰의 모바일 환경이 있고, 결제 시스템에서 회원 관리 시스템까지 다양한 요소로 구성된다. 그것은 모두 주인장(브랜드)의 선택에 의해 구성된 요소다. 그 선택들은 하나의 가치로 향하고 있는가? 오디언스가 저렇게 경청하며 믿어왔던 안목과 가치가 그에 반하는 냅킨이나 응대 또는 모바일의 환경, 멤버나 단골에게 주는 혜택에서 그 가치에 위배된다면 그래서 고개가 갸우뚱해진다면 구매 전환은 발목이 잡힌다. 재구매는 답보한다. 단골 손님도, 팬도, 로열 오디언스의 구축도 가치의 일관성이 무너지면 그 신뢰도 그만큼 금이 가는 것이다.

커뮤니티, 사랑에 빠진 사람들

브랜드나 제품의 무형의 가치가 손에 잡힐 만큼이나 분명하다면 그 가치는 구매의 행위에서만 작동하고 사라지지 않는다. 구매 이전부터 착실히 쌓아온 신뢰의 주춧돌 위로 구매 이후 계속 그 제품을 사용하고, 하물며 단지 그것을 바라보는 것만으로 가치는 빛을 발한다. 이렇게 제품의 가치를 사랑해 마지않는 사람들은 그저 고객이 아닌 브랜드의 팬이라고 해도 모자람이 없다. 아마 모든 브랜드가 고객에게 기대하는 최상의 결과일 것이다. 다만, 고객이 제품을 사용할 때마다 그 효용이 감동을 준다면 더할 나위 없겠지만 인간의 뇌구조상 어떤 자극도 동일한 형태와 세기로 지속되기는 어렵다. 이때, 그 물건을 여전히 사랑하는 타인의 레퍼런스는 내가 계속 그 물건을 사랑하는 데 있어 지대한 교보재가 된다. 행복해서 웃는 게 아니라 웃으니까 행복하다 하지 않던가. 그 제품을 보고 웃는 다른 사람을 목격하면서 우리는 다시 그 제품과 연결된 자신의 행복을 돌이켜본다. 그 레퍼런스를 보며 사랑할 수 있는 다른 시각을 찾거나 다시 한번 힘내서 자신도 이것을 사랑하고, 이 사랑을 겉으로 드러내 보이기까지 하면 레퍼런스를 가진 서로가 서로에게 시너지를 내며 사랑은 강화된다. 혼자 어떤 뮤지션을 좋아하는 것보다 팬클럽에서 그 뮤지션을 좋아하는 것이 오래가는 이유와 같다. 브랜드로서 팬을 팬 하나로 두어서는 안 되는 이유가 여기에 있다. 그 사랑을 확인할 다른 팬을 기꺼이 만나게 해줘야 한다.

기존에는 무언가를 좋아하는 사람들끼리 알아서 만나서 사랑을 돈독히 키워왔다면 이제 브랜드는 팬과 팬이 서로 만날 수 있는 커뮤니티를 기꺼이 만들기 위해 온갖 노력을 다하게 되었다. 과거 아이돌의 팬덤과 현재 아이돌의 팬덤이 어디에서 구축되고 강화되는지를 보면 알 수 있다. SM엔터테인먼트는 H.O.T.가 더 많은 방송과 전국의 더 많은 행사에 뛰게끔 하는 데 열심이었을 뿐 그들의 팬클럽은 팬들 스스로가 조직화하고, 팬클럽 사이트를 만들고, 버스를 대절하고, 응원 용품을 제작했다. 지금 뉴진스의 팬클럽인 버니즈는 어도어의 엄청난 정교함으로 구축된 팬덤 시스템을 바탕으로 작동한다. 뉴진스는 버니즈와 먼저 인사하고, 버니즈에만 특정 콘텐츠를 제공하고 버니즈를 먼저 초대한다. 언제나 버니즈가 우선이다.

2023년 5월 어느 날 영종도의 드라이빙센터에 보타이에 수트와 반반지를 입은 사람들이 무리 지어 브롬톤 자전거를 탔다. '브롬톤 월드 챔피언십 코리아'라는 이 행사는 코로나19가 성행한 지난 3년 동안 개최되지 못하다가 이날 진행되었는데 마침 엄청난 폭우가 내렸다. 이 행사는 심각한 레이싱 대회가 아니다. 애초에 그런 차림으로는, 그리고 폴딩 자전거로는 자전거 레이싱 대회는 어울리지 않는다. 이는 오래된 브롬톤의 문화 행사다. 클래식한 보타이와 수트 상의에 캐주얼한 반바지 차림은 영국 브랜드인 브롬톤이 추구하는 가치를 잘 담고 있으며 그 문화를 보여준다. 몇 해 전 그 디자인 특허가 풀리면서 브롬톤의 혁신적인 폴딩 방식을 카피한 더 가볍고 3분의 1 가격의 중국산, 대만산 모델이 속출했다. 하여 브롬톤 자전거의 가성비가 어떻네, 거품 가격이네, 자전거 성능이 어떻네 폄하하고 싶은 사람들이 잔뜩이지만 그러거나 말거나 브롬톤은 어느 때보다 높은 인기를 구가하고 있다. 재고가 모자라 웨이팅에 몇 달이 걸리고, 이날과 같이 폭우가 내려도 수트를 입고 브롬톤 행사에 참여하는 것을 불사하는 사람들이 가득하다.

가치에 동의하지 않은 사람들이 내세울 수 있는 반론이 얼마나 있건 상관없이 그 가치에 동의하는 사람들은 그 가치에 재화를 지불한다. 재화를 지불할 뿐 아니라 사랑도 피력한다. 이 브랜드를, 이 제품을 사랑하는 사람들에게는 이런 커뮤니티 행사는 그 사랑을 확인하는 장이 된다. 기존 고객은 그 행위에서 다시금 제품의 사랑으로 복리 이자를 얻는다. 브롬톤 구매를 고려하는 사람들에게는 또 다른 갈망의 도화선이 된다. 그로써 이런 모임에, 이런 커뮤니티에 소속되는 것은 브롬톤 가격에 포함되는 가치가 된다. 브롬톤이 팬과 팬이 서로 만날 수 있는 커뮤니티 행사를 공들여 진행하는 이유는 이런 행사가 브랜드의 가치를 견지

하는 주요 동력임을 알고 있기 때문이다. 유사 제품들과 비교해 더 무거운 무게와 더 비싼 가격의 차이를 브롬톤은 그러한 가치로 상회한다.

　브랜드의 커뮤니티는 특정 이벤트뿐 아니라 물리적인 공간으로까지 확대된다. 일본의 캠핑 아웃도어 브랜드인 스노우피크는 2024년을 목표로 지난 50년간 일반인에게 공개되지 않았던 울창한 숲과 녹지가 자연 그대로 보존된 용인 에버랜드 2만 평 부지의 땅에 스노우피크 캠프필드를 오픈한다고 한다. 캠핑과 글램핑 공간은 물론 아웃도어 복합 리조트도 구성된다. 이 공간은 캠핑에 진심인 사람에게도, 캠핑이 처음인 사람에게도 최상의 아웃도어 경험을 줄 것으로 예상한다. 일본에는 이미 많은 지역에 스노우피크의 캠프필드가 존재한다. 수백 년 된 삼나무와 원시림 속에 있는 오쿠히타의 캠프필드나, 세계적인 건축가인 쿠마 켄고가 디자인한 하쿠바의 캠프필드, 자연친화적 숙박형 캠프리조트가 있는 니가타 현의 캠프필드 등 이미 다양한 캠프필드를 운영 중이다. 특히 니가타의 캠프필드는 스노우피크의 헤드쿼터가 있는 곳으로, 스노우피크 제품을 만들기 위해서는 이를 사용하는 사람들이 있는 곳에서 제품을 만들어야 한다는 스노우피크의 철학이 반영되었다고 한다.

　미루어 보건대, 용인의 캠프필드를 한낱 브랜드 홍보 공간이나 캠프필드 내 존재하는 스노우피크 스토어의 판매 창구 정도로 생각하며 이 엄청난 공간을 여는 것은 아닐 것이다. 이곳의 숙박객과 방문객의 아이템 매출? 이 정도 부지를 개발하고 유지하기 위해서 드는 비용에 비하면 그 비중은 이 장소의 주요 목적으로는 부족하다. 제품 체험을 위한 피크닉이나 데이캠프 등으로 인한 간접 홍보 효과는 무시하기 힘들지만 무엇보다 이 공간의 저력은 스노우피크 커뮤니티의 확장에 있다. 그렇다고 캠프필드가 스노우피크 동호회 행사 장소는 아니다. 캠퍼들에게 스노우피크가 가지고 있는 자연과 아웃도어에 대한 철학을 눈에 보이고 손에 잡히는 실체 있는 공간으로 증명하는 곳이다. 이 공간에서 가장 즐거워할 사람들은 당연히 스노우피크 유저들일 것이다. 캠프필드는 스노우피크의 팬이 다른 스노우피크의 팬을 만날 수 있는 '적합한' 곳이다. 다른 캠핑장에서 그저 같은 스노우피크 텐트를 피칭한 사람과 마주치는 것과는 다른 공감력이 발휘될 테니까. 물론 이곳에는 스노우피크 유저가 아닌 사람들도 참여할 것이다. 그리고 그들은 이 팬들의 실체를 목격하게 될 것이다. 그것을 목격한 사람들에게 어떤 일이 벌어질지는 쉽게 상상할 수 있다.

브랜드가 커뮤니티를 위해 행하는 일들의 의미는 그 팬들에게 '내가 사랑하는 브랜드는 팬인 나에게만 이런 걸 줘'가 아니라, '내가 사랑하는 브랜드는 이런 생각(철학)을 가지고 있어서 내가 다 자랑스러워(내가 더 빛나)'에 가깝겠다. 브롬톤과 마찬가지로 스노우피크 라벨을 제품에서 떼어낸다면 그것은 경쟁 상품에 비해 터무니없이 높은 가격의 제품으로 전락하기 일쑤다. 그래서 그 가치, 그 생각을 2만 평의 땅을 개간하면서까지 지키는 것이다. 당연하지만 캠프필드를 연다고 제품의 성능 개발이 비약적으로 이루어지지는 않는다. 제품이 아니라 브랜드의 가치를 견고히 하고, 그 가치에 동의하는 사람들의 운집을 장려하며, 그 커뮤니티가 구축되기 쉬운 놀이터까지 공들여 만드는 일에 기꺼이 투자한다.

훌륭한 브랜드는 문화를 만든다

지금 시대의 놀이터라면 어쩌면 물리적 공간보다도 가상의 공간이 더 주효할 것이다. NRC*Nike Run Club*는 현재 전 세계적으로 가장 많은 러너들이 사용하는 앱이다. 하지만 수년 전만 해도 러닝 어플의 최고봉은 Map My Run이라는 앱이었다. 위치 추적 기능이 뛰어났고 러너에게 제공하는 정보도 명료했다. NRC가 처음 앱으로 출시되었을 때만 해도 이 분야의 선두 앱들이 너무 막강해서 나이키의 도전은 가련해 보이기까지 했다. 나이키로서는 기술적으로 오랜 시간 노하우를 축적한 다른 러닝 어플들의 수준을 따라가기 벅찼다. 나이키는 이후 이 어플에 엄청난 노력을 쏟아 부었다. 가혹하리만치 까다로운 애플과의 협업(심지어 당시에는 잡스가 진두지휘 할 때라)도 이루어냈다. 이렇게 뼈를 갈아넣고도 나이키는 NRC에서 제품을 노출하지 않았다. 대신 러너들을 초대하고, 그들이 경쟁하고, 게임하게 만들었다. 기술적으로 부족했던 앱의 역량을 나이키는 게임 요소로 순식간에 역전시켰다. 근처에서 뛰고 있는 러너나 크루들과 경쟁하게 했고 다양한 뱃지를 달아주면서 쉬지 않고 사용자를 달리게 만들었다. 그리곤 이들에게 이 놀이터에서의 완장과 함께 그제서야 독점적인 구매 혜택을 전달했다. 그 혜택은 어쨌거나 덤에 가까웠다. 핵심은 거기에서 계속해서 놀게 만들었다는 것이다. 앱이 고도화되면서 자신의 러닝 루트에서 상위 랭크한 러너들이 어떤 나이키 제품을 신었는지 보였다. 내가 뛸 때마다 어떤 제품을 신었는지 로그로 남길 수 있게 했고, 그에 따른 속도나 효율의 차이를 직접 확인하게 만들었다.

당시 나이키를 뛰어넘을 수도 있다고 기대되던 언더아머는 NRC를 보며 이것이 브랜드를 천상으로 데려갈 방법임을 깨달았다. 언더아머는 Map My Run 앱을 인수하고 NRC를 따라가보려고 했지만 단지 구매 쿠폰을 남발하고 앱의 기능만을 주장하면서 이길 수 있는 싸움이 아니었다. 나이키는 이미 NRC를 통해 견고한 커뮤니티를 만들어낸 것이다. 그들이 나이키 러닝화를 신건 안 신건 상관없었다. 거기에는 실시간으로 나와 같이 달리는 사람 또는 동료가 있다는 인식을 심어주었으니까.

NRC 같은 성공적인 앱을 만드는 것이 꼭 브랜드 커뮤니티가 가져야 할 목표가 될 필요는 없다. 단순히 슬랙이나 카카오 오픈채팅에서 커뮤니티를 시작해도 된다. 단, 기껏 이런 공간을 만들어놓고도 브랜드가 여기에 제품 홍보만 하고 있다면 그것은 안 만드니만 못한 일이 될 것이다. 브랜드로서 팬들과 제품 말고 할 얘기가 없는 것은 비참한 일이다. 커뮤니티는 공유하는 가치를 확인하고, 같은 가치를 사랑하는 사람들이 모이는 곳이다. 사람들에게 자부심을 선물하고 사람들이 자신이 믿는 것을 재미있게 계속할 수 있도록 해주는 놀이터다.

아무도 없는 놀이터에서 아이에게 놀라고 하면 아이는 선뜻 나서기 어렵다. 반면 아이들이 북적대는 놀이터라면 아이가 먼저 부모의 손을 뿌리치고 놀이 기구로 뛰어갈 것이다. 나와 같은 목적으로 놀 사람이 있느냐는 놀이터의 중요한 덕목이다. 등산을 가보자거나 스쿠버 다이빙을 시도해보자는 권유에도 시큰둥한 친구보다는 나와 같은 초보이면서도 호기심과 열망으로 나와 같은 것을 해보려는 낯선 타인이 더 나을지도 모른다. 아니 지금 시대의 젊은이들은 그렇게 생각하는 거 같다. 과거엔 운동장에서, 골목길에서 어떤 놀이를 하려면 뜻이 맞는 이웃집 친구들이 필요했다. 설령 그 놀이가 싫어도 친구와 놀기 위해 하기도 했다. 지금은 온라인에서 친구를 만나 그들과 게임을 한다. 기술은 그 타인을 쉽게 만나게 해주었다.

관심사 기반 커뮤니티 플랫폼들은 지난 몇 년간 크게 성장했다. 넷플릭스로 같은 영화를 보고 이야기하거나, 슬라보예 지젝의 책을 읽고 토론하거나, 북한산을 같이 오르거나, 인물 드로잉을 같이 배우는 등 비지인과의 관심사 중심 커뮤니티는 다양하다. 카카오톡을 켜고 오픈채팅 창을 한번 열어보라. 수많은 관심사 기반의 모임에 얼굴도 본 적 없던 사람들이 잔뜩 모여 있다. 같은 동네라고, 같은 학교라고, 오래된 친구라고 해서 계속해서 그들과 관심도 없는 무언가를 해야 했던 제한된 준거집단 속 사회가 더 이상 아니다. 원한다면 내가 바라는 준거집단을 새롭게 만들고 또 참여할 수도 있게 되었다. 관심사 커뮤니티를 통해 사람들은 무언가를 계속해나가는 동력을 얻는다. 자신과 비슷한 사람들의 수행을 계속 지켜보면서 말이다. 헬스 트레이너도 강제하지 못한 일을 커뮤니티 안에서 '오운완'을 인증하는 다른 사람들을 보며 '오늘의 운동을 완수'한다. 이들의 유대가 기존 준거집단의 유대보다 밀도 깊은 이유다.

브랜드는 이 팽창하는 커뮤니티 문화에서 어떤 실마리를 찾을 수 있을까? 팬만 만들 수 있다면 이후 브랜드의 커뮤니티 존재 여부는 브랜드에 따라 그렇게 중요하지 않을 수도 있다. 하지만 브랜드의 팬이 어떤 역할을 하는지 알게 된 브랜드들은 자신들이 먼저 커뮤니티를 만들어 팬을 확대하기도 한다. 그렇다고 '내 브랜드 좋아하는 사람' 깃발을 들고, 사람들이 모이면 그들을 받들며 쿠폰 쥐여주면서 브랜드의 커뮤니티를 만들었다 할 것인가? 좋은 브랜드는 좋은 상품을 만들지만 훌륭한 브랜드는 문화를 만든다. 이 제품이 어떤 불편이나 어떤 니즈를 충족시키는지를 넘어 이 제품이 어떤 문화에 이바지하는지를 고민하는 브랜드는 제품으로 귀결되는 커뮤니티 구축에만 힘쓰지 않는다. 그저 러닝화를 팔아야 하니까 러닝 어플이고, 요가복이니까 요가 클래스를 여는 일차 등식만 적용할 것이 아니다. 도시락 용기를 판다면 건강하고 자주적으로 건강을 돌보는 사람들이 소중히 생각할 라이프스타일에서 그 제품의 철학과 부합된 커뮤니티를 구축할 수 있다. 노트를 판다면 기록이 이 브랜드에 무슨 의미인지를 주의 깊게 탐구하고, 기록을 통해 '어떤 것'을 극복해보고자 하는 사람들이 시도하는 그 '행위'가 커뮤니티 활동의 근간이 될 수 있다. 그래서 충성심을 갖춘 팬을 확보하기 위해서는, 또 그들로 커뮤니티를 구축하기 위해서는 당신의 브랜드가 어떤 문화를 지향하고 또 이바지하는지 먼저 정의해야 한다. 그러니까 제품이 좋으니까 팬이 되어달라 떼쓰는 건 성숙한 브랜드가 할 일은 아니다.

리뷰의 가격

코로나19 기간 동안 사람들은 온라인으로 장을 보거나 외식 대신 배달 앱을 이용해 바깥 식당의 음식을 배달해 먹었다. 전국민이 쓰다시피 하던 배달 앱도 코로나가 사그라들면서 감소 추세로 접어들었고 '배달의 민족'과 같은 거대 배달 앱은 떨어져 나가는 사용자에 대응해 이익 효율화를 위해 갖은 노력을 기울이고 있다. 코로나19 시기와는 달리 배달 음식을 줄이기로 작정한 사용자들까지 회유하기는 힘들다. 하지만 배달 기사님들과 가게 사장님들 사이의 이익 효율화에서부터, 여전히 배달 앱을 자주 사용하는 사람들에게 설득 가능한 비용과 서비스를 제공하며 이들을 붙들고 있어야 하는 것은 큰 숙제다. 그 숙제를 푸는 데 있어 가장 골치 아픈 문제가 무엇일까?

배민이나 쿠팡이츠와 같은 배달 앱에서 각 식당 메뉴를 보면 하나같이 리뷰를 조건으로 할인을 해주거나 아예 리뷰를 볼모로 한 메뉴들도 나온다. 강제할 수 없는 리뷰를 위해 업체 사장님은 서비스를 제공하며 읍소하듯 "리뷰는 약속입니다"로 호소하는 것을 쉽게 발견한다. 배달 앱에서 어떤 메뉴를 검색하든 나열되는 순위는 (광고 다음으로) 당연히 주문이 많은 집들이고 주문이 많은 집들의 기반은 리뷰에 있다. 이 시스템에서 어떻게라도 선택받는 식당이 되기 위해서는 리뷰보다 중요한 게 없어 보인다.

배민을 운영하는 '우아한 형제들'은 2018년부터 악성 허위 리뷰를 조장하는 업체와 단체를 대상으로 고소 및 경고를 집행해오고 있다. 리뷰 조작이나 리뷰 '깡거래'를 하는 업체에 벌금형 또는 징역형이 이루어지고 있지만 수면 아래 그보다 훨씬 많은 브로커들의 조작 리뷰를 잡기 위해 안간힘을 쓰고 있다. 이런 허위 리뷰들로 인해 가게들을 대상으로 한 배민의 광고 과금 체계가 무너지는 것은 물론이고 배민 이용자들의 전체적인 신뢰를 떨어뜨리는 결과를 낳게 된다. 소비자들이 해당 배달 플랫폼이 허위 리뷰들로 가득 찼다고 생각하면 '믿고 거르는' 플랫폼이 되는 건 시간 문제가 될 터다. 미국의 가장 큰 식당 리뷰 앱이었던 yelp도 이와 같은 문제로 연일 수많은 소송의 수렁에서 헤쳐 나오느라 본사업이 궤도에서 이탈하고 있다. 최근 배민의 신고로 허위 리뷰를 작성해주다 적발된 업체들은 허위 리뷰 작성 비용으로 30만 원에 100개 또는 100만 원에 100개가 집행된 것으로 밝혀졌다. 리뷰한 개당 1만 원꼴로 책정된 것이다. 1만 원이면 보통 1인 분 식사와 비슷한 비용이다.

몇 년 전만 해도 식당에 가면 테이블 위에 "인스타그램 팔로우하거나 인증하면 음료수 공짜"와 같은 메시지를 쉽게 볼 수 있었다. 식당 입장에서는 원가가 1천 원도 되지 않는 음료수를 손님들의 인스타그램 인증 대가로 지불하자 생각한 것이다. 당시 물가를 따지더라도 개인 인스타그램에 식당 음식 사진을 올리는 가치는 그에 열 배는 달해야 하지 않을까 사료되지만 그때까지만 해도 업주들은 인스타그램 인증이 중요한 거 같다고는 생각하면서도 어느 정도의 가치나 파급력이 있는 일인지는 잘 인식하지 못했던 것 같다.

다시 몇 년이 지나자 이제 식당 테이블 위에 있던 '인스타그램 인증' 프로모션은 '네이버 영수증 인증'으로 대체되었다. 이유는 쉽게 유추해볼 수 있다. 그동안 인스타그램 인증이 생각보다 쉽게 이루어지지는 않았을 것이다. 설령 인증하더라도 개인 SNS공간에서 해당 사진은 음료 서비스를 받은 이후 쉽게 삭제되거나 사람들이 아예 그런 용도로 사용하는 가계정을 만들어 그곳에 인증이 되었을 것이다. 코로나 이후 예약은 훨씬 보편화되었다. 예약의 이유가 아니더라도 식당의 정보들을 모두 확인하기에 지도앱은 중요한 매개가 된다. 행인이 간판 보고 가게에 들어가는 일은 줄어들었다. 상거래 장소의 핵심 플랫폼은 이제 지도 서비스가 기능하고 있다. 지도서비스를 제공하는 네이버맵이나 카카오맵에서 지도상 업체를 클릭했을 때 가장 상단에 나오는 메뉴 중 하나가 바로 리뷰다. 그중에서도 '실제로 업체를 방문하고 거래를 진행한' 사람들로부터 수집하는 영수증 리뷰가 가장 상단에 배치된다. 영수증 리뷰는 손님 입장에서는 자신의 SNS를 이용한 체리피커(과수업자들이 퀄리티가 높은 과일만 보이고 그렇지 않은 과일은 숨기는 행동에서 유래한 용어로, 자신의 실무만 차리는 사람을 뜻한다) 롤플레잉을 할 필요 없이 좀 더 간단하고 익명에 가까운 인증 액션이 되며, 업장에서도 인스타그램에 준하는 효과를 얻을 수 있는 가치 교환이 된다. 물론 이 영수증 인증조차도 앞선 허위 리뷰 사례들을 미루어볼 때 '깡거래'가 존재할 거라 예상하지만 스마트폰 카메라를 통해 영수증을 쉽게 확인하고 인증해주는 플랫폼의 기술도 그런 부정행위를 방지하기 위해 더불어 발전하고 있다. 어떤 온라인 쇼핑몰 플랫폼이나 배달 앱을 열어보라. 상품 리뷰란의 상단에는 해당 플랫폼에서 구동하는 그들만의 '클린 리뷰 시스템'이 작동 중이라고 소비자들에게 호소한다.

배달 앱에서 허위로 작성된 여부를 떠나 애초에 "여기는 내 인생 맛집!"이라는 호들갑 떠는 리뷰들을 믿을 이유가 없음에도 내

개 사람들은 긍정 일색의 리뷰들이 눈처럼 쌓이면 저 식당에서 주문해야 할 견고한 근거의 눈덩이와 마주하게 된다. 누군가의 '인생 최고의 맛집'이 설령 진심이더라도 그 누군가가 내 입맛과는 상관없이 탕후루만 일주일 내내 먹는 게 최상의 미식이면? 죽을 때까지 캡사이신 가득한 떡볶이만 먹어도 여한이 없는 정도의 입맛이라면? 그럼에도 아직 내가 맛보고 경험해보지 못한 것에 대해 긍정 일색으로 이야기하는 리뷰들을 보게 되면 '이유가 있겠지'라는 긍정 회로가 돌아간다. 집단 사회를 살고 있는 우리 모두 군중심리로부터 자유로울 순 없다.

허위 리뷰 브로커들이 하는 일이 바로 이것이다. 일단 많이 쌓으면 사람들은 믿는다는 확신. 굳이 허위 리뷰가 아니더라도 이 군중심리를 이용하는 마케팅은 만연하다. 그런 마케팅에 현혹되어 만족스럽지 못한 구매 경험이 쌓이다 보니 사람들은 이제 그것조차 의심하기 시작한다. '네이버쇼핑 2만 개 판매 달성, 리뷰 800개'라는 문구가 광고의 한가운데 박혀 있는 상품을 이제 당신은 얼만큼 믿을 수 있는가? 만일 리뷰가 허위로 작성될 수 있다면 누적된 리뷰들로 인해 사람들은 구매하기 시작하고, 구매가 많아지면 다시 군중심리가 더해져 구매가 가속화되는 수순을 밟는다. 즉, 2만 개의 판매와 800개 리뷰의 숫자 어느 하나 거짓 없는 팩트일지라도 이런 흥행 숫자 피력에 고개가 갸우뚱하게 된다. 몇몇 업자들은 '재구매율 몇 퍼센트!' 또는 '몇 회차 판매. 이번 판매에서만 몇 퍼센트 세일!'과 같은 영리한 문구를 쓰기도 한다. 이는 리뷰가 몇 개고, 상품을 몇 개를 팔았다는 광고보다 더 설득력 있는 메시지다.

진심을 사용할 때

네이버 블로그는 한때 한국에서 자신을 표현하고, 다른 사람의 경험과 지식을 탐닉하는 인터넷 활용의 대표적인 툴로 기능했다. 어떤 물건을 구매하려면, 어딘가 방문하려면 네이버 블로그에서 사전 경험과 시뮬레이션을 할 수 있다고 사람들은 믿었다. 하지만 어느 순간 어떤 물건을 구매하거나 어딘가 방문하려면 네이버 블로그가 아닌 인스타그램이나 페이스북 같은 SNS에서 정보를 찾아보기 시작한다. 사람들이 특정 SNS에 기거했기에 정보도 그곳에서 유통됐다. 이후 전개된 일은 모두가 알고 있는 그대로다. 그동안 네이버 블로그에 열심히 뭔가를 적어 올리며 소개했는데 유튜브라는 곳에서는 똑같은 일을 하면 트래픽을 근거로 돈을 준다더라는 것이다. 물론 그에 대응해 네이버에서도 개인 블로거의 광고 수익 시스템을 갖추기 시작했다. 유튜브가 성행했지만 여전히 상품이나 장소에 대한 간접 경험은 네이버 블로그에서 많이 이루어졌다. 하지만 소위 '뒷광고'가 네이버 블로그의 발목을 잡았다. 네이버 블로그는 다들 돈 받고 소개하는 곳이라는 인식이 팽배해지면서 그나마의 불씨도 사그라들었고 열심히 블로그를 운영하던 사람들은 하나같이 '내돈내산'을 강조하기 바빠졌다. 지금도 대한민국 어딘가에 식당을 하나 오픈해보라. 한 달 내로 광고대행업체들에서 네이버 블로그 리뷰를 대행해 주겠다며 연락이 온다.

네이버는 2023년, 네이버 블로그를 다시 리뉴얼하고 네이버 블로그 경험이 없는 잘파세대를 초대하고자 다시 한번 노력하고 있다. 기능상 가장 눈에 띄는 변화 중 하나는 '내돈내산 인증' 기능이다. 직접 구매한 네이버 구매내역을 바탕으로만 인증할 수 있는 블로그 내 인증 라벨이다. 배달 플랫폼들이 왜 그렇게 가짜 리뷰를 솎아내기 위해 열심인지 이해가 되는가? 리뷰가 '작은 가게를 살리거나' 리뷰가 '거대 기업'을 무너뜨린다. 네이버쇼핑에서 구매자의 구매확정 행위보다 리뷰를 남기는 행위가 세 배가량 높은 포인트를 받도록 설정되어 있는 이유다. 소상공인도 거대 플랫폼도 모두 리뷰에 사활을 건다. 그것이 판매로 직결되고, 판매가 플랫폼의 수수료 수익으로 직결되는 간단한 비즈니스 논리다.

소비자들은 뭘 믿어야 할까? 또 업체들은 뭘로 증명해야 할까? 사람들의 안목이라는 것은 어쨌거나 점증적으로 올라가게 될까? 기술과 미디어가 이런 속도로 진화하는 세계에서는 쉬운 일이 아니다. AI가 청결한 리뷰를 솎아내는 능력이 커질수록 꼼수도 구멍도 함께 진화할 것이다. 무엇보다 군중심리는 인류에게 사라지지 않을 속성이다. 하지만 시스템 안에서 사람들은 진화한다. 일단 사람들은 모르는 대상 즉, 대중(또는 탕후루가 절대 미각 취향일지도 모르는 누군가)의 리뷰와 숫자에 점점 무뎌질 것이다. 10만 개 팔렸다는 요가 레깅스가 아니라 내가 나가는 요가 클래스의 멤버들이 입고 이야기하는 레깅스를 신뢰하고, 홈쇼핑에서 몇 만 피스 팔렸다고 이야기하는 프라이팬이 아니라 오랫동안 구독하고 봐온 요리 유튜버가 실제로 오랫동안 사용해오던 프라이팬을 좀 더 고려하게 된다. 하여 브랜드 입장에서는 로열 오디언스와 커뮤니티는 더없이 중요하다. 기깔난 광고를 내지 못할지언정 명망 있는 러닝 클럽을 꾸준히 지원하고 피드백을 받으면서 신뢰를 쌓은 러닝화 브랜드는 해당 러닝 클럽의 멤버뿐 아니라 해당 러닝 클럽의 위상을 인지하고 있는 수많은 러너들에게 어필한다. 러닝에 입문하고자 하는 더 많은 사람들 역시 똑같은 입문자들이 아닌 기존 러너들로부터 높은 가치를 인정받는 그 러닝화을 유심히 살펴보게 된다.

진짜의 리뷰가 중요하다는 건 다 알지만 소비자들이 그걸 구분 못할 거라 생각하니 업체 입장에서는 허위 리뷰와 같은 그릇된 방안을 선택하는지도 모르겠다. 온갖 술수가 난무하지만 어쨌거나 리뷰는 중요하다. 소비자 입장에서는 미경험의 장소와 물건과 음식을 온라인으로 미리 상상하고 가늠할 수 있는 거의 유일한 수단이니까. 그래서 반대로 당연하지만, 업체 또는 브랜드 입장에서는 리뷰가 잘 나오는 방법을 강구했으면 한다. 내돈내산 리뷰가 나오려면 당연히 그에 응당하는 제품의 가치를 보여줘야 한다. 제품의 가치에 브랜드의 가치도 더해야 할 것이다. 브랜드의 가치는 모든 경험 접점에서 증명된다.

"음식 맛이 어떠셨어요? 불편한 건 없었나요?" 식당에서 식사를 다하고 결제 전에 이렇게 여줘보시는 업주나 직원 분들이 있다. 대개는 인사치레로 괜찮았다 말하지만 간혹 이러이러한 부분이 좀 아쉬웠다 말하는 손님들도 있다. 그런 질문까지 하는 식당들은 피드백을 듣고는 아 네, 하고 허투루 넘기지 않는다. 피드백에 따라 짧은 대화가 오가기도 한다. 피드백에 따라 일희일비하며 메뉴를 마구잡이로 바꾸기 위해서가 아니다. 그것은 고객을 헤아리려는 정성을 보이는 행위다. 물론 키오스크로 접객을 대체하는 식당도 있고, 매니저가 엄격한 기준을 갖추고 있는 전통 한식당도 있다. 접객이나 서비스는 차이가 있을 수 있다. 하지만 음식의 정성과 자부심에 관해서라면 분식집이나 고급 레스토랑이나 다를 바가 없다. 그런 정성들은 음식에서부터 시작해 여러 측면에서 발현된다. 설령 키오스크만 있는 식당이라 할지라도. 배달 음식에도 그런 측면은 여전히 존재한다. 장사하는 사람이 로봇이 아님을 보여줘야 한다. 배달 음식이라 손님과의 접점이 한계가 있다고 생각할지 모르겠지만 예컨대 리뷰에 댓글을 다는 일도 접점이고 스킨십이다. '정성 어린 리뷰에 감사드립니다'라고 복붙할 게 아니라, 로봇이 아닌 어떤 캐릭터의 사람이 이 음식을 만들고, 이 음식을 먹고 리뷰를 남긴 사람에게 기꺼이 감사의 댓글까지 다는지를 보이는 것이다. 바쁜데 그렇게까지 못한다고? 다시 계산해보자. 허위 리뷰 업체를 통해 허섭스러운 한 마디 허위 리뷰를 달게 하는 데 사용하는 비용은 1만 원이다. 1만 원짜리 음식 하나를 매장에서 준비하는 데 드는 시간과 비용은 얼마나 되는가? 재주문율이 높아 검색의 상위에 오르는 것을 광고로 대체한다면 플랫폼에 얼마를 지불해야 하는가? 정성을 이야기를 하는 게 아니다. 장사의 효율을 이야기하는 것이다. 당신은 리뷰 하나의 가치가 비용으로 치면 얼마라고 생각하는가?

개인적으로 마케팅에서 '진정성'이라는 단어를 사용하는 것을 그리 좋아하지 않는다. 소비자로부터 특정한 전환을 끌어내기 위해 마케팅 섹터에서 '진정성'을 운운하고 사용하는 것은 진정성의 효과가 이미 희석된다고 생각한다. 진정으로 고객을 위하고 바라는 마음이면 인게이지나 구매의 전환이 이루어지지 않아도 '진정'이어야 한다. 하지만 일련의 전환이 이루어지지 않으면 판매 행위에서 그 진정성은 효력을 잃은 장치로 전락한다. '고객의 행복만을 바란다'는 진정성에는 정말 구매가 연결되지 않아도 되는 것인가? '좋은 ○○문화를 확산하고자 한다'는 진정성에는 그 확산에 부합하는 저렴한 가격이 장착되었는가? 제품 자체의 우수성보다도, '좋은 것만 담았다', '진심을 다해 만들었다'와 같은 메시지를 더 부각하거나 이를 증명할 수 있는 라벨을 선전하는 것에만 집중하는 브랜드도 쉽게 찾을 수 있다.

예전 주택가에 흔히 있던 과일 트럭에서는 사장님들이 이렇게 말하곤 했다. "사지 않아도 되니까 맛만 보세요." 얼핏 육안으로는 과일의 맛을 확인하기 쉽지 않으니 과일 트럭으로써는 최전선의 마케팅 방식이다. 주인이자 맛을 본 사람만이 할 수 있는 일이고 그래서 대형마트에서는 쉽게 과일을 미리 맛보고 구매하기 어렵다. 물론 맛이 없다면 난감할 일이기에 자신감이라는 진정이 담긴 호객 행위라고도 볼 수 있다. 극단적으로 말하자면, 위의 말 그대로 맛만 봐도 되어야 한다. 제품을 판매할 수 없어도 행할 수 있는 영역의 정성과 자신감 때로는 고집이야말로 진정성에 해당하는 것이라 생각한다. 애당초 무엇을 표현하거나 장치해놓고 그것을 본인 입으로 '진정성을 표방한다' 또는 '이게 내 진심이다' 말하는 것 자체가 의뭉스러운 일이 아닐까. 진정성은 오로지 상대인 고객의 경험에 의해서만 느끼고 도출되어야 한다. 그것이 진심이려면 그 단어를 브랜드 입장에서 언급하는 것은 현명해 보이지 않는다. '진짜' 진심은 힘이 있다고 믿는다. 무엇보다도 진정성이 없다면 브랜드를 만들어 제품을 판매하는 비즈니스를 하는 것은 애초에 어불성설이다. 그 진심을 경험의 적절한 요소에서 (진심 자체를 피력하지 않고) 보여준다면 그보다 효과적인 브랜딩은 없을 것이다.

당신에게서 가치를 사는 고객은 단지 구매 행위의 순간에만 존재하는 대상이 아니다. 구매의 순간에만 집중하기에 '고객은 왕이다'와 같은 말도 존재했다. 고객을 청중의 개념으로 대치하면 그 말은 '고객은 팬이다'가 되어야 한다. 왕처럼 모셔야 지불을 하는 것이 아니라, 팬으로 만들기 위해 왕처럼 대접도 하는 것이다. 팬은 콘서트에 오는 것으로 관계가 끝나지 않는다. 주위에 자랑하고 퍼트리고 공연이 끝나고도 그 음악을 계속해서 듣는다. 팬클럽에 들어가 물리적 앨범은 물론이고 뮤지션의 다양한 굿즈와 응원 용품을 산다. 같은 걸 좋아하는 사람들과 하나가 되어 응원하고 싶기 때문이다. 이것이 앞에서 말한 브랜드의 가치에 동의하고, 경도되고, 긍정적인 반응(리뷰)이 확산되고, 버즈를 일으키고, 커뮤니티를 통해 브랜드의 문화가 공고해지는 것을 뜻한다.

무형의 가치

더 이상 사람들에게 필요한 새로운 제품이 나올 수 있을까 생각했던 시대로부터도 오랫동안 세상에는 많은 제품들이 쏟아져 나왔다. 특정 제품을 살 수 있었던 특정 시장의 경계도 사라졌고, 누군가에게만 살 수 있었던 제품조차도 그 누군가와 거래할 수 있는 매개의 시스템이 보편화되었다. 우리가 그동안 차별화라고 이야기했던 기능상, 또는 가격상의 차이는 그 제품이 시장에 나오고 얼마 되지 않아 금새 변별력이 약화되는 요소가 되었다. 어떤 가치가 제품의 차이를 나누고 증명할 수 있을까? 그것은 대부분 보이지 않는 영역에 있는 무형의 가치다. 누가 만들었는지도, 왜 만들었는지도, 어떻게 다른지의 영역까지, 모든 유의미한 가치는 보이지 않는 영역에 있을 확률이 높다.

과연 에르메스 로고를 가리고, 페라리 라벨을 떼고, 애플 마크를 지우고 해당 제품을 살 사람은 얼마나 될까? 그 로고는 그저 브랜드를 식별하는 장치지만, 그 식별 장치인 브랜드는 사람들에게 보이지 않는 것을 약속한다. 즉, 그 로고는 보이지 않는 약속의 증표다. 그것이 고가든 저가든 브랜드에서 중요한 것은 눈

에 보이는 식별이 아니라 눈에 보이지 않는 약속이다. 그 약속이
지켜진다면, 사람들은 보이지 않는 것 때문에 가격에 수긍하고,
물성에 감탄하며, 그것을 판 사람과 기꺼이 유대한다.

무형의 가치

브랜드 전략이 견고하고 그에 걸맞은 제품이 잘 나와서 마케팅 액티비티만 잘 수행한다면 좋은 결과를 낼 상품이 있다. 반면 클라이언트 상담 시 어쩔 수 없이 제품의 가치가 분명하지 않다는 말을 꺼내야 할 때도 있다. 내가 또는 우리 회사가 세상에 내는 제품, 어지간히 잘 만들었을까. 이제 출시를 앞두고 잘 홍보해 잘 팔기만 하면 된다고 생각한 시점에 이런 이야기를 들으면 당혹스럽지 않을 수 없다. 불분명한 가치를 제품의 기능과 효율과 같은 물성 부족함으로만 해석하면 당혹스러움은 모욕으로까지도 번진다. 하지만 불분명한 가치의 대부분은 구매하는 사람이 가져야 할 무형의 가치가 모자람에 따른다. 보통 제품을 만든 사람들은 제품의 전문가이고 또 그 시장의 전문가이기도 하다. 그러니까 유형의 가치에 있어서는 더없이 전문가인 사람들이다. 그러나 그 물건이 발명의 수준이 아닌 이상 유형의 가치들은 대부분 대체 가능한 요소들이 존재하며 그러한 이유로 기능적 속성이나 가격으로만 경쟁해야 한다. 그 요소들에 있어서 절대적인 우위에 있는 제품은 세상에 존재하기 어렵다. 그리고 이보다 더 중요한 문제는 구매로 전환되는 욕망의 메커니즘에서 유형의 가치보다 더 크게 작용하는 것은 언제나 무형의 가치이기 때문이다.

대부분의 기업은 기존에 세워진 브랜드 아래 상품의 카테고리와 개별 상품이 존재한다. 실무자라면 당장 눈앞에 판매하는 제품에 모든 집중을 다한다. 개인뿐 아니라 조직으로서, 브랜드로서 행하는 일은 당장 눈앞의 제품을 성공시키는 일이다. 그것이 아직 개발 전의 상품이나 고도화할 수 있는 제품이라면 제품 자체를 더 나은 수준으로 개선하기 위해 노력할 수 있다. 아니 그럴 기회가 있다면 소비자의 문제 해결에 있어 완전히 다른 수준의 제품으로 가져가야만 한다. 그러나 실무자인 당신은 처음부터 무형의 가치를 바탕으로 그 제품을 손수 만들거나 바꿀 수 있는 역할의 사람이 아닐 수도 있다. 유형의 가치는 한계가 있고 그 가치를 끌어올리려면 자금과 시간의 문제가 뒤따른다. 무엇보다 개발이 이미 끝난 제품이라면 눈앞의 제품을 성공시키기 위해 해야 하는 일은 그리 많지 않을 수 있다. 이제 할 수 있는 일이라곤 무형의 가치를 상승시키는 일이다. 파는 당신조차도 미처 보지 못한 그 무형의 가치를 보는 것은 소비자이고 그래서 거꾸로 그 소비자(가 될 확률이 있는 사람)에게만 줄 수 있는 가치에 집중을 해야 한다. 그들에게 줄 수 있는 걸 꼽아보면 아마 유형의 것들은 이미 그 제품에 대부분 들어 있을 것이다. 아직 주지 못한 가치는 대개 보이지 않는 영역에 남아 있다.

사람으로 따지면 농구 선수나 연예인과 같이 외형과 외모가 대체 불가능한 가치로 작용할 때도 있지만 대체 불가능한 사람이 되는 것은 대부분 그 사람의 무형의 가치에 달려 있다. 상품도 마찬가지다. 극복할 수 없는 물성 가치도 존재하지만 대부분 대체 불가능한 가치를 지닌 제품은 무형의 가치가 극대화되어 있다.

그냥 갖고 싶은 물건들

아무런 논리적인 근거도 없이, 아무런 필요도 없이, 효용도 없이, 무슨 일이 있어도 저걸 갖고 싶다는 물건과 마주칠 때가 있다. 이런 물욕에 치인 자신을 자책하기도 하지만 고도화된 시스템의 불가항력 욕망을 외면하기란 쉽지 않다. 이런 물건을 보며 대개 우리는 '사고 싶다'고 하지 않는다. '갖고 싶다'고 한다. '사고 싶다'는 의미는 내가 해당하는 재화를 지불하고 그 대가로 그것을 교환한다는 의미다. 즉, 그 가치를 책정할 수 있는 기준이 꽤나 분명하게 있다는 반증이다. 가격을 알고 있고 그걸 지불하고 내가 어떤 걸 얻겠다는 인지가 분명히 존재한다. 반면, '갖고 싶다'는 다소 추상적이다. 그 이유 앞에 논리의 영역은 부족할지도 모르겠다. 심지어 가격조차 별로 상관하고 싶지 않은 불상사도 발생한다. 그걸 갖지 못하면 불행할 것 같다는 생각이 온갖 뉴런을 지배한다. 가질 수 없거나 가질 확률이 희박해도 상관없다. '갖고 싶은' 열병은 '사고 싶은' 욕망보다도 더 강렬할 수밖에 없는 것이다.

틴에이지 엔지니어링*teenage engineering*은 스웨덴의 음향기기(라기에는 사실 카테고리가 의미 없는) 회사다. 의류 브랜드 이전에 광고 회사로 시작했던 아크네 스튜디오*Acne Studio*의 창업자이자 아트 디렉터였던 제스퍼 쿠토트드가 2008년 설립했다. 틴에이지 엔지니어링은 설립 이후 미디어 아트 프로젝트 등의 콘텐츠 작업을 주로 해오다가 갑자기 2010년 포터블 신디사이저인 OP-1을 출시했다. 이 장난감처럼 생긴, 그리고 작동 메커니즘 역시 장난감 같은 신디사이저는 음악 씬에서 큰 파장을 일으켰다. 라디오헤드나 차일디시 감비노 등 수많은 아티스트의 필드 기기로 사용되었고 (그것이 장난감일 수 없다는 반증) 제품 리뷰가 유튜브에 쌓이면 쌓일수록 음악 판에 있는 사람이라면 누구나 이 새로운 형태의 신디사이저를 하나쯤 갖고 싶어 했다. 장난감 같은 크기와 디자인 그리고 기기의 독특한 메커니즘은 씬의 전문가뿐 아니라 음악에 관심이 많은 일반인에게까지 유혹을 뻗쳤다. 손바닥만 한 OP-1 신디사이저는 당시에도 2백만 원이 훌쩍 넘었다. 그렇지만 토이가 아닌 명백한, 그것도 전문적인 악기였고 하여 경쟁 대상이나 비교 대상의 가격대나 성능과는 완전히 무관한 물건이 되어버렸다. 뮤지션들은 둘째 치고, 음악에 관심 있는 일반인들에게 OP-1은 새로운 형식으로 자신도 새로운 형태의 사운드를 '시도'할 수 있다는 믿음을 심어주었다.

얼마 전 틴에이지 엔지니어링에서는 TP-7이라는 필드 레코더를 출시했다. 녹음기, 당신의 손에 들려 있는 그 어떤 스마트폰에도 탑재되어 있는 그 녹음기를 뜻한다. 이 제품은 아날로그 휠로 되감기나 빨리 돌리기, 멈추고 재생하는 기능을 손으로 직접 제어하도록 디자인되었다. 실제로 모터가 탑재된 릴 테이프가 들어가 있고 이는 감각적인 센서로 작동한다. 단지 아날로그의 경험에 그치는 것이 아니라 아날로그 조작에 디지털 구현 방식을 더해 되감기나 빨리 돌리기의 속도를 조절하고 그것이 물리적으로 작동되는 휠로 감각할 수 있게 만들어졌다. 그 밖에 디지털 기기 연결로 파일을 텍스트화하거나 편집하는 기능은 다른 디지털 레코더나 스마트폰 앱에서도 구현되는 속성들이 탑재되어 있다. 그런데 이런 기능과 상관없이 이 제품은 '아름답다'라는 생각이 먼저 든다. 까딱하면 이게 레코딩 기능이 있는지 없는지 상관없이 그저 목각이더라도 이 형물을 손에 쥐고 싶다는 생각이 들기까지 한다. 나는 지난 세월 동안 실제로 녹음을 한 경험은 손에 꼽을 정도지만 앞으로도 몇 번 안 될, 무언가를 녹음할 기회가 오면 기어코 가방에서 이 레코더를 꺼내고 싶은 마음이 들었다.

　TP-7의 상품 페이지를 열면 스웨덴 총리를 역임했던 올로프 팔메의 사진이 흑백으로 화면을 가득 채우고 있다. 올로프 팔메는 지금의 스웨덴 복지를 확립한 총리로, 1986년 암살되었다. 민주주의, 인권, 평화를 지향한 그의 연설은 스웨덴 국민들에게 아직까지 귀감이 되고 있다고 한다. 이 레코더의 소개 페이지 첫 번째 이미지에 이 스웨덴 총리의 사진이 걸려 있다. 다른 어떤 설명 없이 단 두 개의 단어와 함께. 'worth recording.' 단호하고 또 강력하다. 틴에이지 엔지니어링은 자신들이 믿고 있는 것을 만들기로 어딘가 서약한 사람들 같았다. 스웨덴 총리의 흑백 사진 아래로 제품의 첫 번째 소개 문구는 이렇게 적혀 있다.

　"인류를 위한 생각과 아이디어 그리고 편린들이 있습니다. 우리는 그것들을 기록하고 그것들로 다시 돌아갈 수 있어야 하며,

새로운 생각의 씨앗이 되거나 다른 시간을 기억하기 위해 기록해야 합니다."

이는 우리가 알고 있는 기록(레코딩)에 관한 어쩌면 일반적인 고찰일지도 모른다. 하지만 사람들이 막연히 알고 있기 때문에 이 일반적인 기록에 관한 그들의 '생각'은 강력한 메시지가 된다. 앞서 말했듯이 제품, 그러니까 '녹음기'의 핵심가치를 자신들의 언어로 정의 내릴 수 없다면 그 이후 어떤 마케팅적 수단도 빛이 바랜다. 그게 스마트폰이건, 밥솥이건, 스킨 로션이건 상관없다. 스마트폰이 그것을 만들어 파는 그들에게 무엇을 뜻하는지, 밥솥이 만들어 파는 그들에게 무슨 의미인지, 스스로 확고한 정의를 내릴 수 없는 브랜드는 치장된 가치들로 마케팅을 할 수밖에 없다.

이 필드 레코더를 냉정하게 바라보자. 모두의 휴대폰에 탑재된 레코딩 기능을 독립된 기기로 구현한 제품이다. 심지어 이와 같은 레코딩 장치로 구현된 기기가 오랜 세월 존재해왔고 이미 시장에서 멸종된 상황에서 말이다. 가격은 1,499달러. 대부분의 스마트폰보다도 고가다. 이미 시장에서 사장된 제품군의 상품을 어마무시한 가격으로 내놓은 것이다. 이 비상식에 가까운 일이 단지 시선을 부여잡는 아름다운 디자인만으로 감행할 수 있는 일은 아닐 것이다. 자고로 아름다운 디자인은 기능에 부합할 때만 작동하는 매력이니까. 즉, 기능상으로 그 합리성을 차고 넘치게 만족시키는 제품임을 증명할 수 있을 때만 '아름다운 디자인'이 성립된다. 개인적으로 OP-1 신디사이저를 직접 사용하기도 했지만 지금까지 틴에이지 엔지니어링은 기능에 관한 가치로는 의구심을 가질 필요가 없다는 것을 입증해왔다.

인터뷰에 의하면 틴에이지 엔지니어링은 소비자 리서치를 믿지 않는다고 한다. 자신들이 가장 적절한 소비자이고 단지 자신들이 믿는 일을 한다고 한다. 스스로 뭘 원하는지 모르는 소비자에게 자신이 믿는 걸 '제공'한다고 믿은 스티브 잡스와 비슷하다. 이런 아집이 비즈니스에서 좋은 결과를 낼 확률은 현실적으로는 희박한 일이지만 그 희박한 예외의 기회는 가치의 단단함에서 비롯된다. 틴에이지 엔지니어링은 제품 디자인은 물론 관련한 모든 그래픽 디자인, 패키징, 광고, 프로모션, 카피라이팅 모두 직접 진행한다. 작은 배너 이미지 하나 허투루 쓰이지 않는다. 어디를 뜯어봐도 브랜딩이 확고하다. 제품은 말할 것도 없고 언어와 이미지를 쓰는 방법에서 그들이 아닌 것은 느껴지지 않는다. 그들이 아닌 것을 내가 확실히 아는 이유는, 그들이 '어떤 사람'인지 확실히 알 것 같기 때문이다.

틴에이지 엔지니어링(이름도 멋있지 않은가? 그렇다 나는 이들의 팬이다)이 믿는 걸 세상에 내는 일들에서 무형의 가치를 만들어내는 몇 가지 힌트를 얻을 수 있다.

1. 오래된 제품 정의를 다시 내린다.

틴에이지 엔지니어링은 경쟁 제품군들과는 완전히 다른 퍼포먼스와 포지션의 제품을 내놓으면서 소비자들의 뼈에 박힌 제품의 정의를 새롭게 비틀어낸다. 새로운 제품을 발명하는 것이 아니라 기존의 제품을 새롭게 발명하는 것이 21세기의 발명임은 분명하다. 절대 새롭게 발명되거나 진화될 수 없는 것을 꼽아보라. 칫솔, 수건, 자전거, 배달 용기, 텀블러, 슬리퍼… 당신이 태어나서 지금까지 한 가지의 확립된 정의로 사용한 모든 사물이 그 대상이 될 수 있다. 그리고 그 다른 정의는 단지 기술적 변용에 의해서만 이룩되지 않는다. 용도와 장소, 대상을 달리 보는 것만으로도 제품을 다른 가치의 물건으로 정의해낼 수 있다. 우리는 봉이 김선달에서 풍자를 볼 것이 아니라 비즈니스를 봐야 한다.

2. 기존 제품의 소비자 층을 다시 배열한다.

타깃 소비자들을 고려 안 한다는 틴에이지 엔지니어링이 계획했을지는 모르겠지만 그들의 모든 제품들은 해당 제품의 기존 소비자 바운더리를 파괴한다. 조명 기기에 관심 없었지만, 음향기기에 관심 없었지만, 살면서 녹음기를 살 생각은 꿈에도 해본 적 없었던 다양한 소비자들의 멱살을 잡았다. 기존 동일 제품군들이 소비자라고 여겼던 대상을 새롭게 정의하고 범위를 확대했다. 상당 부분은 디자인의 승리라고 할 수 있다. 누구도 부정하기 어려운 수려한 디자인은 핵심 타깃과 상관없이 심미안의 공통 분모로 다양한 사람들의 마음을 움직인다. 그러나 화룡점정은 제품이 다른 계층의 대상에게 그만한 효용성을 가질 수 있다는 믿음을 심어줬다는 데 있다. 그것은 기존 기기들이 가졌던 메커니즘을 파괴하는 데에서 시작하고 그에 부합하는 언어와 콘텐츠들이 그 역할을 한다.

3. 가격은 시장이 아니라 우리가 정한다.

카테고리도 시장도 다 달라졌으니 제품의 가격은 기존 카테고리나 기존 소비자 시장에 맞출 이유가 사라진다. 사라진다고 해서 맞추지 않을 필요는 없고, 또 그 리스크도 부정할 수 없지만 그들은 자신들이 믿는 걸 판다는 게 확고한 이유로 자신들이 믿는 가치의 값어치만 책정할 뿐이다. 누구라도 유형의 가치에 관해서라면 가격을 산정해내는 것이 어려운 일은 아니다. 그 이상의 가격은 무형의 가치가 만들어내는 것이고 그 가치가 금액으로 얼만큼인지는 그 누구도 답을 내릴 수 없다. 유사 제품들과의 가격 비교나 평가의 계제를 거세해버리는 것이다. 가성비의 왈가왈부는 유형의 가치에 한해서만이다.

누구도 부정할 수 없는, 기존 제품의 정의를 다시 쓸 만큼 제품의 혁신을 이루어내거나, 제품의 새로운 정의를 새로운 타깃 세그먼트로 확장하는 포지셔닝을 하거나, 근거 있는 철학으로 프라이싱을 한다면, 잠재 고객이 아니었음에도 '갖고 싶은' 불가항력의 영역에 들어가는 일은 어떤 브랜드에서라도 이룩할 수 있다. 일단 이런 제품이 '갖고 싶다'는 인지 영역에 들어가게 되면 정보의 편향화는 가속화된다. 당신의 피드는 속수무책이 될 터다. 아무리 그것이 소수의 취향에 기반한 제품이더라도 그것은 당신이 보고 듣는 모든 것에서 집요하고 또 부지런하게 따라간다. 구글과 메타는 괜히 돈을 버는 것이 아니다. 이어 한 걸음 더 발을 들이게 되면 그들의 커뮤니티와 조우하게 된다. BMW 드라이빙 센터의 서킷에서 메르세데스를 몰 순 없다. 거긴 BMW 놀이터니까. 내가 저걸 사서 누군가에게 증명하고 싶은 위상만큼이나 내가 저걸 사서 (물리적으로 뭔가에 참여하든 안 하든) 어딘가에 속한다는 소속감도 함께 따라간다. 그 제품, 그 문화의 바운더리 안에서라면 문외한으로부터 '왜 그런 일에 돈을 써?'라는 고초를 겪지 않을 것이므로. 알아볼 만한 사람들이 알아보면 되고, 알아볼 만한 사람들이 알아보는 그 위상에 사람들은 가격을 지불한다. 그렇게 열병은 가속되고 결국 그 병을 치유할 수 있는 마지막 일을 치르게 된다. 결국 나는 틴에이지 엔지니어링의 레코더를 구매했다. 불가항력의 일이었기에.

브랜드가 하는 일

아이폰 구매자는 다음 버전의 아이폰을 구매할 때 몇 픽셀의 카메라나 몇 나노미터의 CPU라서 구매하지 않는다. 아이폰이니까, 애플이니까 구매하는 비중이 대다수다. 여기에서 '아이폰이니까'

와 '애플이니까'는 조금 다른데, 말 그대로 아이폰은 제품이고 애플은 브랜드다. 하지만 아이폰은 제품으로서 브랜드화되었다. 제품의 브랜드화란 그 제품이 즉, 그 이름이 주는 신뢰를 뜻한다. 신뢰는 내가 믿는 것을 그것이 지켜줄 때 이루어진다. 브랜드가 그러하듯이 애플은 아이폰이라는 이름에 무형의 가치를 차곡차곡 쌓아왔다. 여기에 그 뒤에 애플이라는 거대한 병풍까지 더해진다. 아이폰 자체의 브랜드력에 애플의 브랜드력까지 신뢰가 천정부지로 올라간다.

제품 자체가 브랜드력을 갖추기 위해서는 무엇이 필요할까? 일단 제품력은 우선이다. 제품력이란 효용성, 편리함, 내구성, 적정 가격과 같은 유형적 가치의 합을 우선시한다. 유형적 가치로는 아이폰은 스마트폰의 일종일 뿐이다. 하지만 애플은 아이폰을 처음 소개할 때부터 이것을 그저 스마트폰이라고 부르지 않았다. 전화기와 인터넷 커뮤니케이터와 (엔터테인먼트 기기의 뜻으로) 아이팟, 이 세 가지가 합쳐진 '새로운 어떤 것'으로 명명했고 사람들이 그렇게 믿게끔 커뮤니케이션 했다. 3장에서 말한 제품의 정의가 그래서 중요하다. 물론 그 정의에 합당한 제품력을 갖추는 것은 두말할 것도 없다. 그 '새로운 어떤 것'이 바로 무형의 영역이고, 그것이 실제로 신뢰를 확보할 수 있다면 그 제품은 그 자체로 브랜드의 영역에 이를 수 있다. 그러기 위해서는 기능을 나열한 후 제품의 정의를 내리는 것이 아니라, 정의를 상정하고 제품을 만들어야만 한다. 당연해 보이지만 당황스러울 정도로 많은 사람들은 전자와 같이 수행하며 기능을 나열하여 제품의 정의를 내리고 그것을 부각시키는 것이 마케팅이라 믿는다. 이는 아이폰과 같은 고도의 기술 집약 제품에 한하지 않는다. 물티슈나 비누, usb 충전기, 손톱깎이, 그 어떤 제품이라도 가치를 어떻게 상정하고 만드느냐에 따라 달라질 수 있다. 그것이 비록 유형적으로는 아주 작은 차이를 만들더라도 무형의 가치는 가격이나 크기에 비례하지 않는다.

그러고도 아이폰의 값어치에는 아직 '애플'이라는 더 큰 총알이 남았다. 이 경우, 사람들이 지불하는 보이지 않는 가치 중 가장 큰 값을 치르는 것은 그 제품이 속한 브랜드가 된다. '가전은 LG'라는 말을 들어봤을 것이다. 실제로 LG 가전 매장에 가면 발견할 수 있는 문구다. 하지만 당신이 저 말을 LG 가전 매장이 아니라 구전으로 들었던 이유는 무엇일까? 기본적으로는 역시나 신뢰의 문제다. 어떤 제품에도 브랜드가 증명했던 동일한 수준의 제품력과 기준이 적용된다는 신뢰. 그리고 고객들이 가지는 그 신뢰의 근거는 그 브랜드가 표방하는, 중요시하는 가치와 제품의 실제 물성 가치를 대입해보면서 성립된다.

보통의 브랜드가 당장의 출시 상품에 역량을 쏟는 것은 당연하다. 그러나 그 노력은, 자칫 브랜드는 상품에 부착될 로고 정도로 차지하고는, 지금 시장에 통용될 수 있는 상품 개발에만 집중한다거나 먹히는 마케팅 방법론에 사활을 걸게 된다. 상품의 브랜드를 당연시했고 그래서 오히려 간과했다. 만나본 대부분의 기업 실무진이 어김없었다. 하나같이 브랜드에 대해 철저히 감안한다고 한다. 브랜드의 표기 방식, 키 컬러, 어플리케이션에 적용할 디자인 양식, 넘어서는 안 될 시각적 바운더리, 경쟁 브랜드와의 혼선과 견제… 하지만 지키고 있던 그것들은 브랜드의 규율이지 브랜드의 철학 즉, 무형적 가치는 아니다. 브랜드가 중요시하는 가치와 상품은 당신이 상상하는 것보다 훨씬 더 결착되어야 한다.

신라면의 새로운 TVC 모델을 기용해 광고를 만들면서 농심에 관해 장황하게 언급하며 광고를 하자는 게 아니다. 그것은 기업 홈페이지의 '회장님 말씀'만큼이나 공허한 울림이 될 뿐이다. 농심을 모르는 대한민국 국민은 없다. 하지만 농심이 라면을 만들 때 어떤 기조와 원칙을 중요시하는지 어렴풋이나마 아는 소비자는 얼마나 될까? 한편, 똑같은 인스턴트 라면임에도 오뚜기 라면은 꽤나 많은 사람들이 '인스턴스 식품이지만 그렇게(?) 나쁜 요소는 들어 있지 않을거야'라는 근거가 미약한 신뢰를 가진다. 또는 이 기업의 제품을 구매하면 왠지 똑같은 소비라도 아주 조금은 착한 소비자가 된 것 같은 기분을 느낀다. 오뚜기가 정직하고 착한 기업이라고 기업 광고를 하는가? 하지만 꽤나 많은 사람들이 그렇게 신뢰한다. 소문으로 들었건, 어떤 짧은 근거 영상이나 자료를 봤건, 아니면 오너 일가의 어떤 면모로 판단했건 다양한 국면에서 다양한 이유로 사람들은 그렇게 추론한다. 누군가에게는 '왠지 그럴 것 같다'의 수준일 것이고 누군가에게는 근거 있는 확신일 것이다. 그것을 아주 교묘하고 효과적으로 드러낼 마케팅적 수단도 많지만 결국 그것은 사실이어야 하고, 그것이 사실이 되기 위해서는 브랜드 내부가 하나로써 그것의 가치를 믿는 것이 우선이어야 한다. 브랜드가 보여주는 이런 무형의 가치는 치열한 상품 경쟁에서 마법 가루 같은 효과를 낸다. 소비자로 하여금 효용성과 편리함과 내구성, 적정 가격 위에 그리고 제품의 이름 앞에 '역시'라는 부사를 붙이게 되는 것이다. 이는 어떨 때는 매대에서 상품을 집어 올리는 거의 대부분의 이유가 되기도 한다.

브랜딩의 완성, 디테일

나는 어릴 때부터 영화를 보며 그것에 집중하는 일은 마술에 빠지는 것과 유사하다고 생각했다. 어두운 스테이지 위에서 마술사는 오로지 자신과 마술 장치에 관객이 집중하게 만든다. 전체 마술 과정 중 어떤 동작 하나, 어떤 장치 하나 어색하거나 설득력이 떨어지면 마술사와의 집중의 끈은 떨어진다. 영화에서도 이와 흡사한 일이 일어난다. 저 캐릭터가 저 상황에서 저런 음식을 먹는다고? 저 주인공이 그런 인지력도 없다고? 저 집에 저런 카펫이 깔렸다고? 작은 것들이지만 그 금은 크게 벌어져 개연성을 무너뜨리고, 그 순간 '펑'하고 마술은 끝난다. 더 이상 어떤 스토리나 연기도 설득력을 다시 세우기 어려워진다. 내게 좋은 영화는 그 금이 가지 않는 경험이 내내 이어져야만 하는 예술이다. 이는 디테일의 싸움이다.

먼저, 제품은 제품 본연에 충실해야 한다. 기능, 내구성, 편리함, 맛, 건강, 환경 영향… 다양한 요소들이 상품 그 자체의 제품력을 구성한다. 제품력은 그 제품을 오랫동안 신뢰하고 사용하게 하는 근본이 된다. 몰스킨 노트는 헤밍웨이나 피카소가 사용한 노트의 헤리티지와 그것을 적극 활용한 'Unwritten Book(아직 쓰여지지 않은 책)'이라는 희대의 태그라인을 가지고 있다. 나도 20년 가까이 몰스킨 노트를 사용하고 있지만 그 이유는 제품 자체의 우수성이 가장 큰 이유를 차지한다. 커피나 음료를 몇 번 쏟았지만 바로 닦아내면 종이가 거의 훼손되지 않고 계속 사용할 수 있었고, 어떤 가방에서도 아무렇게나 몇 년씩 험하게 나뒹굴어도 노트 프레임이 크게 해지지 않았다. 잉크 마름이 다른 노트에 비해 월등히 빨라 글을 쓰는 동안 내 손에 묻어 잉크가 번지는 일이 거의 없었다. 또, 늘 몸에 지니고 다니는 노트라 다양한 환경, 예컨대 습도가 다양한 곳에 노출되어 비오는 날 텐트 안에서 노트의 종이가 울더라도 금세 다시 복구가 되었다. 해외에서 급하게 새 노트가 필요하더라도 대부분의 공항에서 구할 수 있었던 사소한 이점도 몇 번이나 도움이 되었다. 무엇보다도 10년이 지난 노트들을 열어봐도 다른 노트에 비해 종이 변색이 거의 없었다. 가치 있는 무언가를 이 안에 써놓고 그것이 세월이 지나도 변하지 않는다는 것은 그 안에 쓰여진 가치마저 존귀하게 만드는 기분을 들게 한다. 그래서 다른 노트에 비해 조금 비싸지만 고집스럽게 사용하고 있다. 나 역시 몰스킨의 헤리티지 마케팅, 그러니까 무형의 가치로부터 완전히 결백하다고 할 수는 없으나 내게 있어 몰스킨의 최고의 가치는 내구성이다.

당신에게도 제품 자체의 제품력으로 그 물건을 구매하고 사용하는 제품이 있을 것이다. 제품 본연의 가치가 충실해지도록 만드는 방법 중 하나는 아이러니하게도 다시 무형의 가치 정의에서 시작한다. 만약 '내구성이 높은' 노트를 만들겠다고 했을 때 이 높은 내구성의 기준은 무엇인가? 노트 브랜드에서 종이를 제작하는 사람도, 이를 수급하는 사람도, 이 종이를 바인딩하고 포장하는 사람도, 이를 파는 사람도 그 기준은 다를 수 있다. 그리고 마침 그 기준이 일개 소비자인 내게 맞기도 해야 한다. 수치화된 어떤 기준치를 내부적으로 약속하고 각자의 역할에서 그에 맞춰 제작하고 생산하고 팔면 된다. 문제는 그 수치화된 기준치인 것인데, '아직 쓰이지 않은 책'이라는 무형적 가치에서 그 기준치를 찾아볼 수 있다. 단지 일반적인 '노트'라면 그 종이는 2, 3년만 지나도 누렇게 변색될 것이다. 하지만 이게 '책'이라면 10년이 지나도 변색이 적어야 한다는 내부적 합의와 약속 말이다. 사실 일반책 조차도 10년이 지나면 종이는 누렇게 변색된다. 몰스킨은 '아직 쓰이지 않은 책'에 걸맞게 유형을 갖추기로 한 것이다. 거기에 헤밍웨이의 단편이나 피카소의 스케치와 같은 것이 담길 수 있다는, 아니 담기기에도 충분한 유형임을 증명하는 일. 그저 치환된 말장난이나 마케팅의 술수로 보일지 모르지만, 엄정한 기준은 경쟁사 비교나 당장 시장에서 먹힐 수준의 규율이 아니라 가치의 자부심에서 발현한다. 단순한 '노트'의 기준으로는 몰스킨은 저런 내구성을 가질 수 없다고 생각한다. 탁월한 제품력은 무형적 가치를 실현하는 약속에서 야기한다는 뜻이다.

디자인은 제품력 중에서도 가장 중요한 가치 중 하나다. 심지어 디자인 자체가 본질인 제품도 있다. 가구 특히, 의자와 같은 제품이 그렇다. 디자인 자체가 편리함과 내구성과 미적 가치를 모두 표명하기 때문이다. 자동차나 고가의 스피커처럼 본디 기능이 충실해야 하는 제품들도 실상 디자인이 구매 요인에 지배적인 역할을 하기도 한다. 그리고 이 디자인은 필히 디테일을 양분으로 삼는다. 매끄럽게 구성되지 못한 디테일들은 위의 수많은 상품 가치를 단번에 상쇄하기 일쑤다. '성능이 괜찮은 건 알겠는데 여길 이렇게 처리해놓은 디자인(디테일)이 구매를 망설이게 한다'는 생각에 구매를 망설인 적이 있을 것이다.

누구도 디테일의 중요성을 모르지 않겠지만 제작자나 브랜드 입장에서 디테일을 챙기는 것은 쉽지 않다. 디테일을 챙기는 일은 쉽게 말하면 제품 원가를 올리는 지름길이다. 그러니 신중할 수밖에. 정말 그럴 가치가 있는지 판단을 해야 한다. 혹은 이미 했을 것이다. 어쩌면 '이런 것까진 상관없겠지'로 원가 타협을 했을지도 모른다. 그 일반적인 선택을 할 때에 위에서 말한 저 상품

정의에 부합하는 일인지 반추해본다면 어떤 선택에 있어서는 원가를 더 들이고 대신 막대한 마케팅 비용을 줄일 전략을 잡을 수도 있다. "이 정도 상품을 시장에 내면 이 정도 마케팅 예산이 들어가고…"라는 통념은 물성 정의에 부합하는 물건만 만들어내도 잘 팔리던 시절에나 적용할 공식이다. 대체 '이 정도 물건'이라는 건 애초에 어떤 물건이었던 건가? 제품 원가를 올리는 디테일을 다 챙기라는 말이 아니다. 아무리 끌어올려도 디테일은 헤아릴 수 없고 다 채울 수 없다. 아니 어쩌면 그 상황에서는 어떤 디테일을 우선시해서 챙겨야 하는지 그 기준조차 보이지 않을 것이다. 어떤 디테일이 어떤 감동을 줄 거라는 명확한 비전이 없다면 예산 저울질은 끝도 없고, 결국 그렇게 출시된 제품은 금세 어디선가 트릭이 발각되는 마술로 끝날 것이다.

경험의 디자인

20년 전에는 몇몇 디자인 영역을 제외하고는 대부분 윈도우와 MS오피스의 업무 환경이었다. 디자이너가 아님에도 나는 당시에 맥을 사용했었다. 그저 그것을 써보고서는 다시 윈도우로 돌아갈 수 없었던 것으로 기억한다. MS오피스의 '아웃룩'처럼 맥OS에도 OS 자체의 메일 프로그램이 있었다. 메일 프로그램의 창 크기를 줄이면 인박스 상단의 날짜와 제목란은 창 크기에 따라서 다양하게 변했다. 처음에 '2005년 3월 29일 오전 9시 32분'으로 표기되던 날짜란은 창을 줄이면 '2005년 3월29일'로 이어, '05년 3월 29일', 다음 'AM 9:32'로 줄어들었다. 이게 뭐 대단한 일이냐면, 당시 아웃룩에서는 같은 크기로 창 크기를 줄이면 '2005년 3월 2…'로 날짜의 중간에서 말줄임표로 표기되었다. 창 크기에 따라서는 날짜를 알아볼 수 없었다. 단순히 글자수를 잘라냈던 것이다. 당시 모니터 환경을 생각하면 창 크기는 작게 사용하는 것이 일반적이었음에도 말이다. 나는 이것을 발견하고는 너무 신기해서 몇 번이고 창을 줄였다 늘였다를 하며 감탄했다. 기술은 그렇게 어려운 게 아니었을 수도 있지만 UX라는 개념이 일반적이지 않던 시절, 이것을 고려한 것은 대단한 일이었다. 맥은 이런 걸 금광처럼 OS내에 잔뜩 숨겨놓고 굳이 자랑하지도 않았다. 내게는 윈도우의 범용적 호환성보다도 이런 사용성을 고려한 사람들이 만든 OS를 쓰는 만족도가 우선했다. 때론 불가피하게 윈도우를 사용하며 수시로 뜨는 블루스크린을 마주하고서야 맥OS를 쓸 때는 그러한 불편함이 없었다는 걸 깨닫기도 했다. 윈도우에서는 뭔가 프로그램을 하나 설치하면 무조건 재부팅을 해야 하는 것도 (재부팅이 없는) 맥OS를 쓰고 난 이후에는 견딜 수 없이 불편한 경험이 되었다. 지금이야 이 정도의 기술차나 세밀함은 경쟁사 간에 존재하지 않지만 이런 보이지 않는 완성도나 디테일을 신경 쓰는 애플을 신뢰하지 않을 수 없었다.

카카오뱅크가 처음 등장했을 때 다른 시중 은행권에서는 카카오뱅크의 유행을 따라잡고자 헐레벌떡 캐릭터를 만드는 일부터 뛰어들었다. 당연히 국민 메시지 앱인 카카오의 캐릭터들은 카카오뱅크 성공의 일등공신 중 하나였지만 나는 당시 카카오뱅크가 은행의 기능과 일을 고도로 단순화한 치밀한 디테일에 있다고 생각한다. 수십 개의 상품을 깨알 같은 글씨로 금융 초보자는 알 수 없는 계약서에나 어울릴 금융 외계 언어로 작성해놓고 소비자의 선택을 받길 기다리던 기존 은행의 그것과 비교해 카카오뱅크는 상품과 언어를 단순화하고 핵심 타깃의 눈높이에 맞춘 언어를 사용했다. 또 핵심 대상에 맞게 적금과 같은 상품을 게임화하고 이득도 실시간으로 명료하게 보여줬다. 무언가를 쉽고 단순화하는 일은 굉장한 노력이 필요한 일이다. 기존 은행들은 그것을 단순화해야 할 필요성조차도 생각하지 못하고 있을 때다. 단순화의 힘은 놀라웠다. 시중 은행이 다급하게 먼저 한 일은 은행 이율을 조정한 것이지만 적금 이율이 더 유리함에도 핵심 고객층은 카카오뱅크의 적금을 선택했다. 언어뿐 아니라 프로세스의 간소화 역시 감탄스러웠다. 카카오뱅크가 생긴 지 얼마 되지 않아 해외송금을 진행하며 사소한 문제가 생겨 카카오뱅크 ARS로 전화를 건 적이 있다. 그때까지 금융권에 전화를 걸면 보통 0부터 9까지의 복잡한 선택의 미로를 행여나 놓칠까 귀 기울여 집중하고 수차례 숫자의 키패드를 누르며 그 문을 열고 들어가야 했던 과정을 생각해볼 때 카카오뱅크는 너무나 수월하게 문제를 해결할 수 있는 핵심 상담원에게로 연결되었다. 상담이 끝날 즈음 요구하지도 않았는데 "지금 말씀드린 내용은 고객님의 카톡으로 보내드렸습니다. 다시 한번 확인하실 수 있습니다"라고 말하면서 통화 중에 '카톡'하고 울린다. 지금이야 일반화된 추가 문자 메시지 안내지만 이 차이는 당시 굉장히 신선했다. 그것은 '고객이 인식하지 못하는 곳에도 기술을 쓴다'는 신뢰를 심어줬다. 이후 토스를 위시하여 많은 금융 앱들이 기존에 하던 금융의 방식과 다른 면모를 보여줬고 시중 은행들도 그 언어와 프로세스를 답습하기에 여념이 없다.

과연 저기까지 신경 써야 할까? 당시 상담원 고객 매뉴얼은 거의 모든 은행이 다를 바 없었고, 당시 OS상 프로그램의 GUI*Graphic User Ineterface* 로직은 압도적인 점유율을 자랑하던 윈도우 환경에서 아무도 이의제기 하지 않는 일인데 굳이? 굳이 했던 그 일, 그 디테일 때문에 누군가는 그 OS를 20년간 쓴다든지, 신흥 은행 앱이 단숨에 가입자로 기존 은행 앱을 뛰어넘는다든지 하는 일이 벌어진다. 모두가 보이는 지점에서 응당 해야 하는 일이 아닌 우연히 발견되는 지점에서의 만족은 그 크기가 전자를 훨씬 상회한다. 디테일이 빛을 발하는 곳은 대개 잘 보이지 않는 곳에 있다.

말한 대로 디테일은 챙기자면 한도 끝도 없다. 브랜드의 본질에도, 상품 그 자체만도, 그리고 커뮤니케이션 영역에서도 신경 써야 할 것들은 많다. 어느 하나 중요하지 않은 것이 없지만 어쩔 수 없이 세 영역에서의 디테일 우선순위를 따지자면 일단은 상품 그 자체, 그 다음 브랜드 본질, 마지막으로 커뮤니케이션일 것이다. 그러나 제품이 우수하고 제품의 디테일 역시 흠잡을 데가 없는데 브랜드 본질은 보이지 않거나 엉성한 경우는 드물다. 즉, 상품과 브랜드 본질의 디테일은 궤를 같이한다고 봐도 무방하다. 그럴 수밖에 없는 이유는 제품의 정의(제품의 디테일)를 정확히 내리려면 화자(브랜드의 본질)가 누구인지 명확해야 하기 때문이겠다. 브랜드를 잘 구축하고 그다음 제품을 만드는 것에 비해, 먼저 제품을 만들고 그에 걸맞은 브랜드를 확립하게 되면 브랜드의 지반은 연약할 수밖에 없다. 또한 나중에 구축한 브랜드의 가치와 본질은 기존 제품과, 또 대상과의 충돌 역시 야기한다. 브랜드는 제품을 잘 팔기 위한 수단이 아니다. 제품이 브랜드를 증명하는 매개가 되어야 한다.

브랜드의 본질을 보여주는 디테일은 무엇이 있을까? 아니 어떻게 보여줘야 할까? 브랜드의 가치라면 미션 스테이트먼트 같은 것만을 뜻하는 게 아니다. 간혹 '우리는 뭘 추구한다'는 식의 사명을 크게 써붙여놓는 브랜드도 있지만 뭘 추구하고 어떤 가치가 있는지는 사용자의 경험에 있어야만 한다. 매장에 흘러나오는 음악도, 화장실의 방향제도, 직원의 애티튜드도, 포장의 매듭도 모두 브랜드의 경험이고 그래서 브랜드의 가치를 표명한다. 단지 오너의 '센스'로 모든 것이 커버되는 브랜드도 있지만 결국 브랜드의 양적 팽창이 이루어질 때는 모든 디테일들은 내부의 약속에 있고 약속을 담금질하는 건 문화에 있다.

마지막으로 커뮤니케이션 영역에서의 디테일을 보자. 음식은 맛있었는데 서비스가 형편없어서 다시 찾기 싫다든가, 우연히 발견한 리뷰로 그 제품이 나랑 맞을 거 같아 상품 소개 페이지로 들어갔더니 언어, 비주얼, 그 외 모든 장치가 도저히 나의 결을 이해하는 사람이 만든 거라고는 생각하기 어렵다면 어떻게 될까? 요즘은 어떤 브랜드나 마케팅을 포괄하는 이 커뮤니케이션 영역에서 대부분 훌륭한 디테일을 선보인다. 그런데 커뮤니케이션 영역의 디테일이 제품이나 브랜드 본질과 역전된 상황도 쉽게 발견된다. 포장이나 커뮤니케이션의 껍데기에만 신경 쓰고 제품의 본질은 그에 미치지 못하는 것을 말한다. 이는 제품의 본질보다도 외형의 연결 지점이 비즈니스의 승부처라는 인식이 만연해진 탓이겠다. 본질이 탄로 날 즈음에는 다른 사업으로 이관하면 되니까. 일단 나방이 달려들 불의 디테일을 우선시하는 모양이다. 새로 생긴 식당들에서 화려하고 비싼 커틀러리나 명품 스피커와 가구들이 즐비한 것을 본다. 정작 음식 맛은 그 수준에 못 미치는데 말이다. 아무리 아름다운 디자인의 라벨이 붙은 내추럴 와인이라도 그 맛이 가격이나 바틀 디자인에 준하지 못한다면 잠깐 반짝할지는 몰라도 곧 외면받게 될 것이다. 요식업의 특정된 상황이 아니다. 파는 사람도 사는 사람도 그럴싸하게 '보이는 것들'에 대해 너무나 쉽게 학습할 수 있는 세상이 되다 보니 벌어지는 일이리라. 어차피 소비자들은 본질을 보는 눈을 상실했다고 기만하며 요행을 바라서는 안 된다. 알겠지만 똑같은 수준의 시각이라도 소비자가 되는 순간 본질을 알아보는 수준은 급격하게 높아진다.

완성도라는 것은 결국 백 퍼센트 성립되지 않는 기준이다. 디테일들이 완성도를 높이지만 어디까지, 또 왜 높여야 하는지 이유가 분명하지 않으면 디테일은 '쓸데없는 돈 낭비'가 될 수도 있다. 디테일이 우수한 제품들의 공통점 중 하나는 그걸 만든 사람이 그것에 미친 사람들이라는 것이다. 여기에서 역설은 그 미친 사람(전문가)은 반대로 '이것까지는 필요 없다'는 개념도 분명한 사람이다. 그리고 제품이나 제품의 디테일에 확신이 강한 사람일수록 자신을 대표 소비자로 상정해 버리곤 한다. 케이블TV에서 가장 많이 방영된 한국 영화 중 하나라는 '타짜'에서 이대 나온 황마담(김혜수 분)이 새로운 업장을 준비하면서 지지부진한 현장을 보며 짜증 섞인 목소리로 사람들에게 소리친다. "저, 저, 창문 빨리 안 막아? 백화점이랑 도박장에 창문 있는 거 봤어? 동트는 거 보면서 화투 치고 싶겠어!" 그 현장에서 일을 하고 있던 사람들은 다 타짜(전문가)였음에도 창문 얘길 가장 먼저 하는 건 황마담(사기 설계자)이다. 황마담은 화투 선수가 아니었다. 업장으로 돈을 벌어야 했고, 호구를 이해하는 사람이었다. 즉 '소비자 전문가'였던 것이다. 당신이 화장품을 판다면 화장품 전문가가 아니라 '화장품이 필요한 사람의 전문가'로서 기능해야 한다. 포르쉐는 외계인들이 만들었다고 하는 말이 있는데, 그것은 포르쉐가 그만큼 기술적으로 뛰어나고 최고의 제품을 만들어낸다는 것을 뜻하는 찬사일 것이다. 내 생각은 조금 다른데, '포르쉐는 스포츠카를 잘 알고 있는' 외계인들이 아니라 '스포츠카를 욕망하는 사람들을 잘 알고 있는' 외계인들이 만든 차라 칭함이 더 적합하다 생각한다.

꿈은 대체 불가능하다

얘기가 나온 김에 포르쉐 이야기를 하자면, 차에 큰 관심이 없지만 나도 포르쉐는 알고 있다. 당신도 알 것이다. 주위에서 은퇴를 꿈꾸거나 쉰이 넘으면 포르쉐 스포츠카를 타는 시니어들을 많이 봤다. 예전 직장의 예순이 된 사장님도 포르쉐 박스터를 모셨다. 한편 그런 시니어들은 60대가 되면 할리 데이비슨도 한 대씩들 구입한다고 한다. 주말이면 양평 가는 국도로 굉음을 내고 지나가는 할리에는 어김없이 노년의 신사들이 앉아 있다. 그리고 40대에는 펜더 커스텀 기타를 구매한다고 한다. 펜더 기타, 포르쉐, 할리, 이게 중년의 위기를 겪는 남성들이 흔히 밟는 절차라고 어디선가 들었던 적이 있다.

한 유튜버는 자신의 영상에서 '포르쉐 911'을 이렇게 표현했다. "돈 걱정을 안 해본 사람에게도 911은 꿈을 사는 거다. …돈 없는 사람들은 꿈이라도 꿔라. 911은 꿈이다. …남성 호르몬 저하와 중년 우울증에 직방이야. 갱년기로 의사 처방받으면 911을 좀 싸게 해주고 그런 거 없나? 이건 약이야." 시쳇말 가득하지만 포르쉐 911의 핵심가치를 잘 건드린 것이 아닌가 생각한다. 특히나 "내 꿈이 발전하는 속도보다 911의 발전 속도가 더 빠르다"는 말은 인상적이었다. 당신의 꿈은 커지겠지만 과거의 꿈으로 남아 있지 않게끔 911은 (당신의 꿈에 위배되지 않는 선에서) 더 빠르게 진화한다고 알려준 것이다. 자연흡기니, 후륜구동이니, 몇 마력에, 전통 스포츠성과 웅장한 배기음, 이런 건 잘 모르겠지만 꿈이고 약이라는 말은 공감이 간다. 더 빠른 스포츠카가 없나? 더 멋진 기술과 디자인의 네 바퀴로 굴러가는 탈 것은 없나? 각 부분에서 포르쉐 911보다 나은 대안이 아마도 있을 것이다. 하지만 포르쉐 911을 사는 사람은 성능을 사는 게 아니라 약을 사는 거라지 않는가. 그러니 대안이 없다. 다른 약을 복용해서는 치유할 수 없는 병이다.

꿈을 그리는 사람이 그저 40대가 되면 기타를 다시 잡아봐야지, 50대가 되면 스포츠카를 타야지, 60대가 되면 바이크로 투어링을 가야지라고 하지 않는다. 명확하게 펜더고, 포르쉐고, 할리데이비스다. 모두 전통의 브랜드다. 어려서부터 본 영화나 소설 속 롤모델은 어김없이 이것들을 탔다. 칭송했던 뮤지션은 하나같이 이 기타를 쳤다. 그동안 딱히 바라고 얻겠다고 마음먹은 적은 없지만 켜켜이 쌓여온 꿈인 것이다. 그러다 어느 날 공허한 인생의 순간과 마주할 때 그 오래된 꿈에서 불씨를 찾고 싶은 걸지도. 딱히 필요하지는 않지만 그것은 인생을 다시 밝혀줄 희망이 되어줄지도 모른다는, 기억에 프로그래밍된 근거로 자리하고 있다.

예상하겠지만 무형의 가치 중 가장 값비싼 것은 꿈이다. 게다가 꿈은 대개 대체 불가능하다. 어떤 제품에 어떤 브랜드에 측정할 수 없는 가치를 부여하고 싶다면 거기에 꿈을 설계하는 것이 가장 효과적일 것이다. 해양 스포츠 경험이 있거나 관심이 있는 사람에게 스킨스쿠버는 가망하는 욕망의 하나에 불과하겠지만 도전적인 아웃도어라고는 해본 적 없는 사람에게 물속에서의 자유를 그리게 하는 것은 꿈이 된다. 여행을 자주 하는 사람이 아니라 40년간 일만 하며 여행을 해보지 못한 사람에게 세계여행은 강렬한 꿈이 된다. 타깃 페르소나를 설정할 때 이 사람의 라이프 스타일과 소비의 여정뿐 아니라 이 사람이 가슴 깊이 품었을 꿈을 그리는 이유가 여기에 있다. 보이지 않는 욕망의 교집합을 집요하게 계산해내는 이유는 보이지 않는 무형의 가치를 꿈꾸는 사람과 만나기 위해서다. 작은 언어가, 한 켠의 디자인이, 부가적인 쓰임새가, 그러한 디테일들이 꿈을 발동시키기 위한 불씨로 작동한다.

진짜의 것을 만든다

해발 2천 미터도 되지 않는 한국의 산에서 등산객의 대부분이 히말라야에서나 필요한 최고급 기능의 등산 의류를 입는다는 비아냥은 한국 사람들의 독특한 문화와 허영을 꼬집는 의미로 자주 언급되는 말이다. 그런데 이제 그 최고급 등산 의류는 패션의 거리로까지 확대됐다. 전 세계적으로 고프코어룩이 유행하면서 기능성 아웃도어 의류는 등산로가 아니라 젊은이들이 활보하는 거리에서도 쉽게 발견된다. 몇몇 주요 제품의 경우 국내에서는 구하기도 어렵다는 캐나다의 아웃도어 브랜드 '아크테릭스'를 고프코어룩으로 입는 사람들이 캐나다의 마운트 로건(캐나다 최고봉이자 단독 등반이 금지된 산) 등반을 목적하는 것은 아니다. 그저 패션이라면, 외형으로는 쉽게 구분할 수 없을 디자인과 기능성 섬유의 텍스쳐, 디테일들을 흉내 낸, 몇 배는 저렴한 브랜드의 윈드브레이커를 입을 수도 있지 않을까? 아니 안 입을 거다. 그걸 입고 일절 아웃도어 활동을 하든 말든 상관없다. 그 아웃도어를 첨단의 패션으로 승화하기 위해서 그 아웃도어는 그들에게 '진짜의' 것이어야만 한다. 바지는 거대하고 무거운 소재를 입지만 상의에 걸치는 그 윈드브레이커가 1그램 더 나가고 덜 나가고는 여기서 중요한 문제가 된다. 그들에게는 단지 가품을 입지 않는 것에 대한 일이 아니라, 진짜의 것을 추구할 때의 '의미적 완성도'가 중요하기 때문이다. 해발 4천 미터 설산에서 기능하는 그 윈드브레이커야만 캐주얼한 하의와의 믹스매치에서 그 패션의 의미를 충실히 수행한다. 그들만의 무형의 가치인 유행 양식에 그것이 아로 새겨져 있을 터였다. 그래서 이 윈드브레이커는 하드코어 등반가들이 현장에서 사용하기에 부족함이 없는 오리지널리티를 소지해야 한다.

대한민국 최초의 아웃도어 브랜드인 코오롱스포츠는 1973년 런칭 이후 등산 의류와 용품을 꾸준히 선보여왔다. 첨단 소재와 기술을 자체 개발하여 70~80년대 국내 '캠핑 레저' 시장에 군림했다. 그러나 90년대와 2000년대에 거대 글로벌 브랜드들이 국내에 상륙했고 코오롱스포츠는 어느새 올드한 등산용품 브랜드로 인식되기 시작했다. 어느 분야에서든 이와 같은 비즈니스 상황은 전개된다. 이런 상황에서 대부분의 브랜드들이 선택하는 전략이 있다. 바로 대중화다. 대중화에는 전문성을 상쇄해야 하는 조건이 따른다. 그럼에도 더 범용적인 용도와 저렴한 가격으로 더 넓은 시장으로 활로를 찾는 유혹을 넘기기란 쉽지 않다. 그렇게 코오롱스포츠는 2010년 초중반 '컨템포러리^{Contemporary} 아웃도어'를 내세우며 대중화를 통한 부활을 노린다. 중장년층들이 외출복으로도 많이 입던 바로 그 등산복(인지 일상웨어인지) 시장을 가리킨다. 아웃도어 의류가 전반적으로 그 방향을 향하고 있었기에 불가피한 선택이었을지도 모른다. 브랜드가 존속되긴 했으나 엄청난 기술력을 갖춘 아웃도어 브랜드로서의 가치는 빛이 바래고 있었다.

그러다 2019년, 코오롱스포츠는 대대적인 리브랜딩을 통해 본연의 '정통 아웃도어 브랜드'로 다시 재정비한다. 당시 공효진과 류준열은 광고 속에서 워킹화를 신고 도심 속을 걷는 모습(당시 국내 아웃도어 브랜드들이 핵심 시장이라고 생각했던 이미지)을 보여주지 않았다. 대신 숲길을 걷고, 산에서 야영하는 모습을 보여줬다. 이후 코오롱스포츠의 브랜딩은 이 브랜드의 오리지널리티, '진짜 아웃도어'에 집중했다. 그들은 다시 한번 자신들의 슬로건 'Your Best Way to Nature'를 현판에 걸었다.

코오롱스포츠의 부활을 두고 그들이 리테일 숍이나 레트로 디자인을 잘 구현한 것이 요인이라고 하는 평도 있지만 코오롱스포츠는 현명하게도 이 변화에 있어 진짜 아웃도어에 집중하고 또 그것에 호응할 수 있는 핵심 고객을 육성해야 한다는 것을 알고 있었다. 타깃이 분명한 핵심 고객을 아웃도어와 제품의 경험 공간들로 초대했고 오랜 역사를 자랑하는 등산학교에서부터 하이킹, 트레일러닝까지 커뮤니티 활동에도 집중했다. 몇만 켤레의 등산화를 팔아야 되는데 겨우 몇십 명 모아놓고 마케팅 리소스를 쓴다고 생각하는 사람들이 아직도 있는지 모르겠지만 이 몇십 명은 코오롱스포츠에 오리지널리티를 투영하고 반증할 수 있는 더 없이 중요한 사람들이다. 코오롱스포츠는 한국의 산들을 잘 알고 있고, 아웃도어에 진입하는 한국의 젊은 층을 잘 알고 있었다. 헤리티지를 가진 브랜드가 진짜의 경험을 제안하면 브랜드의 오리지널리티와 신뢰도는 높아질 수밖에. 홈페이지 어디에도 컨템포러리나 어반 어쩌고 식의, 어디에나 갖다 붙일 수 있는 애매모호한 라이프스타일 메시지는 찾아볼 수 없다. 에베레스트를 오르고, 남극 기지를 보여주고, 기네스북에 오른 세상에서 가장 튼튼한 자사의 등산화 끈을 보여주고, 자연의 소중함을 보여준다. 오리지널리티에 입각하여 진성의 길로 걸어왔음을 표현하는 것이다. 이런 식으로 헤리티지의 순결은 강화된다. 아마도 코오롱스포츠는 오리지널리티를 남기기 위해 버려야 할 것들에 결연했을 것으로 사료된다.

비슷하게 부활에 성공했던 다른 스포츠 브랜드를 하나 보자. 한때 변두리 시내의 건달 패션이라는 오명으로까지 추락했던 '휠라'의 의류는 2010년대 후반 레트로 열풍과 함께 '어글리 슈즈'를 앞세워 화려하게 부활에 성공했다. 2020년에는 무려 BTS를 모델로 내세우는 등 청소년을 대상으로 중저가 모델 판매에 주력했다. 그러나 코로나19 이후 휠라는 영업이익이 크게 감소하고 2022년 중반 주가는 전년 대비 55.4퍼센트나 폭락하는 지경에 이른다. 이후, 성공했던 레트로 디자인의 어글리 슈즈를 대체할 또 다른 레트로 스타일의 제품들을 다수 출시했지만 여의치 않았다. 결국 브랜드는 리뉴얼을 거쳐 '프리미엄 라이프스타일 스포츠 브랜드'라는 정의에 다달았다. 소재와 기능의 진화보다 패션쇼 런웨이에 제품을 올리는 쪽으로, 스포츠 스타보다 유명 레퍼를 광고 모델에 세우는 쪽으로, 그렇게 브랜드 방향을 정한 모양이다. 이와 같은 행보는 스포츠 브랜드라고 하지만 더 이상 휠라에 '스포츠'라는 아이덴티티를 부여하기란 어려워 보인다.

'레트로'는 만능 치트키가 아니고, '라이프스타일' 콘셉트는 시장 확대를 보장하는 타개책도 아니다. 마찬가지로 '아웃도어' 역시 수요가 폭발한다고 어느 브랜드든 급하게 뛰어들 시장도 아니다. 몇몇 브랜드는 유행하는 트렌드를 반영하여 대중의 시선을 다시 사로잡고 부활할 수 있었는지는 몰라도 브랜드의 근간은 오리지널리티에 있다. "암벽등반 하는 사람이 몇 명이나 된다고 기능 개발에 사활을 거냐? 라이프스타일 패션 아이템으로 고프코어룩을 완성하고 싶은 20대에게 팔아야지"와 같은 생각은 패착에 이를 수밖에 없다. 성수동 골목길을 활보하는 그 대상은 암벽 등반에 필요한 재킷을 입고 싶어 한다. 진짜의 것을 경험하고 소유하고 싶은 것이다. 소비자가 요세미티를 오르는 등반가든 성수동 패피든 브랜드는 진짜의 것에 집중하고, 만드는 곳이어야 한다. 당연히 그 브랜드의 제품은 진짜의 것이어야 하고.

부가가치의 차이

간단한 주방용품을 구매한다고 가정해보자. 정확히 같은 제품이라면 또 가격이 같다면 온갖 생활용품을 다 파는 온라인 스토어와 주방용품을 전문으로 파는 온라인 스토어의 제품 중 어떤 걸 구매하는가? 둘 다 아니다. 배송료가 저렴하고 배송이 빠른 스토어의 제품을 구매한다. 그 스토어가 제작 도매처가 아니라 유통 판매처라면 전문점의 장점도 상쇄되어 버린다. 둘 다 배송은 이틀 걸리고 배송료도 3천 원으로 동일하다면? 그럼 리뷰가 많이 달린 걸 살 것이다. 더 신뢰할 수 있는 구매가 자신의 구매 전에 많이 이루어졌는지 확인한다면 신뢰도가 높아지기 때문에. 전문점인지, 더 빨리 배송하는지, 긍정적인 리뷰가 많은지, 이게 모두 가치다. 똑같은 물건이 아니라 비슷한 물건일 경우 결정 요소의 우선순위들은 다시 조정될 것이다. 설령 광고를 통해 깔대기로 잠재 고객을 몰아 넣더라도 잠재 고객은 결국 저 간단한 비교를 수행한다. 온라인 스토어들이 가장 많이 하는 프로모션이 리뷰 보상인 이유도 그것이 저 가치 판단 기준에서 상위의 일이라고 판단하기 때문이다. 가격을 빼면 말이다.

이 책이 쓰이는 시기만 해도 쇼핑몰 앱 사용자 수로 1위인 쿠팡을 두고 2위 알리익스프레스(이하 알리)와 1년도 되지 않아 4위로 올라선 테무 등 글로벌 쇼핑몰의 성장은 가공할 만하다. 이를 두고 매체들은 마치 국가 권력이 찬탈이라도 되는 듯 '공습'이나 '점령' 같은 언어를 사용한다. 중국 쇼핑몰들이 이렇게 급성장 할 수 있는 배경은 두말할 것도 없이 값싼 가격에 있다. 아직은 조잡한 제품들이 대다수지만 소비자의 눈이 휘둥그레지는 알리와 테무에서 판매되는 제품들의 저렴한 가격의 비결은 첫째, 유통에 있다. 정확히 말하면 유통을 없애는 일이다. 중국 현지 생산 업체와 전 세계의 소비자에게 유통 과정 없이 직접 연결해 제품을 대량 생산하고 배송한다. 전통적 유통 구조에서 존재하는 제조사와 운송 사이의 도매처가 사라지고, 운송과 소비자 간의 소매처 역시 제거하는 것이다. 대부분의 온라인 쇼핑에서는 이 소매처 즉, 판매처가 생략되는 것이 일반이긴 하나 알리와 테무는 이 중간 판매처조차 생략한다. 제조사에서 운송을 거쳐 소비자로 바로 이어지는 것이다. 이러한 장점을 유통사라면 모르는 곳은 없다. 한국에서는 쿠팡과 같은 유통회사들이 미리 제조사로부터 제품을 매입해놓거나 자사의 PB제품(타 업체에서 매입하지 않고 유통사에서 자체적으로 출시해 판매하는 상품)을 만들어 직접 제조사의 역할까지 한다. 그런데 중간 판매처가 사라진 만큼 가격 차이가 쿠팡의 PB 제품들에 있냐면 그렇지는 않다. 중간 판매처가 있는 다른 판매자보다 PB제품의 가격을 조금만 더 낮춰도 경쟁력은 높아지니까. 그런데 알리와 테무에서는 그런 수준의 가격 경쟁을 하지 않는다. 도매, 소매처를 생략한 비용을 공격적으로 적용한다. 게다가 대량 생산의 수준도 우리와 비할 바가 아니다. 그러니 거의 같은 상품도 가격이 국내 쇼핑몰보다 네 배에서 많게는 열 배까지 보고도 믿기 힘든 차이가 생긴다. 이는 몇몇 제품의 국내 인증이나 세금의 문제를 차지하고도 극복할 수 없는 가격 차이다.

쿠팡은 2023년 4분기 기준 이용자가 2,100만 명에 이르렀다. 전국 70퍼센트가 '쿠세권'이 되었다. 온라인 쇼핑을 하는 대다수의 국민이 사용한다고 해도 과언이 아니다. 더는 성장할 곳이 없다. 쿠팡이 못해서가 아니라 한국시장 내에서는 이것이 한계인 것이다. 그래서 쿠팡도 해외에서의 활로를 열심히 찾는 것이다. 알리와 테무는 어떨까? 먼저 지리적으로 중국에게 한국보다 가까운 국가는 없고 운송만 잘 해결한다면 인프라가 출중한 한국시장보다 매력적인 곳은 없다. 실제로 알리는 한국 전용 물류 노선을 개설해 기존 한 달 이상 걸리던 배송 기간을 3~5일로 크게 단축시켰고 2023년 6월에는 한국과 가장 가까운 산둥성 웨이하이와 예타이에 있는 한국행 전용 물류센터를 3만 평 규모로 확대했다. 또 전국 물류망을 가지고 있는 CJ대한통운과 손잡아 통관된 물품을 국내에서도 믿을 수 있고 빠르게 배송하기 시작했다. 알리가 한국에서 1천 억의 쇼핑 지원금을 투자한다는 소식에 다들 놀랐지만 테무는 2023년 미국 온라인 광고에만 4조 원을 썼다. 즉, 알리나 테무에게 한국시장은 '원오브뎀'일 뿐이다. 중국 내에서뿐만 아니라 해외에서 다양한 운송 네트워크를 자랑하는 물류업계의 공룡인 하이니아오는 기업 가치가 쿠팡의 열 배에 달한다. 알리는 이들과 제휴 하기로 했다. 쿠팡이 국내에서 그랬던 것처럼 알리와 테무는 이제 곳곳에 물류센터를 구축하기 수월해졌다. 이 상황이 과연 글로벌 경쟁 업체에 국내 유통사나 소상공인들이 밥그릇 뺏길 우려만 할 상황일까? 물론 아직까지 알리와 테무에는 국내 쇼핑몰에 비해 경쟁력을 가지기 어려운 제품 카테고리도 있고, '메이드인코리아' 제품도 있다. 중국 배송이 빨라졌다 해도 국내의 이른바 '새벽배송' 장점을 아직 뛰어넘기는 어려운 실정이고, 가짜 제품이나 물류 사고 이슈 등도 존재한다. 하지만 알리와 테무의 약진을 보면 그러한 단점들은 곧 개선되고 극복될 것으로 예상된다.

알리와 테무의 국내 성장 배경에는 코로나19 전후에 직구로 구매하는 것이 어렵지 않고 그에 따른 리스크도 전과 같지 않다는 의식이 확산되면서 직구의 장점에 눈뜬 소비자들이 많아진 이유도 있다. 국내 쇼핑몰들도 직구 시장을 확장하기 위한 노력들을 다양하게 진행했다. 11번가나 G마켓은 해당 쇼핑몰을 통한 직구의 신뢰성과 배송 장점을 어필했고 쿠팡은 일찌감치 미국과 중국에 풀필먼트 센터(기존 물류센터에 비해 포장, 배송업체 연결, 보관 기간 등이 진화된 물류 센터)를 마련하고 직구 시장 수요에 대응해왔다. 실제로 미국과 중국의 '로켓직구' 배송기간을 2~3일로 유지하며 현지 물류센터를 공항 인근에 마련하는 등 배송일을 앞당기는 데 주력하고 있다. 하지만 그동안 해외 직구 보편화에 대응한 것은 국내 유통사만은 아니다. 아마존은 물론 전 세계의 많은 쇼핑몰에서는 배송 시스템을 고도화하는 것은 물론 글로벌 소비자에 대응하는 인터페이스와 언어 지원과 같은 편의를 급속도로 개선시켰다. 직구 가격을 낮추기 위한 국내 쇼핑몰들의 노력이 무색하게 아마존은 최근 49달러 이상 단일 상품에 무료 배송을 적용해 허들을 낮춰버렸다. 소비자 입장에서야 반길 일이지만 당신이 어떤 공산품을 한국시장에서 팔아야 한다면 이는 웃을 일이 못 된다. 기본적으로 상품 간 가격 경쟁은 국내 판매업자들에 국한했을 때도 이미 존재했고, 물건을 파는 사람이라면 가치의 차이를 만들어내는 일은 처음부터 준비되어 있어야 했다.

2023년 11월 즈음, 직접 한 가지 구매 테스트를 했다. 미국 아마존과 일본 아마존 그리고 알리와 네이버쇼핑 네 군데를 통해 각각 거의 같은 제품으로 사료되는 캠핑용 나이프를 동시에 구매해 보았다. 네이버쇼핑을 통해 발견한, 스마트스토어에서 배송된 물건이 가장 빠른 이틀 만에 도착했고, 일본 아마존에서 구매한 제품은 5일 만에, 알리는 7일 그리고 미국 아마존에서 주문한 제품은 14일 만에 배송되었다. 알리에서 주문한 제품은 상품 설명이 그럴싸하게 나와 있었지만 특정 브랜드의 제품은 아니었다. 앞서 말한 대로 제조사 제품이 그대로 포장되어 왔을 확률이 높았다. 일본 아마존에서는 A라는 브랜드 라벨이 붙어 있었고 상품 설명에서는 나이프 브랜드로서의 A의 장점이 강조되어 있었다. 미국 아마존에서는 B라는 브랜드 라벨이 붙어 있었고 해당 제품은 장인이 직접 가공한 제품이라고 상품 설명이 되어 있었다. 한국의 온라인스토어에서는 알리에서 본 상품 설명 이미지와 똑같은 이미지가 도용되었고 거기에 한글 번역문이 얹혀 있었을 뿐이다. 대신 나이프 브랜드가 아닌 판매자의 브랜딩 즉, 믿을 수 있고 배송이 빠른 판매자임을 어필했다. 제품들이 모두 배송된 후에 나이프 4개의 외관과 절삭력 등 성능을 비교해봤다. 예상하겠지만 나이프 4개 모두 외형부터 성능까지 정확히 같은 제품들이었다. 미국과 일본에서 배송된 제품들은 칼집에 각각 A와 B의 브랜드 라벨이 각인되어 있었지만 다른 건 그뿐이었다. 제품 가격은 환산하면 네이버쇼핑 6만5천 원, 아마존재팬 7만 원, 아마존 11만 원, 그리고 알리 4천7백 원 가량 되었다. 각각의 쇼핑 플랫폼에서 해당 제품이나 비슷한 제품의 최저가는 아니었지만 저것과 크게 차이 나지는 않는 가격이었다. 알리는 제조사 판매로 물건만 찍어낸 제품, 즉 브랜드가 없었다. 일본과 미국은 아마도 중국에서 제품을 가져다 브랜드 라벨을 찍어 제품을 판매했을 것이다. 한국 쇼핑몰에서는 쇼핑몰 판매자의 장점을 어필하며 중국어 번역을 돌려 상품 페이지를 만들어 판매했다. 일본과 미국은 브랜드의 패키지가 되어 있었고 중국은 아무렇게나 구겨진 종이에 박스도 없이, 한국은 배송 박스 안에 판매자의 짧은 인사

	네이버쇼핑	알리	아마존(US)	아마존재팬
가격	6만5천 원	4천7백 원	11만 원	7만 원
배송	2일	7일	14일	5일
상품 설명	중국어 번역	상품 설명만 있음	A 브랜드의 개별 이미지 제작	B 브랜드의 이미지와 중국 이미지 혼용
패키징	기본 패키지 짧은 쪽지 인사말 동봉	신문지로 싼 패키지	기본 패키지에 A 브랜드 소개 리플릿 포함	기본 패키지
마케팅/ 브랜딩	믿을 수 있는 배송 어필	–	칼집에 A 브랜드 각인 장인이 직접 가공한 제품 강조	칼집에 B 브랜드 각인 나이프 전문 브랜드 강조
제품	동일 제품	동일 제품	동일 제품	동일 제품

말이 인쇄된 작은 쪽지와 함께 사은품이라며 작은 카라비너 하나가 동봉되어 있었다.

브랜드가 중요한 제품이 아니라면 예컨대 에르메스가 아니라면 이것은 애초에 경쟁이 가능한 이야기인 걸까? 미국과 일본 아마존의 A, B브랜드는 각각 브랜딩을 하기 위한 비용이 책정된 가격이라고 봐도 무방할까? 한국에서 배송 사고 없이 빠르게 배송되는 장점을 가격에 얼만큼 매길 수 있는 걸까? 여러 가지 시각으로 생각해볼 수도 있겠다. 국내에서의 비교만 먼저 해보자. 네이버쇼핑에서 해당 검색을 통해 나온 제품들은 가격이 거의 대동소이했다. 대부분의 스토어는 알리에서 본 상품 이미지를 그대로 도용하여 번역해놓은 페이지였다. 스토어별 가격 차이는 몇백 원 내였다. 쿠팡이나 네이버쇼핑에 검색어 트렌드를 확인하면서 수십 개의 상품을 무더기로 올려놓고 어느 것 하나 걸리길 기대하는 판매자의 상품 페이지라면 성의 있을 리 만무하다. 심지어 중국어가 그대로 쓰인 상품 페이지를 올려놓은 판매자도 부지기수였다. 간혹 상품 페이지를 직접 찍은 사진을 추가하고 추가 설명들을 가미한, 예컨대 사소한 정성을 들인 스토어도 있었다. 이런 스토어는 1, 2천 원의 가격 차이가 있었다. 그러나 상품 리뷰를 확인해보면 역시 알리에서 판매되는 상품과 동일한 제품이 분명했다. 말하자면, 가격 경쟁을 국내 네이버쇼핑의 결과들에서 국내 유통 판매자들끼리 하고 있던 것이다. 다가올, 아니 이미 다가온 재앙이 준비되어 있지 않은 스마트스토어들이 한 제품의 검색만으로도 몇십 페이지에 걸쳐 나올 만큼 많았다. 물론 직구가 보편화되기 전까지 이런 형태(몇백 원의 차이)로 많은 수익을 냈던 스토어들은 그동안 크게 성장해 그 자체로 '판매자 브랜딩'을 강화해 나름 경쟁력 있는, 브랜드라 자칭하는 스토어들도 있지만 이와 같은 판매 방식이 계속 성공할 확률은 점차 희박해진다. 국내 쇼핑몰들이 배송 기간이나 배송 신뢰의 장점을 등에 업더라도 가격 차이가 저렇게 나고 보니 기대한 만큼의 제품이 아니더라도 중국에서 바로 구매하는 것이 큰 손해는 아니라는 소비자 심리도 팽배해진다.

브랜드 각인을 패키지에 찍어놓은 미국과 일본 아마존 제품들을 보자. 이 두 제품은 라벨을 (칼 자체는 아니고) 칼집에 찍어냈다. 상품 안내 페이지에서 A는 나이프 브랜드의 신뢰를, B는 장인의 손길을 피력했다. 각각 로고를 넣고 마케팅을 다르게 했다. 그럼에도 두 제품은 해당 브랜드의 가치와 기술력이 적용된 부분이 단 하나도 없었다. 말 그대로 같은 제품을 다른 브랜드로 구매할 수 있는 것이다. 두 개의 제품은 브랜드가 존재했지만 '브랜딩'이 되었다고 할 수는 없다. 가치라는 것은 단지 제품 품질로만 책정할 수 없는 것이 사실이다. 미국 아마존에서 구매한 제품의 브랜드가 만약 아웃도어 나이프의 높은 인지도와 신뢰를 쌓아온 브랜드라면 소위 그 브랜드 가치에 지불하는 것도 수긍할 만하다. 물건과 함께 브랜드의 위상도 함께 사는 것이니까. 그러나 그러한 위상을 구축한 브랜드는 제품의 차별화를 만들지 않고는 다다를 수 없다. 미국과 일본 아마존에서 구매한 제품들은 브랜드의 장점과 제품의 장점 두 부분 모두에서 가치 차별화라 할 만한 것이 없었다는 것이다. 소비자들이 제품의 장점과 브랜드의 위상을 보는 눈은 과거와 달라졌다. 리뷰가 많이 달렸다고 마냥 구매하는 것도 아니고 멋지게 포장한다고 구매하는 것도 아니다.

알리와 테무, 앞으로 쉬인까지 포함해 이곳에서 판매하는 제품의 가격은 같은 제품이라면, 현실적으로 국내에서 판매하는 쇼핑몰들이 극복하기 어려울 것이다. 유통 과정을 한 단계 거치는 것만으로도 수익 구조가 달라진다. 정부에 의해 국내 인증이나 세금 부가의 법적인 보호망이 발휘되더라도 국내 쇼핑몰에서는 마케팅 상의 번역, 물류 보관 등 여전히 유통사가 지불해야 할 추가 비용은 존재한다. 물론 농수산물이나 식자재는 정부에 수입 기준이라는 것이 있다(사과값이 아무리 올라도 수입 사과를 먹을 수 없는 이유다). 해외 직구 시장이 팽창하면서 국내 소상공인 보호를 위한 행정상의 호소도 잇따르고 있고 정부도 무관세 대상에서 제외하는 법안을 검토 중이지만 근본적으로 글로벌 자유시장의 논리를 거스르기란 어려울 것으로 보인다.

그렇다면 반대로 알리와 테무에서 팔기 부적합한 것은 없을까? 키엘의 수분크림이나 에스티로더의 갈색병은 알리와 테무에서 팔지도 않지만 설령 팔더라도 쉽게 구매하기를 꺼릴 것이다. 유통이 아무리 좁혀져도 극복할 수 없는 제품들이 있고, 제품의 탁월한 차이와 브랜드의 가치가 검증된 제품인 경우 위조나 안전 상의 문제로 인해 누가 파느냐가 더없이 중요한 제품들도 있다. 특히나 그런 브랜드라면 D2C*Direct to Consumer*(기업이 직접 소비자와 거래하는 비즈니스 모델)를 선호하며, 가격 정책은 엄격하다. 즉, 브랜드의 유무형적 가치 차별화가 된 제품이라 할 수 있다. 브랜드력이 높더라도 결국 모든 제품은 중국에서 제조되는 것이 아니냐 할 수 있지만 말했듯이, 제조사의 물건을 받아 포장만 차별화하여 파는 행위를 브랜딩이라 할 수 없다. 아마존에서 산 그나이프들이 브랜딩이 되지 않은 대표적인 케이스다. 해당 브랜드들은 본인들이 로고도 있고 그 로고를 패키지에 붙였으니 브랜드라 자부할지도 모르지만.

브랜딩에 대해 흔히들 하는 착각이다. 로고를 만들고 이름을 만들면 그것이 브랜딩이고 그로 인해 브랜드가 된다고 생각한다. 브랜드라는 것은 애당초 다른 것과 구분하기 위해 만들어진 개념이다. 구분할 수 없는 것을 브랜드라 부르기 어렵고, 구분할 수 없는 것을 브랜드로 신뢰하지 않는다. 글로벌 기업들의 '공습'과 디지털 기술이 이렇게까지 전개될 줄 몰랐다면 안타깝지만 역행할 방법은 없다. 한 끗의 기술, 한 끗의 디자인이 가미되더라도 그것이 브랜드의 핵심가치와 결부되어 있고, 그것이 소비자가 문제를 해결하는 한 끗의 차이를 제공한다면 그 제품은 차별화된 가치를 갖춘다. 중국에서 8백 원에 파는 물건을 들여와 1천5백 원으로 국내 가격 경쟁을 할 게 아니라 유무형의 가치를 부가해

2천 원에 파는 사고의 전환이 오히려 필요하다. 아마존에서 구매한 나이프가 이와 같은 가격을 매겼다. 패키지에 라벨만 찍고서. 당연히 국내에서 경쟁하는 1천5백 원에 파는 물건보다 5백 원 이상의 가치가 있어야 한다. 아니 정확히는 중국에서 파는 8백 원보다 1천2백 원 이상의 가치가 있어야 한다. 그 가치를 만들어내서 제품에 적용하는 것을 이르러 브랜딩이라고 할 수 있겠다.

글로벌 쇼핑몰까지 언급할 필요도 없다. 지금 네이버쇼핑에 '아이폰케이스'라고 검색을 해보면 9,511,894개의 검색 결과가 나온다. 한 페이지에 40개씩 정렬되면 10페이지까지 확인한다 해도 400개, 0.004퍼센트 정도의 상품 밖에는 보질 못한다. 물론 중복 상품들이 있을 거고 허수의 상품이나 스토어도 있을 것이다. 가격 범위도 2천 원짜리에서 10만 원짜리 제품까지 다양하다. 어떻게 9백만 개 사이에서 장바구니로 들어가는 상품으로 보여줄 것인가?

많은 셀럽들의 셀카에서 수없이 발견되는 스마트폰의 카메라 렌즈 주위로 까만 베젤이 둘러쌓인 케이스가 있다. '케이스티파이'라는 스마트폰 케이스다. 케이스티파이는 2025년까지 전 세계 100여 개의 리테일 매장을 오픈하고 연 매출을 30억 달러(4조 1520억)까지 내다보고 있는 브랜드다. 잘 나가는 브랜드라서 친환경도 하고, 기술 개발에 돈을 쏟아붓고, 온갖 라이센스들 다 사들이면서 유명 브랜드들과 콜라보레이션 하고, 가격이 비싸서 구매 계층의 변별력이 만들어지니 유명인이 먼저 쓰고, 유명인이 쓰니 팬들도 따라 산다. 맞다. 그런 식으로 케이스티파이의 판매 가격은 그동안 가파르게 상승했다. 하지만 판매는 그것을 능가하는 속도로 따라왔다. 가치가 그에 상응할 만큼 상승해왔기 때문이다. 애초에 '잘 나가는' 브랜드는 어떻게 된 것일까? 케이스티파이가 당시 수많은 휴대폰 케이스와 달리 시도했던 건 케이스의 개인화였다. 자신의 인스타그램 사진들로 케이스를 만들 수 있도록 했다. 그리고 인플루언서들에게 피칭한다. 그냥 우리 제품 써보라가 아니다. '본인의 사진이 들어간' 우리 제품을 써보라는 제안이었을 테니까. 이 캔버스 전략은 지금까지도 내내 케이스티파이의 주력 가치로 기능한다. 지금도 자신의 이름이나 원하는 메시지, 다양한 그래픽으로 개성을 새길 수 있다. 모두가 손에 들고 있는 똑같은 스마트폰을 '내 것'으로 탈바꿈시키는 강력한 부가가치였다. 이 개인화로 인한 높은 가격을 소비자들은 기꺼이 지불하기로 한다. 10대들은 아이돌이 찍은 셀카의 아이폰을 감싼 케이스티파이의 케이스를 숭상하기 시작했다. 초창기 케이스티파이는 인스타그램은 물론 틱톡에 적극적으로 진출한 브랜드 중 하나였다. 누구에게 어필할지 처음부터 기민하게 움직였던 것이다.

케이스티파이는 홍콩에서 시작한 브랜드다. 중국과 가깝다. 얼마든지 쉬운 게임을 할 수 있었고 그래서 네이버쇼핑에서 검색된 900만 개 중 하나의 케이스로 남을 수도 있었다. 어쩌면 한 끗의 차이로 어느 정도 성공을 맛볼 수도 있었을 것이다. 하지만 거기에 머물지 않았다. 지금이야 인플루언서 마케팅은 다들 하는 거고 케이스를 개인화하는 제품도 우후죽순으로 쏟아지지만 처음 그 가치의 차이를 만들기 위해 어떤 도전을 했는지를 간과해서는 안 되겠다. 캔버스 전략과 마케팅 채널에서 확실한 부가가치를 구현했다. 과연 케이스티파이가 알리나 테무에 스토어를 낼까? 네이버쇼핑에서 가격 경쟁을 할까?

안타깝게도 이제 시장에서 당신이 가격으로 이길 방법은 거의 사라질 형국이다. 가치의 차별화를 만들기 위해서는 자신의 철학(핵심가치)을 위해하지 않고도 혁신할 수 있는 부가가치를 무조건 하나 이상 개발해야 한다. 혁신은 시장을 송두리째 뒤집는 그런 혁신만을 이야기하는 게 아니다. 블랭크 포인트가 되었건 남은 간과하지만 나한테는 너무 중요한 가치가 되었건 혁신할 수 있는 부가가치를 제품에 적용한다. 커뮤니케이션 역시 모두가 경쟁하고 있는 시장에 가서 똑같은 확성기로 똑같은 메시지를 전달해서는 안 된다. 그들이 하는 것은 구매자를 찾은 것이고, 가치를 지닌 브랜드는 팬을 만드는 제언을 한다. 마지막으로는 그 가치를 훼손하지 않고 계속해서 존속시키고 고도화해 나가는 일이다. 어쩌면 가치를 만들어내는 일보다 가치를 훼손하지 않는 일이 더 어려울지도 모른다. 공룡 같은 기업이 쓰러지는 이유는 보통 그 가치의 존속이 이루어지지 못했기 때문이다.

8장

불편한 변화

개인으로서 우리는 늘 변화를 꿈꾸고 희망하지만 실제로는 변하지 않으려는 극성이 강하다. 기업과 조직에서도 변화와 성장, 혁신과 같은 단어는 수시로 제창되는 구호지만 그 자체로 유기체인 기업 역시 변하지 않으려는 속성은 강하다. 하지만 개인이든 조직이든 변하지 않는 가치의 존속을 위해서는 끊임없이 변화를 추구해야 하며, 변화 안에서만 가치를 발견할 수 있다.

우리는 변화의 한가운데에 살면서도 변화를 쉽게 체감하지 못한다. 또는 의식하여 인식하지 않는다. 하지만 그것이 비즈니스의 한가운데라면 이야기가 달라진다. 하루아침에 몇 조원의 주식 가치를 잃는 기업이 있는가 하면, 새로운 환경이나 경제 흐름에 따라 수많은 브랜드는 뿌리째 휘청인다. 일은 변화로 가득한 소우주다. 이곳에서 변화를 부정하고 살아남을 방법은 없다. 변화에 적응하는 방법은 변화하는 것이다. 그리고 변화에 성공하면 성장을 이룰수 있다.

"살아남는 것은
가장 강한 종이나 가장 똑똑한 종이 아니라
변화에 가장 잘 적응하는 종이다."
– 찰스 다윈

비즈니스의 몰락

지금이야 개별 음원이나 싱글 앨범으로 대표되지만 과거 앨범 황금기 시절에는 정규 앨범이 아티스트의 진정한 결과물이고 승부처였다. 인류의 역사에 남을 수많은 아티스트와 그들의 앨범이 있지만 그중에서도 데뷔 앨범으로 그야말로 메가 히트를 치는 일은 흔한 일이 아니었다. 하지만 그보다 더 희박한 일은 데뷔 앨범으로 성공한 아티스트가 두 번째 앨범도 데뷔 앨범에 준하는 완성도와 성공을 거두는 일이었다. 데뷔 앨범은 밴드 또는 가수가 데뷔하기까지 수년간 모아온 모든 공력이 집약된 결과물이다. 그동안 수많은 무대에서 검증된 곡들로 데뷔 앨범을 채웠을 것이다. 그 빛나는 재능과 예술적 영감을 데뷔 앨범의 감동만큼 두 번째 앨범에서 다시 추출하는 일은 단지 노력의 수준으로는 이를 수 없는 경지라 생각한다. 그럼에도 그런 두 번째, 세 번째 앨범들은 엄연히 인류에 존재해왔고 문화를 융성하게 이끌어왔다. 처음에 어떤 계기로든 성공한 브랜드가 후속 제품이나 그에 준하는 퍼포먼스를 보이지 못하고 추락하는 경우는 비일비재하다. 유니콘 기업을 예상했던 브랜드가 어느 순간 정리 수순을 밟게 되는 뉴스도 어렵지 않게 접하게 된다. 데뷔 앨범과 같은 성공을 계속해서 이어나가는 것은 비즈니스에서도 쉽지 않은 일이다.

어떤 상품을 보고 '대체 이런 건 누가 만드는거야?'와 같은 감탄을 할 때가 있다. 구매는 물론 이걸 만든 사람(브랜드)의 팬이 되겠다 기꺼이 마음먹는다. 이런 제품은 누구 하나에게만 돋보이는 게 아닌지라 제품은 곧 불티나게 팔린다. 이 제품의 매출로 탄력받은 브랜드는 홈런을 친 제품의 인기 요인을 맥을 짚듯 짚어가며 서둘러 2차, 3차 후속 제품들을 생산한다. 그런데 이상하게 시장에서는 첫 번째 제품과 같은 반응이 일지 않는다. 마케팅이 부족해서일까? 기존 수익의 많은 부분을 후속 제품들의 마케팅에 투입해본다. 그런데 도무지 ROI(투자대비수익률)가 나오질 않는다. 기대와는 전혀 다른 시장 반응만 돌아올 뿐이다. 결국 구관이 명관이다 생각하며 그동안 관성적 수익에 방치했던 첫 번째 히트 상품을 다시 제품군의 전면에 세우고 마케팅도 이 제품으로 다시 집중한다. 하지만 기대했던 롱테일의 판매 곡선은 뜻과 같지 않다. 어떤 상품으로 엄청난 성공을 이룬 브랜드는 왜 그 이후에 그만한 성공은커녕 오히려 몰락의 길을 걷게 되는 경우가 많은 걸까? 브랜드 가치 관리 차원에서 알아보자.

1. 제품의 특성이 아니라 해당 제품을 사랑한 사람들에 관해 연구해야 한다.

제품이 성공하면 기업은 소비자를 믿는 게 아니라 제품을 믿으려 한다. 브랜드들이 겪는 이 도그마는 한결같다. 소비자는 낚은 물고기며, 이제 이유를 제품에 부여하기 시작한다. 그렇게 물성 가치를 높이는 방안, 또는 수익률을 높이는 방안으로 화살이 향한다. 어떤 제품이 성공했다면 제품의 특장점과 가격 요인 등 외적 가치보다 더 집중했어야 하는 일은 그 제품을 산 사람에 관해서다. 미리 페르소나를 선명하게 정의하지 않았을 수도 있고, 타깃팅이 계획적이지 않았을 수도 있다. 늦었지만 어떤 식으로든 제품이 성공했다면 집요하게 그 대상을 연구했어야 한다. 연구해서 무엇이 나오냐면 그들의 가치가 나온다. 그들이 중요하게 생각하는 가치를 찾아야 한다. 그 사람들이 소중히 생각하는 것, 그 사람들이 생각하는 가성비, 그 사람들이 생각하는 이득, 그 사람들이 위상을 보여주고 싶어 하는 대상… 제품이 아니라 그 가치에서 실마리를 찾았어야 한다. 설령 운 좋게 타깃 전략이 없이 성공했더라도 시장과 사람은 변한다. 변화하는 또는 변해버린 상황에서 어떤 기준으로 성공한 제품의 가치를 견인할 것인가? 무엇 때문에 그 제품이 성공했는지 왜 소비자가 아닌 제품에서만 끄집어내는가? 그것을 사람들의 가치에서 발견했다면 제품의 장점에 기반한 개발이나 성능 개선이 아니라, 사람들의 가치를 증대시킬 수 있는 목적에 집중해 제품의 개발과 개선이 이루어졌을 것이다.

2. 후속 제품들은 브랜드 가치 차원에서 개발되고 판매해야 한다.

후속 상품이 종전과 같이 판매되지 않을 때 브랜드가 선택하는 일은 두 가지다. 제품을 내리거나 마케팅에 힘을 더 싣거나.

안타깝게도 전자는 이미 선택했어야 하는 시기가 한참 지나서야 선택하는 경우가 많다. 이상한 것이다. 앞선 성공 공식을 다 대입해서 실패할 이유가 없어 보이는 제품이기 때문에. 그래서 마케팅에 자금을 투입한다. 혹, 어필하지 못해서인가 생각하면 할수록 잘못된 메시지를 확성기로 크게 내보내는 결과를 초래한다. 이쯤되면 앞선 성공 제품의 공식을 잘못 계산한 거라 시인해야만 한다. 후속 제품에서 성공 유산을 이어가고 싶었다면 제품 자체가 아닌 브랜드의 가치에서 찾아 연결해야 했다. 성공 제품의 성공 이유는 이미 그 제품이 외형적으로 그리고 기능적으로 잘 구현되었기 때문이다. 이를 1에 대입해 개선한 제품이면 몰라도 기존 성공 제품의 물성 특성을 계승한 제품은 오히려 기존 제품의 변별력을 희석시킬 수도 있다. 또 브랜드의 가치가 분명하지 않으면 당신은 소비자들에게 후속 제품을 기존 제품이 시작했던 출발선에서부터 다시 이야기해야만 한다. 1과 2의 오판 요인에 의하면 기존 제품이 성공한 건 제품이 뛰어나서지 당신(브랜드)이 훌륭해서는 아니지 않은가? 그러니 후속 제품도 누가 만들었는지와는 상관없이 다시 제품으로서 얼만큼 뛰어난지 처음부터 증명해야 한다. 리소스 소진은 가중된다. 후속 제품의 마케팅에 유난히 돈이 많이 들어갔다면, 앞서 브랜드의 가치를 공고히 하는 데 들여야 했던 노력을 소홀히 했을 확률이 높다.

3. 인기 제품은 카피 캣이 나오는 게 당연하다.

후속 제품들이 빛을 보지 못하면서 과거 효자 상품을 다시 선상에 올릴 즈음에는 후속 제품들의 개발과 마케팅 비용 소진으로 자원이 별로 없다. 사실 그보다 위중한 문제는 경쟁 제품들이다. 가격으로도 성능으로도 다양한, 아마도 더 나은 옵션의 제품들이 속속들이 시장에 나올 것이다. 어떻게 경쟁할 것인가? 기존에 많이 팔린 제품이라는 호소로? 무엇 때문에 그 제품을 여전히 구매해야 할까? 그 이유가 빈약하다면 안타깝지만 성공 제품이 성공 제품으로 계속 존재하기는 어려울 것이다. 유사 제품들이 생겨 가격, 성능 모두 다 경쟁력이 떨어져도 아로새겨져 희석되지 않는 한 가지는 바로 브랜드의 가치다. 유형의 가치는 그 가격이 떨어지기도 하고 누군가 쉽게 따라할 수 있다. 어쩌면 해당 제품의 무형의 가치마저 일부 따라할 수 있을지 모른다. 하지만 그것을 만든 사람까지 복제할 순 없다. 오리지널리티를 신뢰하는 가장 근본이 되는 기준은 '누가', '왜' 만들었냐다.

많은 기업의 임원들은 급박한 상황에 다다르면 '매출 증대'라는 신호에만 반응한다. "브랜드의 가치를 지키고 방향을 정확히 하는 건 좋은데 망하면 아무 소용없어"라는 말을 임원이 입 밖에 내는 순간 직원들의 스위치는 변환된다. 팔리는 일은 뭐든 해내라고 하면 정말 일선의 실무자들은 어떻게든 해내고야 만다. 회사가 문 닫을 판인데 그놈의 브랜드 가치고 뭐고 지금 중요한 게 아니지 않는가? 광고 돌리면 시장은 어쨌거나 반응한다고 자위한다. 미안한 얘기지만 그 급박한 상황에서 중요하지 않은 브랜드 가치는 그 조직에서 그전에도 중요했을 확률은 없다고 본다. 그러니 광고로 계속해서 숫자를 만들고 다시 사그라들면 다시 하고, 계속 반복인 것이다. 광고 없이 3개월 내로 매출 절벽을 걸게 된다면 해당 제품의 광고 효과는 포기하는 게 맞을지도 모른다. 상품을 다시 설계하고 아니, 그전에 브랜드를 다시 설계하는 것이 필요하다.

광고가 불필요하다는 뜻은 아니다. 콘텐츠든 상품이든 포화된 세상에서 단지 좋다고 부각되기만을 기대하기란 어렵다. 런칭에 필요한 스파크도 필요하고 메시지를 효율적으로 전달하기 위한 최적의 매체 활용도 필요하다. 특히 태우고 사라지는 광고 콘텐츠가 아니라 태워서 청중을 만드는 자원 생성의 마케팅이라면 중요한 일이다. 다만 마케팅을 숫자 만들기의 일환으로만 생각한다면 밑 빠진 독에 물 붓기가 될 것이다.

기업의 이상적인 브랜딩과 마케팅의 리소스 할당 비율은 2대 1이 되어야 한다고 하지만 이와 같이 실행하는 브랜드는 현실에서는 드물다. 대부분 역전된 1대 2의 리소스를 쓰거나 그것도 아니면 제품 마케팅에 '몰빵'한다. 제품 자체의 마케팅보다 브랜드의 가치를 공고히하는 브랜딩이 우선되어야 하는 이유는 이러하다. 그 제품을 생산하고 판매하는 브랜드는 그 제품 하나만을 내는 곳이 아니다. 각각의 제품이 각각의 마케팅으로만 승부할 수 있다면, 아무도 보장할 수 없는 각 제품의 성공 여부에 각각 돈을 걸어야만 한다. 같은 돈을 쓰더라도 그 돈이 각각의 제품을 뒷받침하고 있는 브랜드에 일정 투자된다면 설령 제품이 성공하지 못하더라도 판돈이 모두 증발하는 것이 아니다. 제품 자체가 빛나기 위해 우리가 그렇게나 피땀 흘려 만들어내려는 차이는 보통 유형의 가치가 아니라 무형의 가치에서 오고 그 무형의 가치의 많은 영역은 바로 그 제품을 만든 브랜드에 있다. 숏텀에서의 승리만 바라며 제품 마케팅에 집중하지만 그것은 결국 계속 판돈을 높여 주사위를 던지는 일에 가깝다. 심지어 그 숏텀에서조차 롱텀에서나 역할한다고 치부하던 바로 그 '누가' 만들었는지가 지금은 중요한 작동 이유가 되고 있다. 당신이 그동안 소비자라고 불렀던 그 사람들은 이미 그런 시야와 기술을 모두 갖추었다.

브랜드를 구축했다함은 무엇일까? 로고와 네이밍이 있나? 다행이다. 상품을 찍어낼 때 당신의 브랜드 산하 제품이라는 표식이 있으니. 그렇다면 개발팀, 브랜드전략팀, 크리에이티브팀, 마케팅팀, 세일즈팀, IT팀, 각자 해야 하는 일의 기준은 무엇인가? 리더의 역할은 무엇인가? 성공적인 제품 출시와 판매. 그러기 위해서 각자 무엇을 하는가? 좋은 제품을 만들고 마케팅을 잘해 제품을 잘 판매하는… 잠깐, 이 지점이다. 좋은 제품은 무엇이고 좋은 판매는 무엇인가? 브랜드를 구축했다함은 조직의 목적과 미션이 무엇인지 명확히 인지하고, 어떤 가치를 위해서 제품을 만드는지 브랜드의 가치를 확립하고, 그 가치에 부합되는 대상을 정의해 그들에게 적확한 메시지를 전달하고 청중으로 만드는 일을 리더와 개발팀, 마케팅팀, 크리에이티브팀, 세일즈팀, IT팀이 각자의 역할에서 훼손됨이 없이 구현되도록 소임과 책임 그리고 희생을 감수하는 이행을 뜻한다.

> "전 세계에 있는 모든 운동 선수에게 영감과 혁신을 준다. (그리고 그 뒤로 작은 글씨로) 당신이 신체를 가졌다면 당신은 운동 선수다."

나이키의 미션이다. 성능 좋은 운동화로 운동 선수의 퍼포먼스를 높인다가 아니라 왜 영감과 혁신을 준다고 하는 걸까? 당신은 나이키가 운동화로 영감과 혁신을 주고 있다고 생각하는가? 그저 영감과 혁신을 준다고 카피라이터가 적어놓으면 나이키는 그것을 주는 것이 되는가? 반대로 생각해보자. 나이키가 영감과 혁신을 주지 않는데 운동화를 팔 수 있다고 생각하는가? 사람들이 디자인이 이쁘다는 이유로 조던을 사줘서 나이키는 몇십 년 동안 'just do it'만 걸어놓고 영감이니 혁신이니 말장난만 하고 있었던 게 아니다. 나이키는 그 가치가 훼손되지 않기 위해 사력을 다했고 지금도 하고 있다.

안정은 편하고 변화는 불편하다

매출을 성장시키거나 소비자 인식을 바꾸려고 하거나, 첨예한 경쟁 관계를 극복하려는 등 사업에서 어떠한 문제를 맞닥뜨렸을 때 필요한 건 그저 어떻게든 문제를 빠져나오는 게 아니다. 일련의 문제 해결을 위해서는 대부분 스스로 변화해야 한다는 것을 조직은 또는 경영자는 알고 있다. 조직이 변화의 방법을 모르기 때문에 변화하지 못하는 것은 아닐 것이다. 어떤 내부 개선이 필요하고 어떤 외부 활동이 필요한지 대부분 잘 알고 있다. 때론 내부의 힘으로는 그것이 잘 이루어지지 않을 때 외부의 도움을 받기도 하지만 순전히 외부의 힘만으로는 그 변화를 이룩하기는 어렵다.

조직은 그렇게 쉽게 변화하기 어렵다. 유기체로서 조직은 결국 안정된 상태를 지향하기 마련이다. 생존과 직결되지 않는 이상 유기체에게 안정은 편하고 변화는 불편하다. 물론 조직의 리더는 늘 생존의 문제를 떠안고 있다. 리더 말고 다른 구성원은 조직의 생존 문제를 그렇게 심각하게 인지하지 못하지만 그렇다고 모두가 리더와 같은 수준으로 생존 문제를 떠안고 있다면 대부분 다음날 출근하기 어려울 것이다.

이 유기체가 조직이 아니라 개인이라면 조금 다를 수는 있다. 개인은 일정 이상의 부를 이루면 불로소득으로 생계를 유지하기도 하고(그렇게들 바라는 경제적 자유), 큰 이변이 없다면 안정된 노후를 편안하게 유지할 수도 있다. 반면, '안정'이 조직을 지속적으로 유지하게 할 수 있는지 묻는 답변에 '그렇다'고 대답하는 경영인은 아무도 없으리라 생각한다. 내연 기관으로 한 세기를 누리던 모빌 기업들이 쓰러지고, 메타(Meta)나 엑스(X, 옛 트위터) 같은 기술 기업도 언제 뒤안길로 사라진다 해도 이상하지 않다. 기업 가치의 상위에 있는 다른 기술기업들도 인공지능이 보편화되는 시장에서 어떻게 좌초할지 모른다. 대부분의 산업 분야에서 시장은 기업보다 더 빠르게 변화한다. 환경이 변하든, 경쟁사가 변하든, 소비자가 진화하든. 시간이 갈수록 시장의 변화 속도는 빨라진다. 변화의 가속도도 높아져서 지금 시점에 10여 년 전의 변화 추이를 추론해 비즈니스에 적용하는 것은 무의미할 정도다. 지난 몇 년간의 세상의 변화가 그전 50년간의 세상의 변화보다도 더 컸다. 인류가 5천 년 동안 축적한 데이터의 양은 지금은 하루만에 생산된다.

환경 속에서 어떻게 변화를 마주하는가는 진화론의 핵심이다. 흔히 거부, 수용, 창조의 세 가지로 분류하지만 수용은 다시 두 가지로 세분화될 수도 있다. 여기 변화를 마주하는 네 가지 부류의 사람들이 있다.

a. 변화를 받아들이지 않는 사람
b. 변화에 끌려가는 사람
c. 변화를 적극 수용하는 사람
d. 변화를 만들어내는 사람

역시나 유기체인 사람은 기본적으로 관습, 관행을 유지하려고 한다. 안정이 편하기 때문이다. b와 c의 사람은 결국 변화를 받아들이긴 하지만 변화에 끌려가는 사람과 변화를 적극 수행하는 사람에게는 행, 불행의 차이가 있다. 생존을 위해 마지못해 관습을 버려야 하는 사람(b)은 오랜 시간 고통과 인내가 뒤따를 것이고, 새로움을 적극 받아들이는 사람(c)은 그 변화 속에서 자신의 방법론을 찾을 확률이 높다. 자신의 방법론을 찾는 건 자신의 가치를 찾는 일로, 최상위의 욕망 실현 단계에 근접한다. b, c 모두 변화를 받아들이고 일정 시간이 지나면 다시 '안정'의 단계에 접어들게 된다. 그 안정이 끝나면 다시 새로운 변화를 선택해야 하는 시기가 온다. 그때 c는 b보다 훨씬 수월할 수밖에 없다. 이미 그것으로 욕망이 실현되는 경험을 했으므로. 마지막으로 변화를 만들어내는 사람들(d)이 있다. 이 사람들은 선구자로, 보이지 않는 길에 발을 내딛는 용기와 남들과는 다른 시각을 가지고 있다.

이 네 가지 부류의 사람을 조직으로 적용해보자. 아마 각 부류에 해당하는 조직이나 기업이 한두 개씩은 떠오를 것이다. 먼저 기존의 체제를 유지하려는 조직은 나태와 기만의 부정적 표상으로 떠올릴 수도 있지만 필요에 의해서 선택하는 조직도 존재한다. 대개 공적 자원을 다루거나 사회적 기준을 다루는 조직들이 그러하다. 궁극적으로는 그들도 느린 변화를 받아들여야 하는 사실은 변함이 없다. 그런 경우가 아니라면 조직이 변화를 거부한 채로 생존을 바라는 건 어불성설이다. 사실상 경쟁 시장에서

는 변화에 끌려가는 조직(b)과 변화를 기꺼이 수용하는 조직(c)이
주를 이루게 된다. d에 해당하는 변화를 만들어내는 조직은 현실
에서는 극히 드물다. 이들은 산업을 넘어 어떨 때는 인류의 형태
까지 변화시킨다. 시장에서 각 부류의 조직들이 차지하는 비중
은 아래와 같은 순서일 거라 추론한다.

① 변화에 끌려가는 조직(b)
② 변화를 기꺼이 수용하는 조직(c)
③ 변화를 받아들이지 않는 조직(a)
④ 변화를 만들어내는 조직(d)

모두가 잘 알 만한 애플을 예를 들면 애플은 ②로 시작한 기업
이다. 당시는 퍼스널 컴퓨터 시장이 새롭게 형성되고 있던 시기
였다. 당시 컴퓨팅 기업들은 대부분 애플과 마찬가지로 혁신 집
단들이었다. 이 거대한 변화에서 좀 더 앞으로 나아갔던 작은 차
이들이 훗날 애플로 하여금 자산 가치 1위 기업의 위엄을 달성하
게 했고 그러한 기업이 되었기에 변화를 만들고 또 끌고 가는 승
자의 섭리도 따라왔다. 얘기인즉슨, 제품 분야가 시장에 널리 통
용된 상황에서는 ②변화를 기꺼이 수용하는 조직이 가장 성공
할 확률이 높다는 것이다. 모두가 퍼스널 컴퓨터를 사용하고 있
다면 퍼스널 컴퓨터를 (변화를 통해) 새롭게 시장에 제시하고, 모
두가 mp3 플레이어를 사용하고 있다면 mp3 플레이어를 (변화를

통해) 새롭게 시장에 제시한다. 그것이 애플의 아이맥이었고 아이팟이었다. 애플의 혁신성은 두말할 것 없는 사실이지만 애플은 퍼스널 컴퓨터나 mp3 플레이어를 세상에 처음으로 내놓고 판매한 선두 업체는 아니었다. 각 분야에서 그러한 선두 기업들은 대개 그것보다 진일보한 다음 기업들에 의해 이름이 가리워졌다.

같은 변화의 수용이더라도 ①변화에 끌려가는 조직의 매출이 ②변화를 기꺼이 수용하는 조직보다 오히려 나은 경우도 있다. 카테고리가 시장에서 안정화된 뒤 가장 성공적인 제품을 답습하여 개선해낼 확률이 높기 때문이다. ①과 같은 조직이 시장에서 가장 많이 포진되어 있고 또 평균적 우위에 있다고 추론하는 이유다. 그러나 이런 조직들은 따라가는 변화의 지점을 놓칠 경우 쉽게 시장에서 몰락하기도 한다. 그저 변화를 따라가기에 ①은 '개선된' 제품을 내놓지만, 변화에서 능동적으로 자신의 가치를 발견하는 ②는 '진화된' 제품을 내놓는다. 진화의 수준이 고도화되어 그것이 시장의 기준이 되고, 문화가 되었기에 이제 애플은 ④변화를 만들어내는 조직이 되었다. 그 진화의 유산을 가지고 있기 때문에 설령 개별 상품이 역사의 뒤로 사라져도 브랜드는 굳건하게 성장을 이어나간다. 반면, 단지 개선한 제품이 시장을 점령하는 경우는 드물다. 송두리째 혁신하고 새롭게 낸 제품이 시장을 잠식한다. 변화에 끌려가는 조직은 '개선'하지만 변화를 기꺼이 수용하는 조직은 '혁신'할 수 있다. 하여 ②와 같은 조직은 ①과 같은 조직이 낼 수 있는 성공과는 비할 바 없는 수준에 다다르기도 한다.

③변화를 받아들이지 않거나 ④변화를 만들어내는 부류는 제외하고 우리가 현실에서 마주하는 ①과 ②에 대해 좀 더 생각해보자. ①과 같이 변화에 끌려가더라도 수익만 낼 수 있다면야 나쁘지 않지 않을까? 변화에 끌려가는, 예컨대 유사 제품을 내놓거나 그러한 조직이라는 포지션이야 포장하기 나름이니 그것 역시 크게 문제될 게 없어 보인다. 그러나 조직의 지속가능성은 쉽게 장담하기 어렵다.

경험한 바, 변화에 끌려가는 조직은 이런 공통점이 있다. 그들은 대중이 이런 걸 원해서 시장에 이런 상품을 내놓는다고 한다. 앞서 성공한 특정 상품을 모델로 시장 장악력만을 목표로 한 개선 제품을 내놓는다. 왜 만들었는가가 아니라 어떻게 만들었는가에 집중한다. 매스 마케팅에 집중한다. 소비자가 아닌 다른 사람(인플루언서)의 입을 통해 제품 성능을 주장한다. 그래도 이와 같은 외부 마케팅 활동은 매출에 순기능을 하기도 하니 상황에 따라선 잘못된 선택은 아니다. 문제는 내부에 있다. 변화에 끌려온 탓에 목표는 있을지언정 목적은 쉽게 동의되고 공유되지 못한다. 부서 간 이해관계가 대립된다. 목적을 설명하는 사람과 실행하는 사람이 따로 있고 서로 간의 소통이 원활하지 못하다. 각자의 역할은 각자의 목표에서 한정된다. 브랜드가 아니라 변화에 맞춰 출시하는 상품에 집중한다. 경쟁력 있는 제품이 틀림없지만 소비자가 아닌 제품 부각에만 집중된 마케팅으로 인해 브랜드와 상품은 시너지를 내지 못한다. 변화의 가치는 시장 순응과 그로 이용한 시장 확보라 생각한다.

그에 비해 변화를 적극적으로 수용하는 조직은 이런 공통점이 있었다. 소비자의 문제해결 지점이 분명하다. 그런 이유로 '왜'라는 질문의 답도 더 명확하다. '왜'에는 주체가 있고, 그래서 주체인 브랜드가 자연히 부각된다. 만든 사람이 누군지 밝히지 않고 '왜'를 설명하기란 불가능하기 때문이다. 상품이 아닌 시장을, 시장이 아닌 고객을 보려고 노력한다. 그런 이유로 고객 이해를 위해 더 많은 시간을 할애한다. 내부에선 목적에 부합하는 일인지 서로 확인하는 것이 익숙하다. 이것을 엄정하게 조율하는 담당자가 따로 있기도 하다. 목표는 상사가 확인하면 되는 숫자지만 목적은 단지 상사라고 확신할 수 없기 때문이다. 받아들여야 할 변화를 목적에 상속된 일로 보기 때문에 변화 초기의 진통을 감내한다. 또는 그 진통을 미리 책정한다. 변화 안에 가치가 있다고 믿으며, 변화를 통해 조직만의 가치를 만들어낸다.

앞서 말한대로, 지금은 변화의 속도가 지난 10년 전 아니, 1~2년 전과도 다르다. 변화에 끌려가는 기업은 변화를 추적 매수하는 한번의 타이밍만 놓치더라도 큰 위험에 빠지게 된다. 그 변화가 10년에 한 번 꼴로 존재한다면 모르겠지만 지금의 변화는 상시적인 환경이다. 게다가 변화의 가치를 스스로 만들어내지 못하기 때문에 이 타이밍은 언제나 뒤처질 수밖에 없다. 변화는 싯

다르타에 나오는 냇물과 같이 그냥 계속 흘러가는 것이지 갑자기 여기서부터는 4차 산업혁명 시대, 이러면서 선이 그어져 있지 않다.

어느 경영 기술서에 있는 나쁜 점과 좋은 점을 대비해놓은 것 같은 소리다. 그런데 그게 내가 보고 경험한 조직과 기업 들의 현실이었다. 이런 일들은 왜 일어나고 어떻게 해야 바꿀 수 있을까?

변화 안에서만 발견하는 가치

먼저 변화가 나쁜 것인지 좋은 것인지를 판단하기 전에 변화는 상시적 환경이라는 것을 받아들여야 한다. 변화에 끌려가든지, 적극 수용하든지 두 개의 선택지 밖에 없다. 변화를 거부하는 것은 선택사항이 아니다. 그것은 도태를 받아들이는 일이다. 변화를 만들어내는 건 변화를 능동적으로 수용하고 변화의 생리가 지속적으로 구동될 때 가능한 업적이다. 이때의 변화는 더 이상 환경 변화에 의한 피치 못할 수동적 변화가 아닌 주체적 변화로 바뀐다.

능동적 변화가 아니더라도, 심지어 변화 없이도 변화하는 환경에 대응할 수 있는 일이 존재하긴 한다. 하지만 근본적으로 변화하는 체질을 가지지 않는 이상 지금 시대에 비즈니스를 존속시키는 건, 하물며 성공하는 건 무리다. 비록 처음의 변화가 환경 때문이었다 할지라도 이후, 가치를 빚어내는 일들은 주체적 변화에서만 발휘될 수 있다.

변화를 통해 브랜드와 조직이 강화되기 위해 할 수 있는, 또 해야 하는 일은 아래와 같다. 이것은 내가 브랜드를 도울 때 수행하는 일이기도 하다.

1. 브랜드와 조직의 가치중심 분석

브랜드의 인지도나 소비자 조사 등 기업의 물건을 사주는 사람들 그리고 시장에 대한 분석과 평가는 이미 차고 넘치게 들고 있을 것이다. 먼저, 변화를 추구한다면 그것이 외부의 환경 변화 때문이 아니라 브랜드의 실존적 성장의 이유에 있어야 바람직하다. 앞서 말한 변화에 끌려가는 조직과 변화를 기꺼이 수용하는 조직의 차이다. 변화에 끌려가는 조직으로서의 변화 수용은 그 이유를 외부에서 찾기 마련이다. 환경이나 시장의 변화에만 집중한다. 반면 변화를 적극 수용하기로 했다면 이제 내부를 더 들여다봐야 한다.

구성원들이 조직의 목적을 잘 알고 신뢰하고 있는가? 제품의 정의를 각 부분에서 어떻게 내리고 있는가? 구성원들이 서로 동일한 언어를 사용할 방안이 있는가? 브랜드의 가치는 무엇이고 소비자들이 교환하는 가치는 무엇인가? 그것의 차이를 직시하고 있는가? 그 차이들을 줄이기 위해 수행하는 일은 무엇인가? 마련된 장치는 무엇인가? 이와 같은 본질적인 가치 정립이 어떻게 되어 있는지를 확인하는 게 첫 번째 일이다. 그 다음 비즈니스의 전략과 전술에서 그 가치가 어떻게 보전 또는 강화되는지 아니면 누락되는지를 분석한다. 이미 최적의 선형적 프로세스에 의해 조직이 움직이고 있다고 믿어 의심치 않는 많은 구성원들의 저항이 있겠지만 지금은 그 프로세스를 부정하는 타이밍이 아니다. 그것을 여실히 확인하는 것이 먼저다. 구성원들은 자신의 변화라면 몰라도 조직의 변화는 대부분 반기지 않는다.

조직의 목적에서 프로세스의 합리성까지 확인되면 그제서야 개인에 집중한다. 조직의 가치는 무엇이고, 개개인의 가치는 무엇인가? 그것의 차이를 인지하고 있는가? 그 차이들을 줄이기 위해 조직에 구비된 방편이 있는가? 그것은 얼마나 효과적인가? 쉽게 말해 개인이 행복한지를 확인하는 것이다. 많은 조직이 개인의 자기개발을 적극 지원하고 장려한다고 한다. 그리고 그것을 '복지'의 영역에 포함한다. 그것이 왜 복지인가? 구성원의 자기개발, 나아가 자기계발은 기업의 이익 실현에 중차대한 영향을 끼친다. 그것이 일에 종속되지 못하고 복지의 '혜택'으로 어필되어선 안 될 노릇이다. 이를 위해 경영진은 먼저 조직이 개인의 행복을 기대함을 밝혀야 한다. 기왕이면 그것이 인본주의 때문이 아니라 오히려 공리주의 때문이라고 밝혔으면 한다. 개인이 행복해야 가치를 발현할 수 있고 그래야 기업이 가치를 만들어낼 수 있기 때문이니 숨길 이유가 없다. 아니, 기업의 이익실현을 위해 개인의 가치 실현이 중요하다는 말이 구성원들에게 더 설득력 있기 때문이다.

확인해보면 알겠지만 구성원들이 근본적으로 불행하다고 느끼는 이유는 단지 과중한 업무나 커뮤니케이션의 난항, 그것도 아니면 만족스럽지 않은 임금에만 있지 않다. 구성원의 대부분이 일에서 자아를 발견하고 자기가치를 성장할 수 있는 장임을 이미 포기했다는 사실을 발견하게 된다. 그것을 구현해낼 수 없다는 것이 앞의 이유들보다 더 큰 불행의 요체다. 자아를 가진 하나의 개체로서 사람은 누구도 조직에서 소모되고 싶어 하지 않는다.

2. 목적 중심의 조직으로 탈바꿈

변화는 귀에 걸면 귀걸이, 코에 걸면 코걸이 식의 변화무쌍한 대응이 핵심이 아니다. 오히려 변화하지 않는 것을 먼저 결정하는 것이 변화하는 체질로 변하기 위한 첫 번째 일이다. 기업과 조직에서 무엇이 변하지 않는 것인가? 조직의 존재 목적이다. 아마 사칙의 앞쪽에 적혀 있을 것이다. 그것을 모두가 이해하고 현실 가능한 일이라고 믿게 해야 한다. 그 핵심가치를 모두가 믿지 않거나, 현실 가능한 일이라고 생각이 들지 않는다면, 그러한 목적으로 구체화하고 변경해야 한다. 핵심가치를 위해 구성원 각자가 무엇을 해야 하는지 알 수 있어야 하는 것이 목적이다. 조직의 목적이 '세계 평화'와 같이 남사스러워 입 밖에 내는 게 힘들어도 상관없다. 그 남사스러운 일을 위해 구성원인 내가 무엇을 해야 하는지 아는 일이고, 그것을 통해 나의 가치도 창출해낼 수 있어야 한다. 그렇게 믿을 수 있도록 효과적으로 설득하고 합의해야한다. 분기 매출과 같은 것은 목표다. 많은 조직들이 해야 할 일이 분명하기에 목표는 알지만 반대의 이유로 목적은 불분명하다.

다시 한번 말하지만, 그 목적이 공유가 되어 있지 않다면 그리고 그 목적을 위해 각자 무슨 일을 어떻게 해야 하는지 모르고 있다면 그것은 목적이 아니다. 각 단위의 리더들은 이 일에 힘을 실어야 한다. 하다못해 이 일이 수행되도록 누군가에게 칼자루라도 쥐어줘야 한다. 변화를 가져오기 위해 이제부터 해야 할 아흔아홉 가지의 일은 차지하고 조직이 이 일을 간과한다면 '이노베이션'이니 '시대적 사명'이니 '과감한 추진'이니 하는 허울 좋은 미션을 시도하면서 자원을 소각하는 일은 부디 삼갔으면 하는 바람이다. 멋진 붓글씨로 어딘가 잘 걸어놓는다고 될 일도 아니다. 목적의 구체적인 확립과 공유, 그리고 재확인, 재생산, 목적을 실현하기 위한 고도화는 조직이 존재하는 한 끊임없이 해야 하는 일이다. 변하지 않는 목적을 바탕으로 할 때만이 변화의 가치와 당위, 변할 수 있는 범위, 변화의 득과 실을 구분하고, 변화의 실행력을 갖추어나갈 수 있다.

3. 브랜드의 전략 수립

전략은 목적하에 수립해야 할 가장 큰 단위의 일을 뜻한다. 브랜드의 유형적 약속은 당연하다. 지켜야 할 가이드라인과 보여줘야 하는 외형, 상품의 품질 기준 등. 그러나 브랜드 전략 수립의 근간은 무형적 가치에 있다. 단지 하나의 문장으로 쓰인 목적이 어떻게 무형적인 가치로 환원할 수 있는지의 구현 계획이 바로 전략이다. 그것을 수립하는 두 가지 큰 축은 구성원을 포함한 브랜드 자체이고 나머지 하나는 브랜드의 대상이다. 브랜드는 어떤 취향을 가지고 있고, 어떤 가치를 소중히 하고, 그 소중히 하는 가치를 어떻게 브랜드와 상품에 구현하는지를 정의한다. 브랜드가 바라보는 대상이 구체적으로 누구이고 그 누구의 어떤 문제를 해결하려는 것인지를 규명한다. 브랜드의 전략은 이 두 개체의 가치 합치에 있다. 그 지점을 도출해낸다면 이제 브랜드의 로드맵은 그것을 따라 그려나가면 된다.

브랜드 전략 수립에서 중요한 다른 한 가지는, 이 전략을 변경해야 할 때를 파악하는 장치를 마련하고 시의적절하게 수정해나갈 수 있는 프로세스를 구비하는 데 있다. 당연히 어떠한 전략도 완벽할 순 없다. 누가 얼마나 그 변경을 잘 수용하느냐의 차이다. 다만 그 전략 변경이 구성원들에게 목적 변경으로 읽혀서는 안 되겠다. 언제나 전략은 목적에 기인한다.

4. 전술 이행과 문화 만들기

따라야 할 전략이 수립되었다면 실제로 이행해야 하는 구체적인 기준들을 확립한다. 예를 들어, 각 파트의 일의 수행에 있어 브랜드의 페르소나를 하나의 개체로 인식하게끔 할 수 있는지 점검하고 강화할 방법을 찾아야 한다. 브랜드의 디테일은 경험 요소로 모두 세분화해야 하며, 제품이 대상의 문제해결을 어느 수준의 디테일에서 구현할 것인지 결정하고 이행한다. 브랜드에서 제품까지를 이어보면 경험 요소는 단지 상품 수준에 국한되지 않는다. 잠재 고객의 사전 경험, 소비자의 사후 경험까지를 모두 섭렵한다. 경험의 디자인은 치밀한 논리는 물론이거니와 풍부한 상상력이 뒷받침될 때 효과적인 전술로 구현될 수 있다. 전략에 따라 그 경험들에서 우선 순위와 경중이 결정되면 그에 따른 구체적인 마케팅 활동이나 세일즈 활동 계획도 도출된다.

브랜드와 상품의 가치를 적합하게 전달하는 전략과 이를 경험할 수 있는 전술들이 시행되면 브랜드 내부에서의 문화와 오디언스를 중심으로 한 외부에서의 브랜드 문화를 성립할 수 있다. 구매 전환을 효율적으로 만들어내는 전술도 중요하지만 브랜드의 문화를 공고히 만들어내는 것은 그보다도 중요하다. 앞서 말한대로, 구매 전환(마케팅)에 1의 리소스를 들인다면, 문화 만들기(브랜딩)에 그 두 배인 2의 리소스를 들이는 것이 바람직하다. 몇십억짜리 슈퍼볼 하프타임 광고도 문화를 융성한 브랜드의 가치를 뛰어넘을 수는 없다.

5. 목적, 전략, 전술의 공유와 동조화

이 모든 변화의 합의가 경영진에서만 이루어지거나 목적과 그에 따른 전략, 전술이 특정 팀에만 이식되어서는 안 되겠다. 결국 브랜드를 움직이는 건 브랜드의 구성원 하나하나다. 그들에게

이 사안을 모두 이식하는 것은 물론, 그들이 모두 적극적으로 이를 실행해나가야 진정한 변화는 가능하다. 외부 에이전시로부터 브랜딩과 마케팅 전략을 전해 받을 수는 있고 그 지침을 각 파트에 전달할 수는 있다. 하지만 이러한 전략의 대부분은 외형적인 규칙에 국한된다. 브랜드 자산을 언제 어떻게 사용할지 가이드라인을 숙지하는 수준에 머물게 된다. 마케팅 퍼포먼스를 급격하게 끌어올릴 방안을 구사하여 KPI와 같은 수치적 성과 지수는 획득할 수 있을지 모르지만 조직의 목표를 위해 개인과 팀이 해야 하는 일은 다분히 규격화될 수밖에 없다. 그나마 외부의 도움을 받아 내부 실행을 시도하면 고무적이다. 하지만 에이전시에 브랜딩과 마케팅을 위임하고 마냥 결과를 기대하고 있는 것만으로는 본질적인 조직과 브랜드의 변화는 이행되기 어렵다.

1단계에서 기술한 대로, 조직의 목적과 핵심가치를 단단히 구축하고 이를 구성원에게 효율적으로 공유하는 방법이 우선 구사되어야 한다. 능동적이고 진취적인 이행을 위해서는 개인의 목적과 동조시키는 것이 꼭 필요하다. 이를 위해서 경영진은 개인의 가치 발현이 조직에 있어 분명한 이득임을 공고히 해야 한다.

목적에 동의한다면, 덴마크의 철학자인 모르텐 알베크의 말마따나 이제 더 이상 위계에 복종하게 하지 말고 목적에 충성하게 해야 한다. 목적에 동의한다면, 목적에 충성하는 일은 나의 가치를 발현하는 일이기에 기꺼이 따라야만 한다. 목적에 동의한다면, 전략과 전술은 단지 누군가의 혜안이나 점지에 의해서가 아니라, 또 오해의 여지가 있는 소비자 조사 자료만 맹신할 것이 아니라 목적에 의해 재단해야만 한다. 목적에 동의한다면, 실행에 있어 서로 단호할 수 있다. 이와 같은 과정은 단지 일회성에 그칠 일은 아니며 지속적으로 갱신하고 확인해야 할 내실이다.

변화를 적극적으로 받아들이는 건 개인이나 조직이나 정말 어려운 일이다. 단호한 결의가 필요하다. 구성원 각자가 스스로 가치를 발견하지 못한다면 그리고 조직이 그것을 돕지 않는다면, 각자는 조직 내에서 할당량의 일만 행하면 된다. 단호한 결의를 수행해야 할 즉, 변화를 받아들여야 할 까닭은 거기에 없다. 특히나 개인으로서, 일에 있어 가치를 발현하고 싶다면 먼저 조직도 변화의 개체라는 것을 진심으로 받아들여야 한다. 어쩌면 변하지 않는 업무와 관계를 기대할지도 모르지만 대개 일은 존재하는 가장 큰 변화의 중심에 있다. 변화 속에서 내가 어떻게 움직일 수 있고, 내가 어떻게 움직이는 것이 나의 가치와 일의 가치를 성장시키는 일인지 깨닫지 못한다면, 일은 불행의 씨앗이 되고 개인적인 변화의 길은 저 밖에 있다는 통념에 자신을 옭아매는 일이 반복될 것이다.

어릴 적 많은 사람들은 무언가를 발명하거나, 세상을 바꾸거나, 변화를 가져오는 사람이 되고 싶어했다. 기업도 처음에는 어떤 문제를 해결하거나, 세상의 무언가를 바꾸기 위해 설립된 경우가 많다. 사람은 성장하면서 세상의 무언가를 대단하게 바꾸지는 못하더라도 자아를 수립하고 새로운 것을 받아들이며 새로운 세상을 계속 만나는 사람으로서 살아갈 수는 있다. 조직은 사람의 성장에서보다도 더 많은 변화를 맞이한다. 개인에게나 조직에게나 변화는 한 번으로 끝나지 않을 것이고 끝도 없이 밀려올 것이다. 먼저, 변하지 않는 것(가치)을 잘 부여잡고, 다음 변화를 적극 받아들여야 한다. 생존이라는 이유도 있지만 우리는 변화 안에서만 빛나는 가치를 발견할 수 있기 때문이다. 변화가 아니라면 그 찰나의 순간을 붙잡을 기회는 거의 없다. 변화의 패러독스다. 하지만 거기에서 가치를 발견한다면 당신은 그리고 당신의 브랜드는 변화를 만드는 주체가 될 수도 있다.

맺음말

확실히, 노동이 신성시되기는 어려운 시대다. 근대적 노동의 관념은 그대로 차용하면서도 현대 자본주의에서 개인의 행복 추구는 노동으로 대변되는 일이라는 개념과 불편하게 대치한다. 한쪽에서는, 일로 인해 치유해야 하고, 힐링해야 하고 그래서 나를 위로할 수 있는 내 안의 수단을 찾고, 그것을 위해 자아를 찾으려 노력한다. 다른 한쪽에서는, 자본주의의 시스템을 극도로 효용할 수 있는 방법을 구사하며 돈벌이가 되지 못하는 일로부터 궁극적으로 탈출하기 위해 노력한다.

나 역시 일하는 것보다 노는 것을 좋아한다. 논다는 의미는 각자 다르겠지만 내겐 일단 일을 하지 않는 상태를 의미한다. 어떻게든 머리를 굴려 일을 적게 하는 방법을 찾아낸다. 하지만 그것은 일을 싫어해서는 아니다. 일은 내가 몰입하는 것만으로도 그것에 책정된 대가(돈)보다 더 중요한 가치를 가지고 있다. 일이 자아와 상충하는 적이라고는 생각하지 않는다. 다만 일을 하면 극복해야 할 일련의 고통이 따르는데, 단지 그것을 피하고 싶은 원초적인 본능일 뿐이다. 행복이 끊임없는 즐거움의 연속이 아니듯이, 불행이 끊임없는 고통의 연속은 아니다. 그러니까 잠깐 고통스럽다고 불행은 아니다. 이 일련의 고통은 일이 가치 구현의 길이기 때문에 수반한다고 생각한다. 가치를 빚어내는 일은 진리를 추구하는 일과 같이 고달프다. 또 가치를 빚어내는 일에 있어서 변화는 필수적이고, 변화는 괴롭다. 그 괴로움이 지나야 비로소 변화는 성장이 된다. 성자들이 하는 수련이, 현자들이 하는 공부가 마냥 즐거울 리 없다. 하지만 그것이 그들에게는 사명이다. 누가 정해준 사명이라서가 아니라 거기에서 진리를 발견하기에 그들은 기꺼이 그것을 행하고, 그 일이 행복한 일이라 한다.

어릴 적 공부를 즐거워서 한 사람은 거의 없을 것이다. 일을 고통의 씨앗으로 치부하는 사람들은 어릴 적 공부만큼이나 일도 인생에서 '어쩔 수 없이 해야 해서 하는 것'으로 정의하길 주저하지 않는다. 열심히 공부한 이유(수단)가 이렇게 일(결과)하기 위해서는 아니리라. 그래서 사람들은 흔히 열정을 바칠 수 있고 즐거워서 할 수 있는 일을 꿈꾼다. 보통 열정을 바칠 수 있다고 생각하는 일은 그 일을 함으로써 내가 어떤 가치를 발현할 수 있다는 목적이 분명하다. 운이 좋아 꿈의 일에 다다른 경험이 있는 사람들은 알겠지만, 생각만큼 꿈의 일은 현실에서도 꿈의 일이기 쉽지 않다. 가치를 발현하는 것은 어떤 일에서나 쉽지 않고, 그 가치가 내가 꿈꿔왔던 것과는 다를 확률도 높다. 아무래도 자신이 생각하는 특정한 일이 가치를 발현하기 위한 역치를 인내하고 넘어설 가능성은 높겠지만 결국 어느 일에서나 그 인고의 과정은 필요하다.

어떤 일이 내가 추구하는 가치와 다르다고 생각하는 것도 어쩌면 오해일지도 모른다. 가치라는 것은 채도가 아니고 명암이다. 어떤 일은 이런 가치가 있고 어떤 일은 저런 가치가 있다고 생각하지 않는다. 가치는 나 자신의 본질을 발견하고, 발휘하여 나 스스로와 다른 누군가를 행복하게 하는 일이다. 어떤 일에서든 보편적 가치의 가치는 존재한다. 내가 아닌 다른 누군가를 위해서만 하는 일이고, 내게 돌아오는 건 특정한 재화 때문이라는 생각으로 그 가능성을 닫아버리는 순간 그 일에서 가치는 옅어질 뿐이다.

불편한 사실은, 가치구현을 추구 하나 안 하나 일이 마냥 즐거울 순 없다는 것이다. 일은 그냥 그 자체로 고도의 문제 처리를 수반하고, 많은 이해 관계들을 풀어내야 한다. 하지만 어차피 고통이 수반된다면 가치구현이 안 되는 쪽을 선택하는 건 억울하지 않은가. 가장 많은 시간을 할애하고, 보편적인 가치인 돈을 교환할 수 있는 거의 유일한 수단에서 고통만 지불하고 있어서는 삶은 너무나 부조리하다. 특히나 지금과 같은 후기자본주의 소비 사회에서는 그 고통을 단지 어느 정도의 돈과 맞바꾸기 위해서 견뎌야 할 이유는 희박해진다. 고통을 줄이면서도 그 정도 돈의 대가를 받을 수 있는 방법은 많아 보인다. 다만 그 방법에 돌입하는 순간 중요한 것은 더 많은 돈을 대가로 받거나 고통을 줄이거나 둘 중 하나로 귀결된다. 그것은 역시나 근원적 부조리를 떠안고 가게 된다. 수시로 공허함과 마주하고, '인생 뭐 있어'식의 합리화를 이어가며 미래를 위해서만 살아가야 한다. 설령 그 미래가 다가온들 자아 없이 도달한 그 땅에 갑자기 자신의 행복을 규명할 자아가 내려서지도 않는다.

삶은 내 의지와 상관없이 불공평하지만, 일이 삶에서 부조리한 것은 내가 극복해나갈 수 있다고 믿는다. 근대적 노동의 가치를 찬양하기 위해서 이 지난한 설명을 하고 있는 건 아니다. 경제적 자유의 동아줄을 잘 타고 올라가건 못하건 어쨌건 삶의 대부분은 이 '일'에서 벌어진다. 어쩔 수 없는 것이니 일과 화해하자거나 타협하자는 것도 아니다. 삶에서 가치를 구현해내지 못하면 그것이 정말 불행한 일이 아닐까? 일은 그 자체로 삶이다. 불행으로 대변되는 일의 많은 부분을 다른 시각으로 바라볼 필요가 있다.

이 책이 일, 특히 브랜딩 영역에 대해 이야기하는 이유는 브랜딩이 가치를 다루는 일이기 때문이다. 오랫동안 브랜딩은 그저 디자인의 영역으로만 해석되기도 했으나 브랜딩은 가치 설계를 기반으로 한 비즈니스의 전략 단위에 가깝다. 즉, 가시적으로 현혹하는 휘장의 개념이 아닌 지속적인 성공의 내실을 다지기 위한 기술을 뜻한다.

굳이 내가 브랜딩을 가치 설계 전략이라 명명하지 않아도 오랜 시간 성공하는 브랜드는 브랜드의 본질, 즉 가치가 분명하고 단단하다는 부정할 수 없는 공통점을 지니고 있다. 그 가치는 그저 하나라도 더 비싸고 많이 파는 가치가 아니라 상품과 브랜드가 소비자에게 의미하는 가치에 집중했기 때문이다. 명명백백한 논리임에도 비즈니스 과정에서 우리는 이를 쉽게 간과한다. 목도한 바, 후자의 가치에 집중하는 사람들은 하나같이 자신의 가치에 대해서도 분명한 정진이 있었다. 성장한 사람들이고, 계속 성장하는 사람들이다. 나는 '성공한 사람'보다 '성장한 사람'의 가치를 더 높게 산다.

부를 이루는 많은 비즈니스 방법론은 일의 즐거움 때문이 아님을 안다. 즐거움은 부를 성취하는 데 있을 것이다. 빨리 이룩해서 일로부터 탈출하라고 노골적으로 종용하기도 한다. 그저 돈을 쓸어담고 싶고 사업을 고도의 수익 머신으로 변이하고 싶다면 참고하거나 따라할수 있는 방법은 세상에 많다. 내가 브랜딩에 집중하는 이유는 역설적이지만 수익 창출 때문만은 아니다. 그러니까, 멋있었으면 좋겠다. 스스로는 멋있다고 생각되지 않은데 다른 사람들이 멋있다고 하는 걸로 돈을 벌고 싶은 생각은 별로 없다. 세상엔 이미 멋있는 것들도 많지만 멋 없는 것들은 그보다 더 많다. 멋있는 것들이 세상에 더 많았으면 좋겠고 사람들도 더 멋있는 것을 추구했으면 한다. 결국 멋있는 것은 이치에 이른다. 그리고 공교롭게도 사람들은 멋있는 것에 돈을 쓴다. 그게 내게 선이라면 선이겠다.

'자신의 것'을 구현하려는 브랜드들이 있다. 그게 그 브랜드의 멋이라 생각한다. 그 멋을 지키지 않으면 안 되겠는 사람들과 이상주의자로서 앞으로도 일하고 싶고, 그런 사람들을 현실주의자로서 돕고 싶다. 가치에 집중하는 사람들은 이상을 현실화할 수 있다고 확신한다. 그런 의미에서 자기가치를 집요하게 규명하고 발현하는 모든 사람들을 응원한다.

가치라는 것

브랜딩에 앞서는 본질에 관하여

초판 1쇄 발행 • 2024년 11월 22일

지은이 • 김해경

책임편집 • 최미혜
디자인 • 윤설란

펴낸곳 • 현암사
등록 • 1951년 12월 24일 (제10-126호)
주소 • 04029 서울시 마포구 동교로12안길 35
전화 • 02-365-5051 팩스 02-313-2729
전자우편 • editor@hyeonamsa.com
홈페이지 • www.hyeonamsa.com

ISBN 978-89-323-2389-3   03320